AF641422

Die schönsten Touren

Wanderungen für Langschläfer
Bergisches Land

30 reizvolle Halbtagestouren
zwischen Köln und Wuppertal, Mettmann und Waldbröl

J. BERG

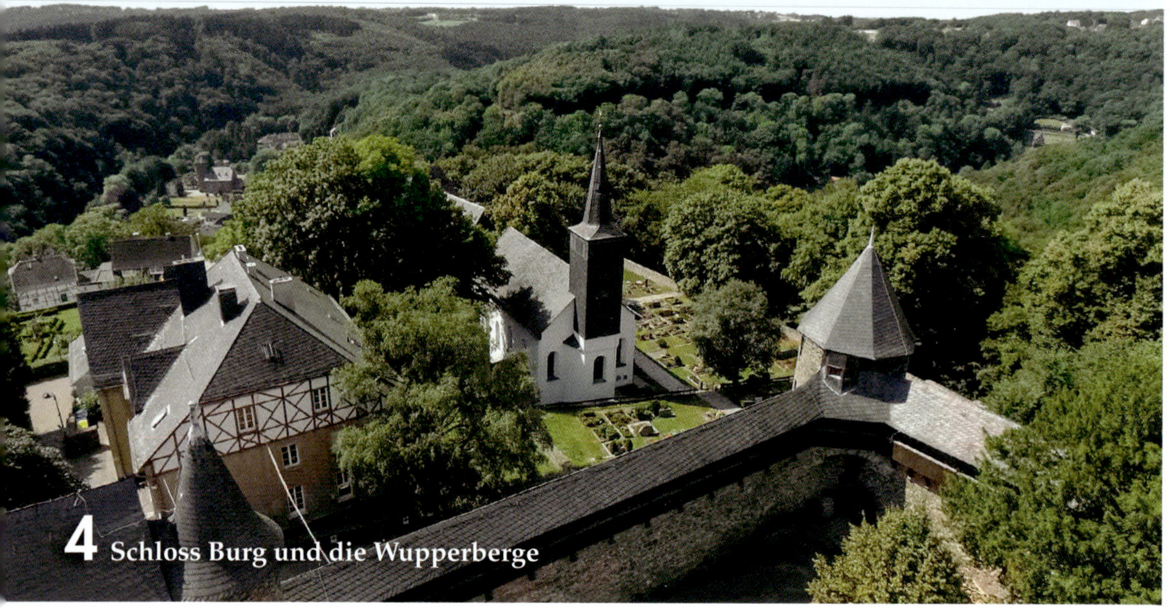

4 Schloss Burg und die Wupperberge

Inhalt

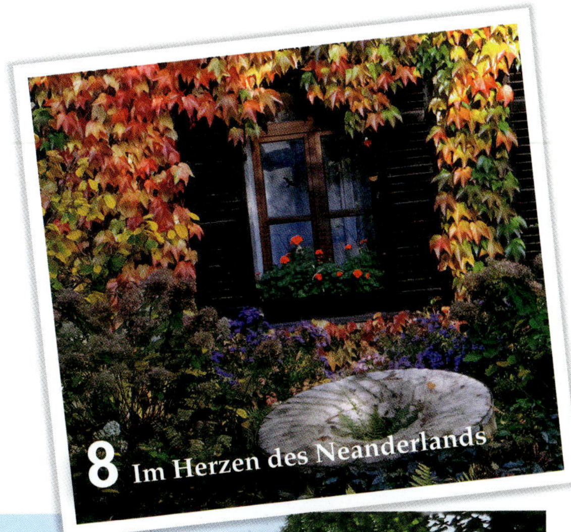

8 Im Herzen des Neanderlands

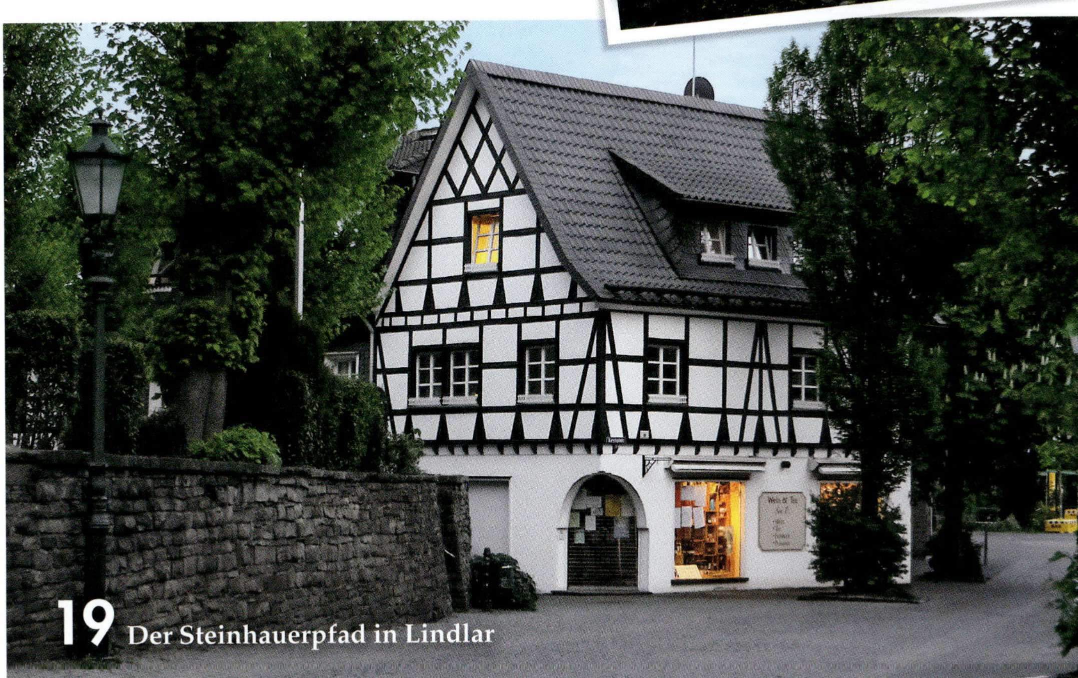

19 Der Steinhauerpfad in Lindlar

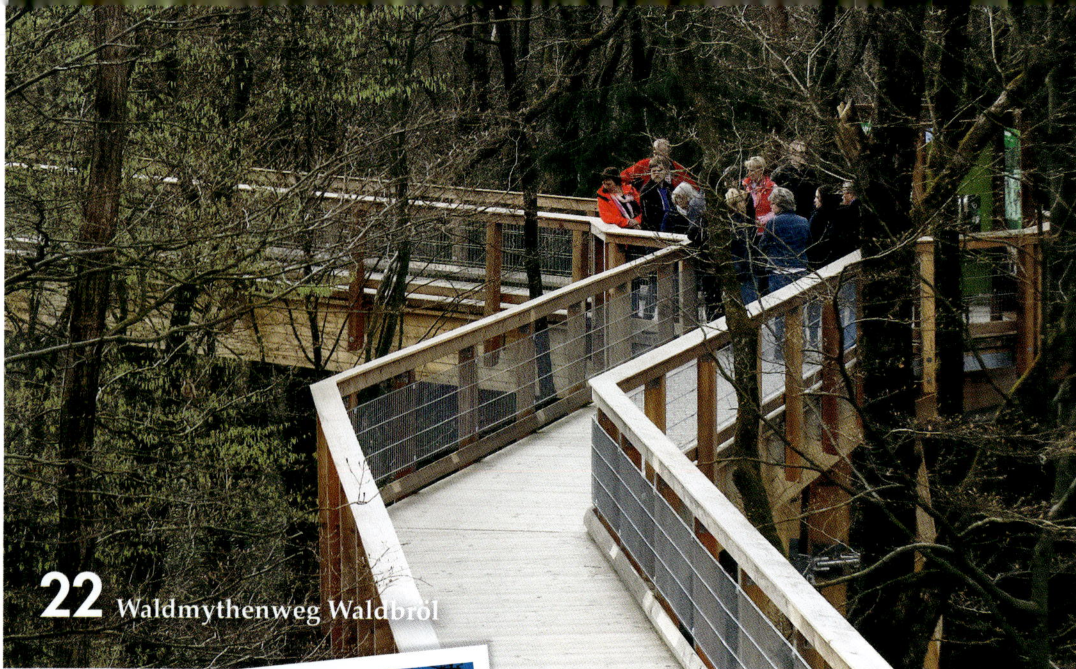
22 Waldmythenweg Waldbröl

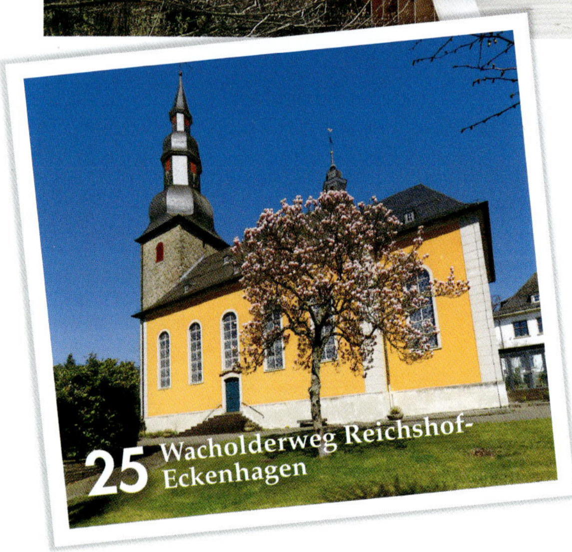
25 Wacholderweg Reichshof-Eckenhagen

Tourenüberblick

Tour			Weglänge	Höhenunterschied	Gehzeit	Einkehr	kindergeeignet	Sehenswürdigkeit	wintergeeignet	Bademöglichkeit
1	leicht	Rund um den Beyenburger See	7,9 km	65 Hm	2.30 Std.	●	●		●	●
2	leicht	Am Röntgenweg in Lennep	11,7 km	177 Hm	4 Std.	●		●	●	
3	mittel	Im Wuppertal	7,8 km	189 Hm	3 Std.		●	●	●	
4	mittel	Schloss Burg und die Wupperberge	11,2 km	308 Hm	3.30 Std.	●		●	●	
5	mittel	Mühlen an der Wupper	9,9 km	125 Hm	4 Std.	●		●	●	
6	mittel	Die Schweiz im Bergischen	9,8 km	155 Hm	4 Std.	●		●	●	
7	mittel	Vom Ittertal nach Wald	11,8 km	140 Hm	4 Std.	●		●	●	
8	mittel	Im Herzen des Neanderlands	15,8 km	87 Hm	4.30 Std.		●	●	●	
9	mittel	Der Mühlenweg	14,5 km	273 Hm	4.30 Std.	●		●	●	
10	mittel	Von Bechen zur Dhünn	10,2 km	180 Hm	3.30 Std.	●		●	●	
11	mittel	Wermelskirchen Wasserreich	18,2 km	267 Hm	5–6 Std.	●			●	
12	mittel	Burscheids alte Pfade	14,5 km	230 Hm	5.30 Std.	●		●	●	
13	leicht	Leichlinger Obstweg	5,8 km	81 Hm	2.30 Std.	●	●	●	●	
14	mittel	Grafen- und Mönchsweg Odenthal	11,5 km	85 Hm	3–4 Std.	●	●	●	●	
15	mittel	Von Burg Zweiffel bis Herkenrath	12,1 km	196 Hm	3.30 Std.		●	●	●	
16	leicht	Bensberger Schlossweg	9,6 km	165 Hm	3 Std.	●		●	●	
17	mittel	Bergbauweg Rösrath	12,1 km	163 Hm	4 Std.	●		●	●	
18	mittel	Auf dem Sagenweg	14,1 km	270 Hm	4.30 Std.			●	●	
19	leicht	Der Steinhauerpfad in Lindlar	6,6 km	117 Hm	2 Std.	●		●	●	
20	mittel	Bierweg Wiehl	13,3 km	235 Hm	4 Std.	●		●	●	
21	leicht	Klangpfad Nümbrecht	10,6 km	204 Hm	3.25 Std.	●	●	●	●	
22	mittel	Waldmythenweg Waldbröl	12,8 km	145 Hm	4 Std.	●	●	●	●	
23	leicht	Auf dem Morsbacher Baumweg	6,5 km	165 Hm	2 Std.	●	●	●	●	
24	mittel	In und um Bergneustadt	12,3 km	261 Hm	4 Std.	●		●	●	
25	mittel	Wacholderweg Reichshof-Eckenhagen	8,5 km	243 Hm	3 Std.	●		●	●	
26	mittel	Auf dem Fuhrmannsweg von Marienheide	15,1 km	195 Hm	4.30 Std.			●	●	●
27	leicht	Energieweg Gummersbach	12,6 km	199 Hm	3.30 Std.	●	●	●	●	
28	leicht	Von der Wipper zur Wupper	11 km	153 Hm	3 Std.	●		●	●	
29	leicht	Wasserweg Hückeswagen	8,5 km	145 Hm	2.30 Std.	●	●	●	●	
30	mittel	Auf dem Tuchmacherweg in Radevormwald	10,5 km	153 Hm	3.30 Std.	●	●	●	●	

Weglänge — Höhenunterschied — Gehzeit

Einkehr — kindergeeignet — Sehenswürdigkeit

wintergeeignet — Bademöglichkeit

● leicht — ● mittel

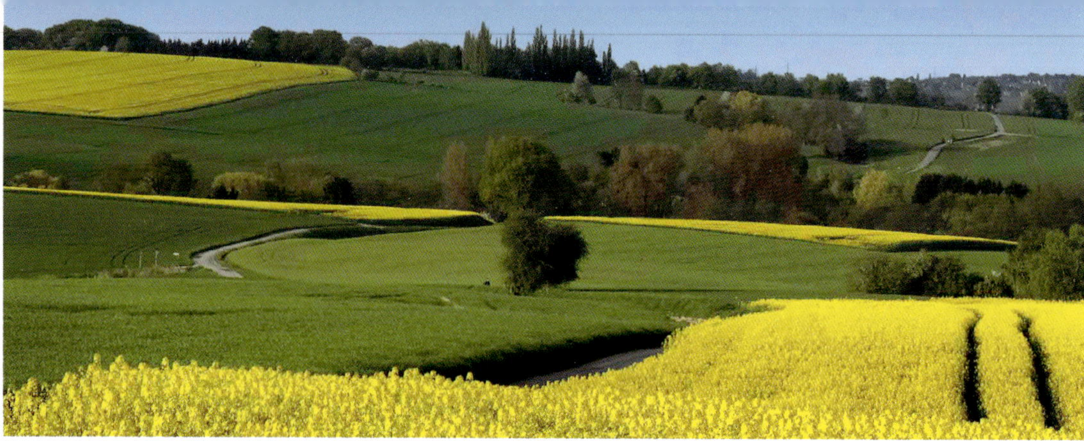

Das Neanderland wird im Frühjahr durch blühende Rapsfelder zu einem bunten Flickenteppich.

Vorwort

Liebe Langschläfer,

nun geht es also ins Bergische Land! Die Mittelgebirgsregion im südöstlichen Teil Nordrhein-Westfalens gilt als schnell erreichbares Naherholungsgebiet für die bevölkerungsreichen Regionen von Kölner Bucht, Niederrhein und Ruhrgebiet. Sie bietet sich also zunächst einmal an für Tagesausflüge aus den Großstädten. Doch wer sich auf den Reiz der hügeligen Landschaften einlässt, die reich sind an Wäldern, unzähligen Wasserläufen, an beeindruckenden Talsperren und hübschen kleinen Städtchen mit malerischen, verschieferten Fachwerkhäusern, der wird nicht enttäuscht sein – und gerne länger bleiben!
Nicht hinter jeder Ecke lauert dabei eine bedeutungsvolle Sehenswürdigkeit, kein Eiffelturm oder Kölner Dom, obwohl man dessen markante Doppeltürme zuweilen in der Ferne sehen kann. Es ist vielmehr die beruhigende wie erstaunliche Vielfalt der Natur, die bei unseren 30 Wanderungen ihre nachhaltigen Eindrücke hinterlässt. Es sind die Details am Wegesrand, die netten Begegnungen mit Mensch und Tieren in den Dörfern, mit Flora und Fauna, mit regionaler Historie. All dies wirkt wunderbar entschleunigend und bringt uns weit weg vom Alltag. Die Touren sind langschläfergerecht, d.h. sie sind auch ab Mittag zu bewältigen, denn sie dauern nicht länger als zwei bis fünf Stunden. Zudem stellen sie keine besonderen Anforderungen an die Fitness. Auf geht es also, gut ausgeschlafen nach einem ausgiebigen Frühstück, vielleicht sogar mit Bergischer Kaffeetafel.

Udo Haafke

Zum Zeitpunkt der Überarbeitung (August 2020) sind die Auswirkungen der Corona-Pandemie in allen Lebensbereichen spürbar. Ein Wanderausflug, nicht nur im Bergischen, sorgt für etwas Durchatmen und hilft den Kopf freizumachen. Mitunter ist die Einkehr in die empfohlenen gastronomischen Betriebe nur bedingt möglich, viele der genannten Veranstaltungen finden gar nicht oder nur eingeschränkt statt. Daher hilft in jedem Fall vor Beginn einer Tour der Blick auf die jeweiligen Webseiten, um eventuelle Enttäuschungen zu vermeiden.

Unterwegs im Bergischen Land

Ja, es gibt Berge im Bergischen Land – der Homert in der Nähe von Gummersbach erreicht immerhin eine Höhe von 519 m. Doch wir sind weit entfernt von körperlich herausfordernden Klettertouren! Denn das Grafengeschlecht derer von Berg, die vom 13. bis zum späten 18. Jahrhundert die Regierungsgeschicke in der Region lenkten, zeichnet verantwortlich für die Namensgebung und nicht für die landschaftliche Höhenausdehnung. Unsere Wanderungen stellen daher eher etwas ausgedehntere Spaziertouren dar, oft auf gepflegten Wander- und Feldwegen, manchmal in den Wäldern über Stock und Stein, manchmal durch Dörfer und Städte.

Gehzeiten und Höhenangaben

Da die individuelle Fortbewegung sehr unterschiedlich sein kann, sind die Angaben zur zeitlichen Planung eher großzügig gehalten. Sie schließen Pausen und beschriebene Abstecher ein, jedoch nicht die erwähnten Aufenthalte in Museen. Die Höhenmeter ergeben sich aus der Messung mittels GPS und geben jeweils die Differenz zwischen niedrigstem und höchstem Punkt der Route an. Aber Vorsicht: Auch ein geringer Wert kann es in sich haben, wenn es nämlich häufiger auf und ab geht.

Nicht jeder Waldweg verfügt über eine epische Breite, aber garantiert über eine heimelige Geräuschkulisse.

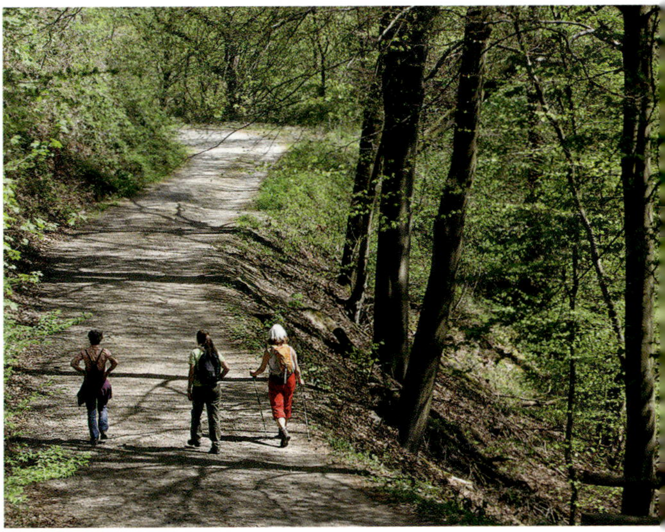

Wanderkarten

Der fünfteilige Kartensatz »Wanderkarte Bergisches Land«, herausgegeben im Maßstab 1:25 000 von Das Bergische, der Fremdenverkehrsorganisation des Bergischen Landes, deckt prinzipiell die komplette Region ab. Auf den Karten sind nicht nur die Bergischen Streifzüge verzeichnet, sondern auch die Fernwanderwege Bergischer

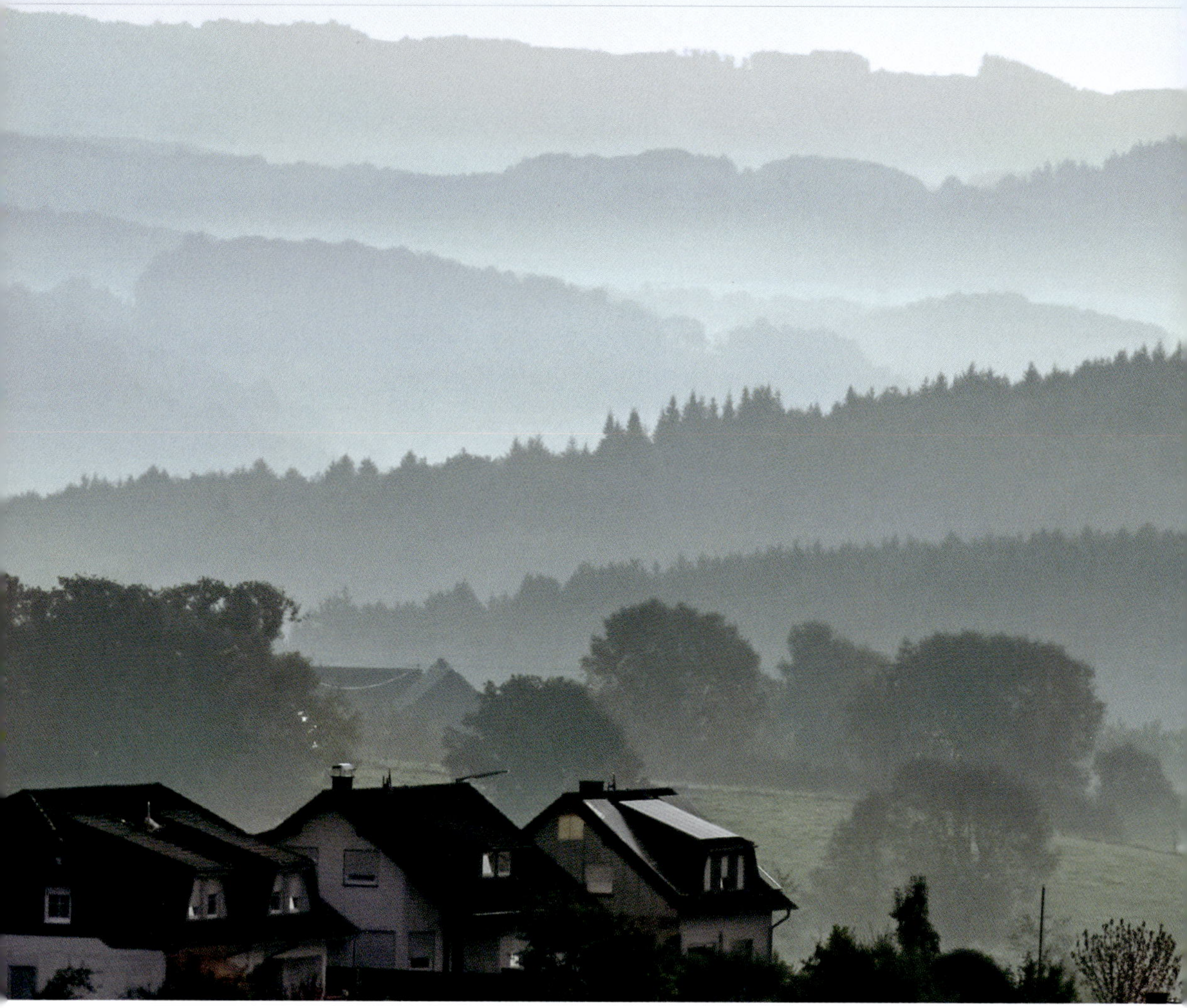

Im Oberbergischen Kreis dominieren weite Waldgebiete das Bild der sanft hügeligen Landschaft.

Weg und Bergischer Panoramasteig sowie die verschiedenen lokalen markierten Wanderrouten.

Ausrüstung

Das große professionelle Outdoor-Equipment kann getrost zu Hause bleiben. Notwendig sind lediglich feste, geländetaugliche Schuhe. Diese erweisen sich auf alle Fälle immer als sinnvoll, denn manchmal teilt man die Wegstrecke mit behuften Vierbeinern und geländegängigen Fahrrädern. Dadurch können, speziell nach Regentagen, die Wege sehr rutschig werden. Zusätzlich empfehlenswert sind Sonnenbrille und -hut, Sonnencreme und je nach Jahreszeit eventuell auch ein Mückenschutz. Die kleinen Biester können sich hin und wieder unangenehm an

Bachläufen oder Waldrändern bemerkbar machen. Um der Gefahr eines Zeckenbisses zu entgehen, sollte man bei der Kleiderwahl auf lange Hosen setzen.

Einkehr/Verpflegung

Grundsätzlich sollte der Rucksack immer eine Basisversorgung enthalten. Sind Getränk, Müsliriegel und kleine Brotzeit sofort verfügbar, können wir uns niederlassen, wo es uns gefällt. Vielfach gibt es Parkbänke mit netten Ausblicken oder überdachte Pavillons, die zur Not auch einen Regentropfen abzuhalten vermögen. Speziell unter der Woche können die Einkehrmöglichkeiten etwas begrenzt sein, z.B. wenn das anvisierte Lokal gerade Ruhetag hat. Bergische Restaurants bieten oft ein rustikales, sehr heimeliges Ambiente. Auf den Speisekarten finden sich überwiegend regionale Spezialitäten und die Bergische Kaffeetafel ist einfach ein Muss. Dabei sollte man aber beachten, dass eventuell noch ein Rückweg zu bewältigen ist.

Unterkunft

Eine ganze Reihe von Hotels jeglicher Kategorie, Gasthöfe und Pensionen sowie Ferienhäuser sind im Bergischen Land verfügbar. Sehr gut angenommen wird dabei ein Angebot des Bergischen Wanderlandes, nach dem die beteiligten Gastgeber das Gepäck ihrer Gäste zur nächsten Unterkunft befördern. So kann man problemlos mehrtägige Touren unternehmen und einen erlebnisreichen und stressfreien Urlaub im Bergischen Land verleben (www.bergisches-wanderland.de).

Anfahrt

Alle Startpunkte sind mit dem Pkw erreichbar, einige wenige davon am Wochenende gebührenpflichtig. Mit den öffentlichen Verkehrsmitteln gestaltet es sich aufgrund ungünstiger Verbindungen mitunter etwas schwieriger, dann macht es Sinn, die Wanderung an einer anderen Stelle zu beginnen. Gerade am Wochenende können die Fahrpläne stark ausgedünnt sein. Hilfreich ist hier der Bergische Wanderbus, der zwischen Mitte März und Ende Oktober samstags und sonntags in der Region verkehrt (www.dasbergische.de).

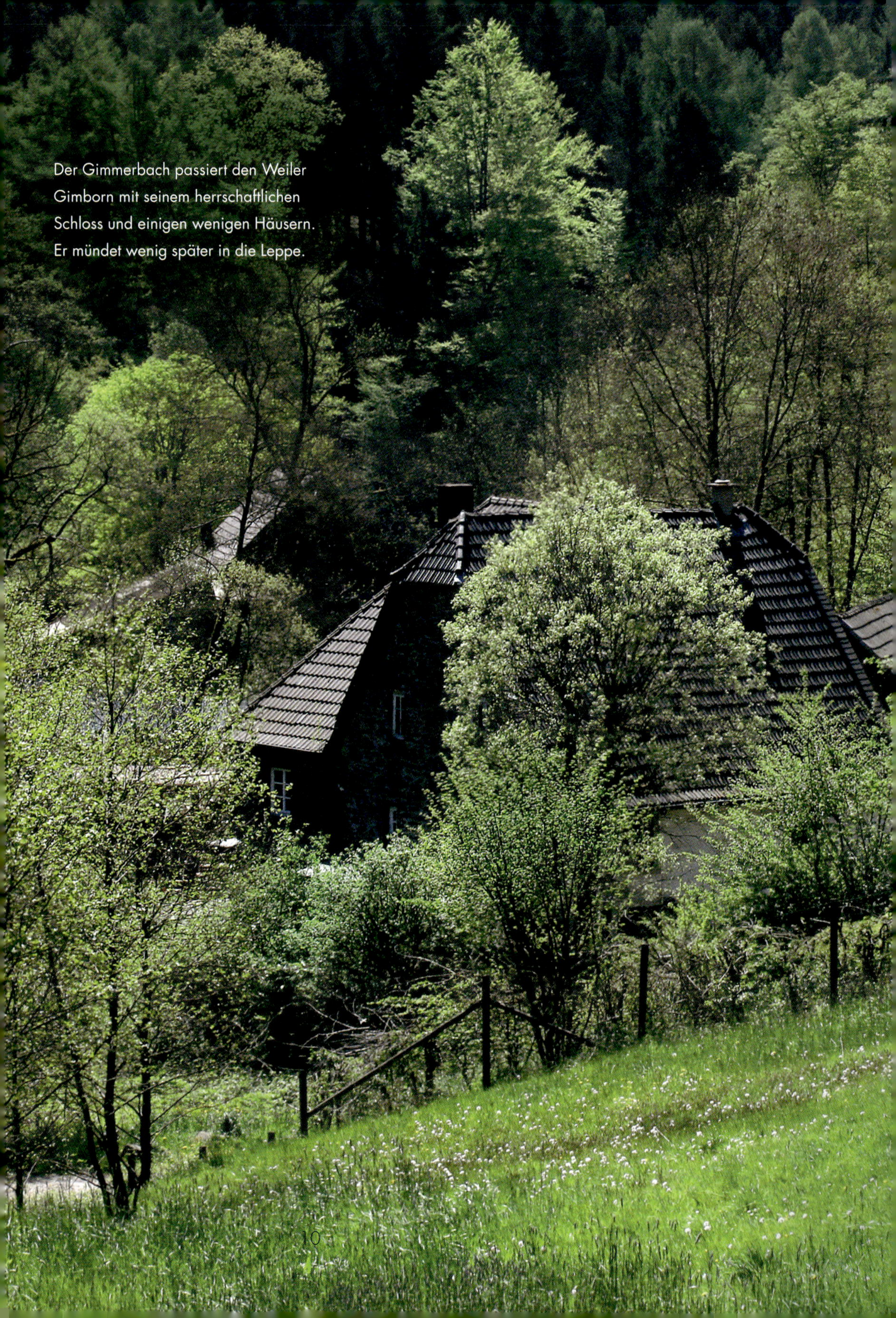

Der Gimmerbach passiert den Weiler
Gimborn mit seinem herrschaftlichen
Schloss und einigen wenigen Häusern.
Er mündet wenig später in die Leppe.

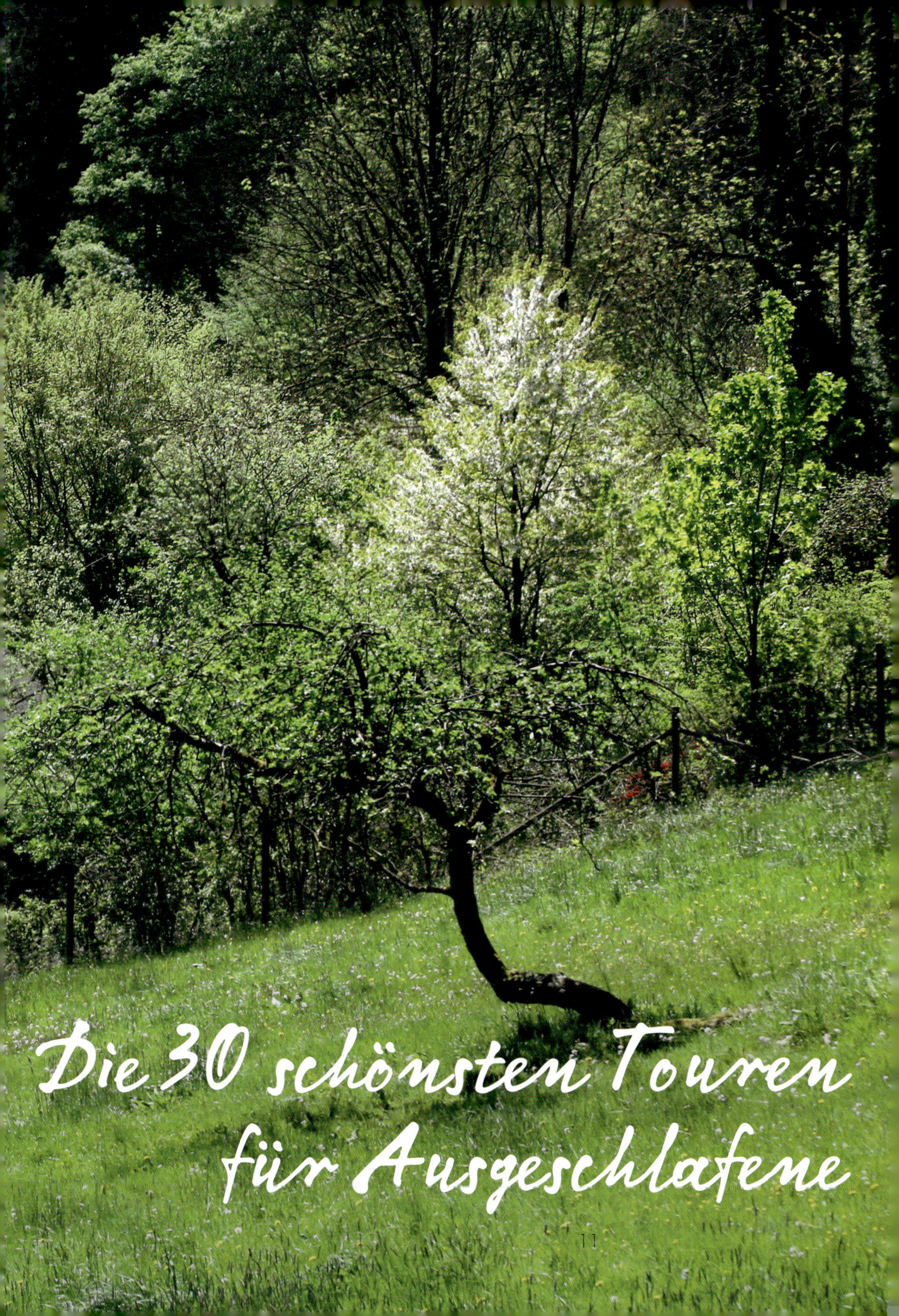

Die 30 schönsten Touren für Ausgeschlafene

1 Rund um den Beyenburger See

Über die Wupper

leicht	7,9 km	65 Hm	2,5 Std

Tourencharakter
Waldpfade, Wirtschaftswege und wenig befahrene Straßen

Ausgangs-/Endpunkt
Landhaus Bilstein, Zum Bilstein 25

Geokoordinaten
N 51°15'08.5"–E 7°18'17.2"

Anfahrt
Auto: Autobahn A 1 bis Wuppertal-Langerfeld, dann links auf die B 7 Richtung Schwelm, an der Kreuzung im Ort rechts auf die B 483, nach ca. 1,7 km am Kreisverkehr 1. Ausfahrt rechts auf die Beyenburger Straße, im Tal links auf die Wupperstraße/Porta Westfalica, nach 500 m links auf die Beyenburger Freiheit, dieser durch den Ort bis zum Ende folgen und weiter auf Zum Bilstein. **Bahn/Bus:** Mit der S 8 oder dem RE 7 bis Wuppertal-Oberbarmen, dann Bus 626 Richtung Radevormwald Bahnhof, bis Haltestelle Beyenburg-Mitte.

Karte
Wanderkarte 1, Das Bergische, 1:25 000

Information
Wuppertal Touristik, Schloßbleiche 40 (City Center), 42103 Wuppertal, Tel. 0202 5632 270, www.wuppertal.de

Ein bergisches Kleinod ist der Wuppertaler Ortsteil Beyenburg auf einer Halbinsel in einer Wupperschleife. Die imposante Klosterkirche überragt die kleine Talsperre, die wir bei unserer Wanderung in Teilen umrunden.

Der Parkplatz des Landhauses Bilstein ist der Ausgangspunkt unseres Weges, der uns zunächst über ein stählernes Brückchen ans andere Wupperufer führt. Der Fluss zieht hier eine besonders enge Schleife, in der die Residenzstadt Beyenburg der Sage nach um 800 gegründet wurde. Er bildet gleichzeitig die natürliche Grenze zwischen dem Rheinland und Westfalen und war für gut zwei Jahrhunderte Grenzfluss zwischen dem Herzogtum Berg im Westen und der zu Preußen gehörenden Grafschaft Mark. Junge preußische Männer, die nicht zum Militärdienst eingezogen werden wollten, gingen »über die Wupper« ins damalige Ausland.

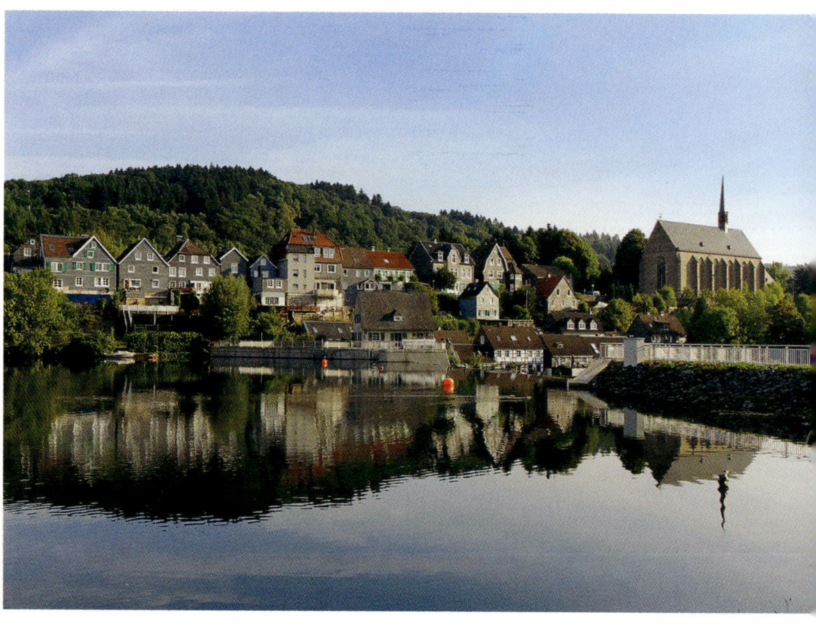

Die Wupper plätschert hier lustig und unbekümmert dahin, während wir auf dem schmalen Pfad des Weges A 2 zwischen waldreichem Felshang und Ufer entlanggehen. Bergauf erreichen wir das Dörfchen Friedfeld. Wir wenden uns nach rechts erneut auf Beyenburg zu und kommen zur kleinen Kapelle Maria im Schnee, die 2009 in einem ehemaligen Waschhaus eingerichtet wurde.

An der 2011 bei der Sanierung erstellten Fischtreppe vorbei gehen wir auf die Mauer des Beyenburger Stausees zu. 1900 gebaut und 1954 erweitert, diente die Talsperre, eine der kleinsten in der Region, vornehmlich dem Hochwasserschutz. Dem Weg am Ufer entlang folgend, unterqueren wir die Landstraße L 414 und die markante Brücke der Wuppertalbahn. Hier verkehren am Wochenende die Draisinen aus Dahlhausen.

Kanus und Ruderboote belegen den hohen Freizeitwert des idyllischen Sees, der auch Schauplatz eines alljährlichen Drachenbootfestivals ist. Wir wandern über die 2016 gebaute Brücke ans andere Seeufer, wenden uns nach rechts und nehmen den ersten Abzweig des Weges A 2 links bergauf in den Wald. Von der Hochfläche mit Wiesen und Feldern bieten sich schöne Ausblicke. An der nächsten Wegkreuzung halten wir uns rechts und erreichen über die Hofschaft Gangolfsberg wieder das Seeufer.

Am Draisinen-Haltepunkt schwenken wir in die Richtung der Klosterkirche St. Maria Magdalena aus dem 15. Jahrhundert, des »Beyenburger Doms«. Er wurde als spätgotische Saalkirche und Bestandteil des Kreuzherrenklosters Steinhaus auf dem Beyenberg angelegt. Der prächtige Hochaltar stammt von 1698. Von der Straße Beyenburger Freiheit blickt man über die malerischen Dächer des Unterdorfes. Eine Treppe führt hinab und durch die bergischen Gassen gelangen wir schließlich wieder zum Landhaus Bilstein.

Linke Seite: Für Fotografen ein Muss: das Foto des Wuppertaler Ortsteils Beyenburg, der sich im Stausee spiegelt.

Doppeltes Dorf

Eines der schönsten Fotomotive im Bergischen Land bietet sich von der dem Ortskern gegenüberliegenden, südwestlichen Seite des Beyenburger Stausees aus. Zu jeder Jahreszeit kann man von diesem Punkt eindrucksvolle Fotos schießen, in denen sich die Klosterkirche und das bergische Dorfensemble auf der ruhenden Wasseroberfläche spiegeln.

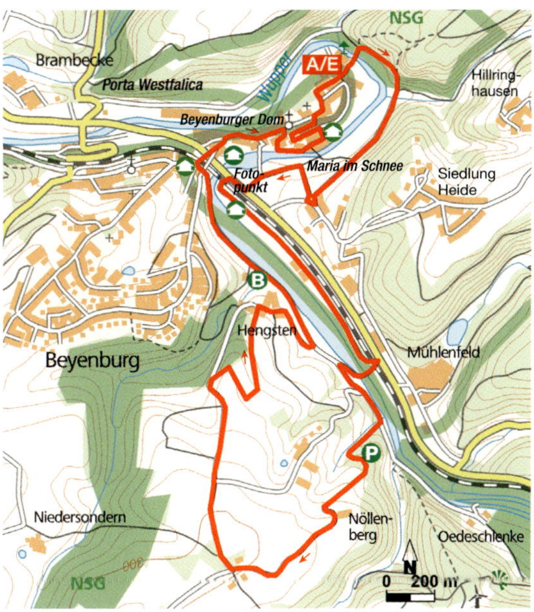

2 Am Röntgenweg in Lennep

Durch schöne Landschaft in die pittoreske Altstadt

leicht | 11,7 km | 177 Hm | 4 Std

Tourencharakter
Strecke überwiegend auf Straßen und Feldwegen, wenige schlechtere Waldpfade

Ausgangs-/Endpunkt
Wanderparkplatz an der Jakobsmühle am Lenneper Bach

Geokoordinaten
N51°11'18.5"–E7°17'16.9"

Anfahrt
Auto: A 1 bis Remscheid, auf B 229 Richtung Lennep, bei Wupperstraße/Bergische Stuben nach rechts weiter auf B 229, nach ca. 800 m nach links auf die Rader Straße, Parkplatz dann rechts. **Bahn/ Bus:** von Bahnhof Wuppertal-Oberbarmen Bus 616 Richtung Spiegelberg, ab Haltestelle Beyenburg/Kriegermal Bus 669 Richtung Grenzwall Schleife, ab Haltestelle Christhauser Straße Einstieg in den Weg R in Richtung Jakobsmühle.

Einkehr
Um den Alten Markt in Lennep

Karte
Wanderkarte 1, Das Bergische, 1:25 000

Information
Fremdenverkehrsamt Remscheid, Theodor-Heuss-Platz 1, 42853 Remscheid, Tel. 02191 162 208, www.remscheid.de/Remscheid_Tourismus

Wilhelm Conrad Röntgen, der Name ist aus der modernen Medizin nicht wegzudenken. 1845 wurde er in Lennep geboren. Der östliche Teil des insgesamt gut 60 km langen, zu seinen Ehren angelegten Röntgenwegs durch das Remscheider Bergland offenbart viele landschaftliche Schönheiten.

Ausgangspunkt der Tour ist der Wanderparkplatz an der Rader Straße zwischen den Teichen nahe der Jakobsmühle. Der Lenneper Bach speist die beiden Wasserflächen, bevor er sich hinter dem Stauwehr in die Wuppertalsperre ergießt. Als eine der ältesten Mühlen des Bergischen Landes hielt die Mühle des Heiligen Jakob bereits um 1200 Einzug in die Geschichtsschreibung und dient nun als Wohnhaus. Die Route, markiert mit dem Buchstaben R, führt auf einem Wirtschaftsweg am Bachlauf entlang.

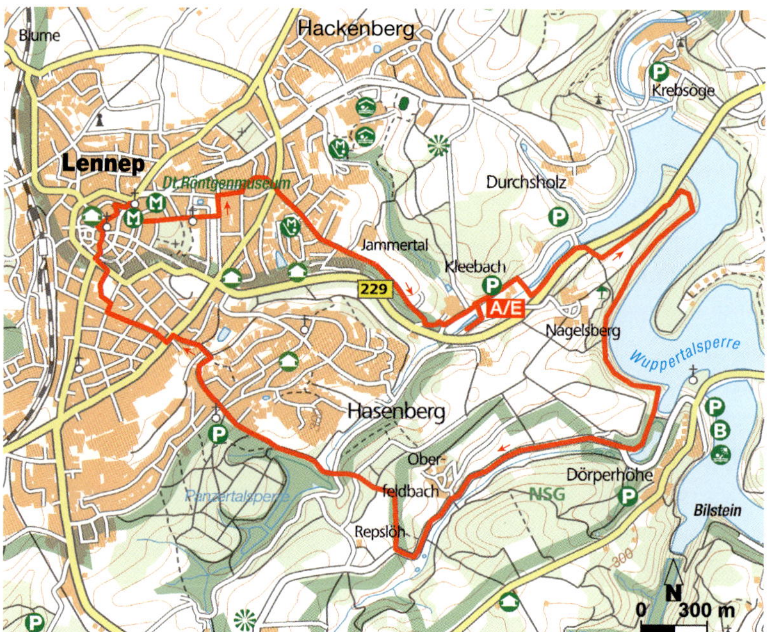

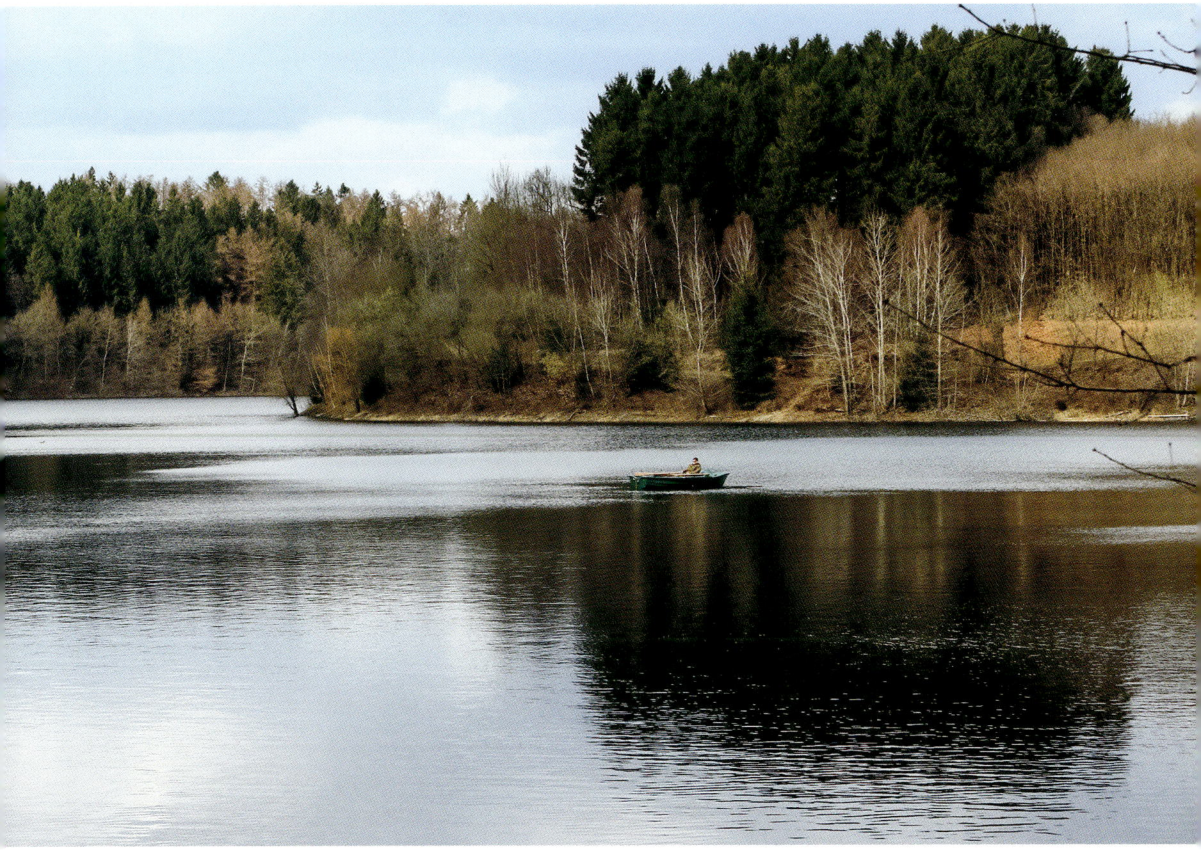

Doch bevor das Ufer eines Ausläufers des großen Stausees erreicht ist, unterqueren wir die B 229, um zwischen der Hofschaft Nagelsberg und der Straße in Seerichtung leicht bergauf zu wandern. Nur ein kurzer Marsch im beginnenden Mischwald und wir stehen in einigen Metern Höhe über dem Wasserspiegel und erspähen durch das Laub die Straßenbrücke und die dahinterliegende mächtige Staumauer.

Im Jahr 1989 ging die Wuppertalsperre als Brauchwasserspeicher endgültig in Betrieb.

Der Weg macht eine komplette Kehre und folgt dem Verlauf des Seeufers. Die Fläche der Wuppertalsperre mäandriert hier sehr stark und erscheint so ganz und gar nicht als aufge-

Der große Sohn

Am Gänsemarkt 1 wuchs der kleine Conrad, Sohn eines Tuchmachers, auf. Nur wenige Meter davon entfernt widmet sich das Röntgen-Museum dem Leben des Entdeckers der nach ihm benannten Strahlen, mit denen Menschen und Material erstmals »durchsichtig« wurden. Zu sehen sind persönliche Dinge des Nobelpreisträgers und medizinische Apparaturen. www.roentgenmuseum.de

stautes Wasser der Wupper, sondern vielmehr wie ein verwunschener, Wald umsäumter See im Hochgebirge. Der Straßenlärm ist längst dem beruhigenden Rauschen des Windes in den Blättern gewichen. Angler frönen ihrem Hobby vom Ufer aus oder gemütlich im Boot schippernd, in der Sonne gleißende Wellen hinterlassend. Entenpärchen gehen, gestört durch unsere Anwesenheit, quakend zu Wasser.

Hinter der Feldbachvorsperre verlassen wir die Wuppertalsperre; eine Infotafel klärt dort über die Geschichte des 1987 vollendeten, künstlichen Sees auf. Wir folgen dem Feldbach aufwärts. Aus dem Waldweg wird wieder eine befestigte Strecke, es geht mit geringer Steigung, aber stetig bergan. Schafweiden und Pferdekoppeln, zwei einzelne verschachtelte Fachwerkhöfe flankieren den Weg. Route R schwenkt jetzt nach links über den Bach, wir aber bleiben auf der Straße und schlagen in der nächsten Linkskurve den Pfad nach rechts in den Wald ein.

Bergisch Tauchen

Zwischen März und Oktober kann die Wuppertalsperre unter Wasser erkundet werden. Anmeldung und Tauchschein erhältlich bei der Kräwinklerbrücke GmbH. Ein ganzes Viadukt lässt sich bei einem Tauchgang erkunden sowie diverse Gebäude, die bei der Flutung des Sees in der Tiefe verschwanden. www.freizeitpark-kraewi.de/tauchen

Dem Laubwald folgt dichter Nadelwald, Hell und Dunkel kontrastieren am Weg, der nun A 2 heißt. Eine Lichtung auf der rechten Seite gibt den Blick frei über die Höhenzüge am Stausee. Zwischen Waldrand und Schonung kommen wir zur Panzertalsperre, der zweitältesten Talsperre Deutschlands zur Aufbereitung von Trinkwasser, die nach ihrer Sanierung heute aber nur noch Freizeitzwecken dient. Die dicke Bruchsteinmauer, die den Panzerbach aufstaut, steht unter Denkmalschutz.

»Ach, dass der Mensch doch durchsichtig wäre wie eine Qualle und dass man den Sitz seiner Leiden schauen könnte.«

(Wilhelm Conrad Röntgen)

Wir lassen den Lenneper Ortsteil Hasenberg rechts liegen, ein paar Schafe weiden im Schatten der Bäume, passieren die Julius-Cäsar-Straße, queren den Höhenweg und folgen der Markierung R 6 durch die Außenbereiche Lenneps bis zur Kölner Straße. Das bekannte Symbol des internationalen Pilgerwegs weist uns die Richtung zum pittoresken Ortskern, den der Turm der Evangelischen Stadtkirche überragt. Fast gänzlich beherrschen Häuser, typisch bergisch mit Schiefer verkleidet, die Szenerie aus verwinkelten Gassen. Rund um den

Alten Markt gibt es reichlich Möglichkeiten zur Einkehr, bevor wir ein Stück bergauf zum Röntgenmuseum kommen.
Gegenüber liegt das Tuchmuseum Lennep, das die Historie der bergischen Textilindustrie dokumentiert. Ein Schild weist zu einer illustren Kleinkunstbühne des Ortes, dem Rotationstheater. Erneut folgen wir nun wieder dem Röntgen-R, das uns durch Wohngebiete an den Ortsrand zum Jammertal geleitet und schließlich hinter Auf der Hardt am Parkplatz bei der Jakobsmühle endet.

Links: Das Remscheider Tuchmuseum besitzt eine typisch bergische Tür.
Rechts: Die Kölner Straße führt in den malerischen Altstadtkern Lenneps.

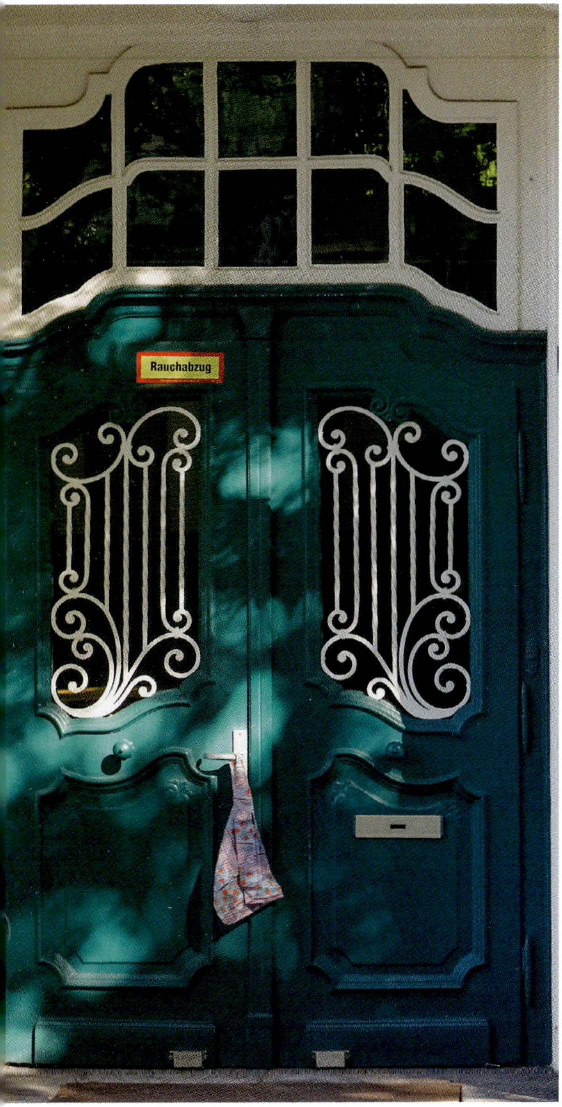

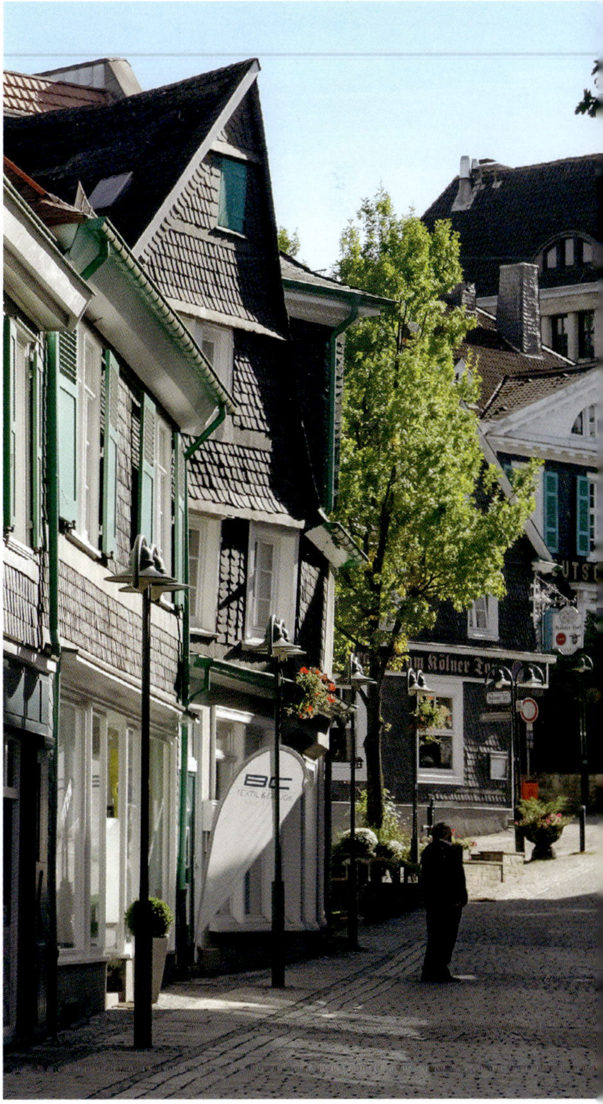

3 Im Wuppertal

Faszinierende Technik vor grandioser Naturkulisse

mittel	7,8 km	189 Hm	3 Std

Tourencharakter
Waldpfade und Wirtschaftswege

Ausgangs-/Endpunkt
Parkplatz Morsbach B 229, 42857 Remscheid

Geokoordinaten
N 51°10'02.4"–E 7°08'12.3"

Anfahrt
Auto: Autobahn A 46 bis Sonnborner Kreuz, dann auf die L 74 Richtung Remscheid, an der B 229 links Richtung Remscheid und direkt wieder links auf den Parkplatz. **Bahn/Bus:** mit dem IC bis Wuppertal Hauptbahnhof, dann in die S-Bahn S 9 Richtung Haltern am See bis Wuppertal-Zoologischer Garten, von dort mit dem Bus 605 Richtung Müngstener Brückenpark.

Karte
Wanderkarte Die Bergischen Drei, Drei-Täler-Tour, 1:20 000

Information
Bergisches Land Tourismus Marketing, Kölner Straße 8, 42651 Solingen, Tel. 0212 8816 0665, www.bergisch-mal-drei.de

Um die eindrucksvolle Müngstener Brücke herum, ein Monument deutscher Ingenieurskunst und höchste stählerne Eisenbahnbrücke im Bundesgebiet, führt uns diese Wanderung durch das lauschige Tal der Wupper zwischen Solingen und Remscheid.

Die Tour startet am kostenfreien Parkplatz zwischen dem Morsbach und der Solinger Straße B 229. Über den Fußweg entlang des Baches, der hier in die Wupper mündet, passieren wir auf der Napoleonsbrücke von 1848 sogleich den Fluss. In der Ferne ist zwischen den Bäumen oberhalb des Ufers der Diederichstempel zu erkennen, den wir auf dem Rückweg besuchen.
Statt die Straße zum Brückenpark zu wählen, erklimmen wir den zunächst recht steilen Waldpfad, der mit dem orangefarbenen Logo des Bergischen Weges markiert ist. Es geht danach etwas gemächlicher auf dem Höhenweg am Westufer der Wupper

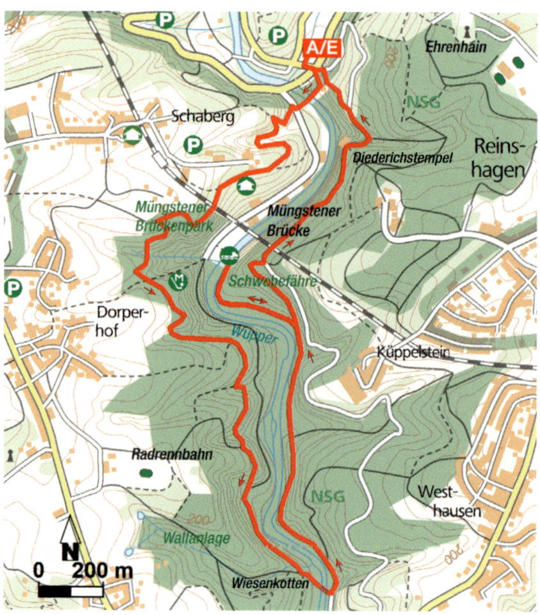

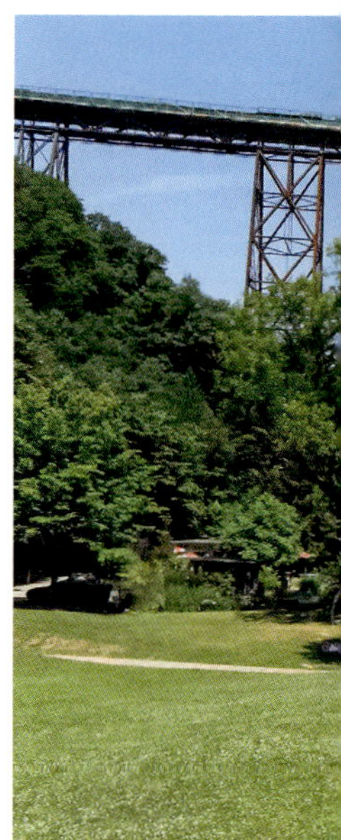

bergauf. Begleitet von Vogelgezwitscher, dem Summen der Insekten und dem sanften Rauschen der Blätter haben wir nach einigen Windungen die Müngstener Brücke erreicht.
Die Bögen und Stützpfeiler der filigranen, 107 m hohen Stahlkonstruktion heben sich gegen den blauen Himmel ab. Im Juli 1897 fuhren die ersten Züge über die 465 m lange Brückentrasse, gezogen von fauchenden Dampfrössern. Eingeweiht als Kaiser-Wilhelm-Brücke erhielt sie nach 1918 ihren jetzigen Namen.

»Dem Gemeinwohl zur Förderung, dem Verkehr zur Erleichterung, der Technik zur Anerkennung«

Geheimrat Brewitt der königlichen Eisenbahndirektion beim Richtfest der Kaiser-Wilhelm-Brücke 1897

Unser Weg folgt den scheinbar endlosen Seitentälern der zahlreichen Bäche, die hinab zur Wupper streben. Alte Wegmarkierungen verraten, dass wir auf dem früheren Klingenpfad unterwegs sind. Ein Stahlpavillon diente einst als Aussichtspunkt. An einer Wegkreuzung nehmen wir die Route S, die uns abwärts leitet bis zum Wiesenkotten, einer zur Gastronomie umgewidmeten Schleifmühle von etwa 1850.
Über die 1897 eingeweihte stählerne Brücke passieren wir den Flusslauf. Die Wupper präsentiert sich als allerfeinstes Idyll, das wir nah am Ufer wandernd genießen können. An einem Abzweig haben wir die Wahl, die einzigartige Schwebefähre zur Abkürzung des Rückwegs zu nehmen. Gegen einen geringen Obolus schwebt man gesichert von Stahlseilen knapp über dem Wasserspiegel über die Wupper und darf dabei selbst für den Antrieb sorgen. Die Fähre ist seit der Regionale 2006 in Betrieb, als auch der Brückenpark angelegt wurde, der mit technischen Installationen eine Verbindung zur Natur schuf.
Wir folgen jedoch dem Waldweg, unterqueren wieder die imposante Eisenbahnbrücke und erreichen den achteckigen, neugotischen Diederichstempel von 1901 als malerischen Aussichtspunkt über das Wuppertal. Von hier aus führt ein zunächst stein- und wurzelreicher Pfad wieder zum Parkplatz.

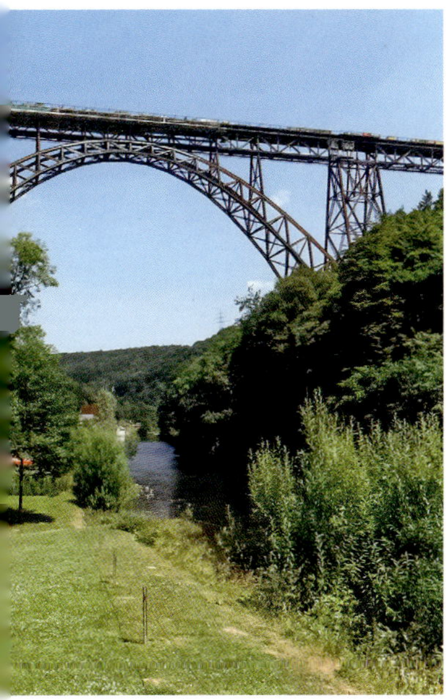

Kaiser Wilhelm II. besuchte die nach ihm benannte Brücke erst zwei Jahre nach ihrer Einweihung.

4 Schloss Burg und die Wupperberge

Am Sitz der Grafen von Berg

mittel	11,2 km	308 Hm	3,5 Std

Tourencharakter
Waldpfade und Wirtschaftswege

Ausgangs-/Endpunkt
Parkplatz In der Planke, 42659 Solingen-Burg

Geokoordinaten
N 51°08'19.9"–E 7°09'21.8"

Anfahrt
Auto: Autobahn A 1 bis Wermelskirchen, dann links auf die Straße Hünger Richtung Burg, nach ca. 1,6 km im Ort Burg rechts zum Parkplatz an der Feuerwehr. **Bahn/Bus:** mit dem RE 26112 Richtung Rheine bis Solingen Hbf, mit Abellio Rail ABR S 7 bis Solingen Mitte, vom Busbahnhof Mitte mit Bus 683 Richtung Burger Bahnhof bis Burg Brücke, dann Bus 689 Richtung Höhrath bis Burg Schloss oder mit der Seilbahn nach oben.

Einkehr
Diverse Möglichkeiten in Ober- und Unterburg

Karte
Wanderkarte 2, Das Bergische, 1:25 000

Information
Tourismusförderung Solingen, Cronenberger Straße 59/61, 42651 Solingen, Tel. 0212 290 3417, www.solingen.de

Die Grafen von Berg gaben ihrem Hoheitsgebiet den Namen Bergisches Land und der überdauerte die Ära der Adeligen. Ihren herrschaftlichen Stammsitz Schloss Burg lernen wir auf dieser Wanderung auf den Höhen an der Wupperschleife kennen.

Am kostenfreien Parkplatz neben der Feuerwehr von Burg beginnt unsere Tour rund um das Wahrzeichen des Bergischen Landes, Schloss Burg. Ein Treppenabgang weist den Weg zum Hofgarten, den wir über einen Pfad durch den Wald erreichen. Dieses kurze Stück gibt bereits einen kleinen Vorgeschmack auf das Auf und Ab, das uns im Verlauf unseres Rundweges erwartet.

In der gepflegten Hofgartenanlage befindet sich ein Spielplatz, der sich mit seinen Spielgeräten ganz auf kleine Ritter und Burg-

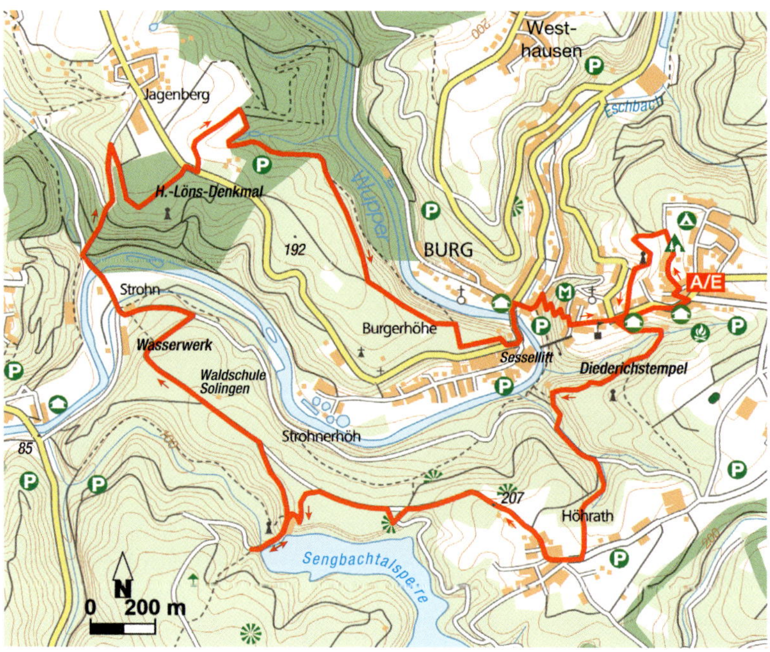

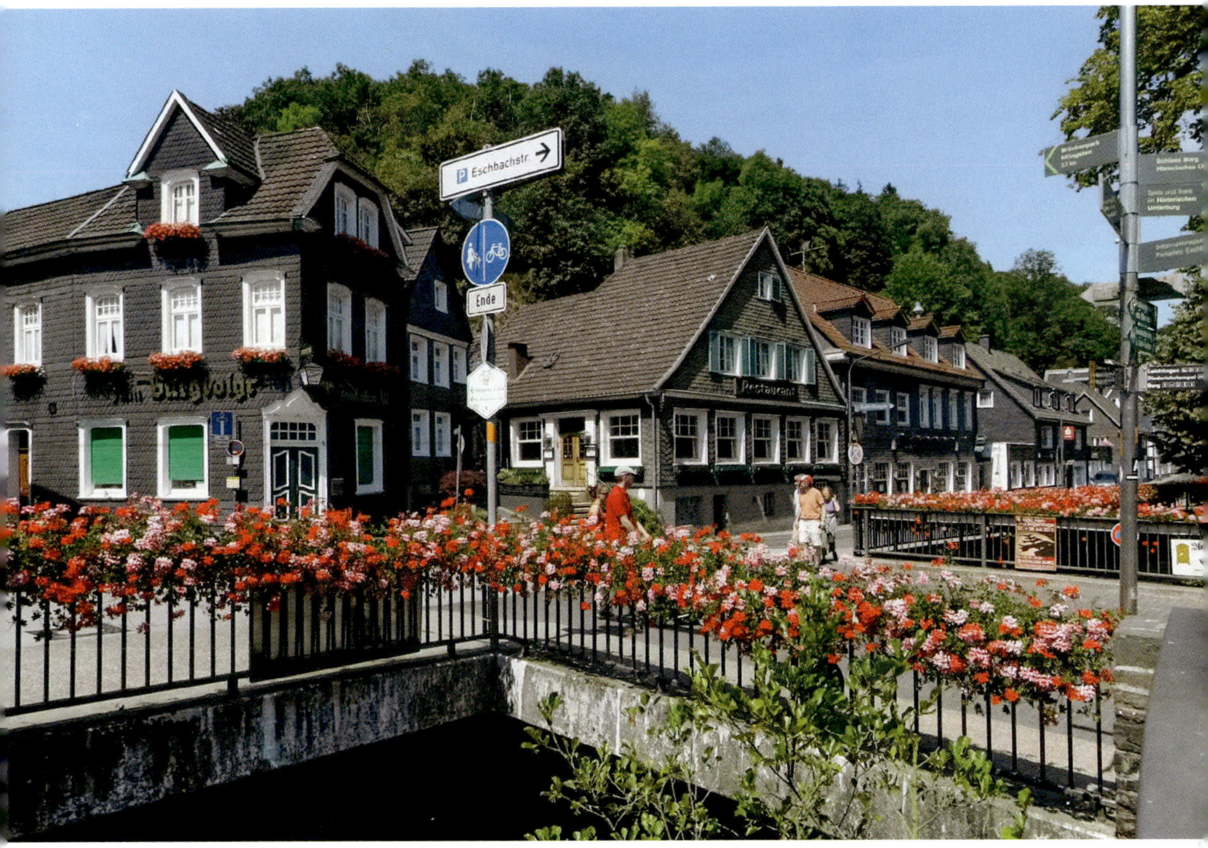

fräulein konzentriert. Dahinter erhebt sich die mächtige Silhouette des Schlosses selbst. In unmittelbarer Nähe finden sich viele bergische Fachwerkhäuser aus dem 17. Jahrhundert mit Gastronomie sowie kleinen Kunstgewerbeläden. Auf dem Schlossplatz finden das ganze Jahr über Märkte und kulturhistorische Veranstaltungen statt.

Ein bergisches Kleinod mit schmalen Gassen, üppigem Blumenschmuck und typischer Gastronomie ist das Dörfchen Unterburg.

Um 1130 begann Adolf II. von Berg mit der Errichtung der Burg Neuenberge als Sitz des gräflichen Geschlechts derer von Berg. Zur Mitte des 15. Jahrhunderts verlor die Burg ihre Bedeutung als Festung und diente in der Folgezeit vornehmlich als Jagdschloss. Seither wird sie als Schloss Burg

Ritter zum Anfassen

Um die Schlacht von Worringen 1288, bei der Graf Adolf V. von Berg eine wichtige Rolle spielte, geht es bei den seit 1990 auf dem Innenhof von Schloss Burg durchgeführten Ritterspielen. Die Schauspieler treten bei ihren authentischen Aufführungen gern in den direkten Kontakt mit dem Publikum. www.georgsritter.de

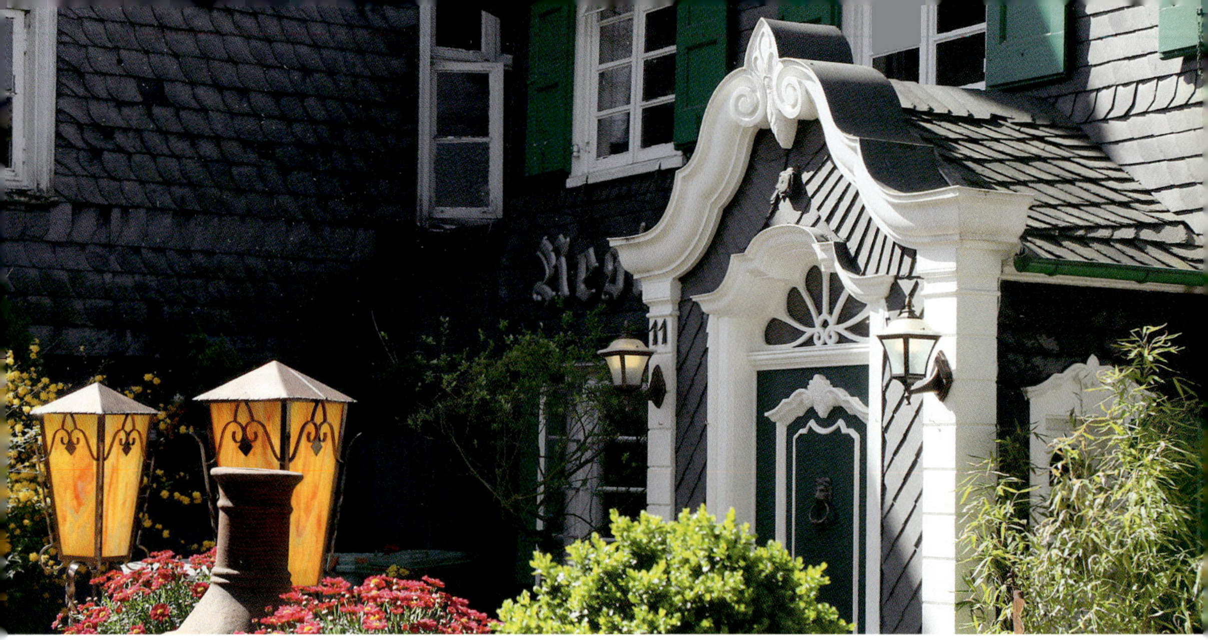

Rund um Schloss Burg locken diverse gastronomische Betriebe mit tollen Ausblicken und bergischer Gastlichkeit.

bezeichnet. Fast alle Räume können heute besichtigt werden; das integrierte Bergische Museum führt dokumentarisch und mit vielen Exponaten zurück bis ins Mittelalter.

Neben dem kostenpflichtigen Schlossparkplatz folgen wir der Wegmarkierung A 5, die uns zunächst durch ein verwunschenes, enges Bachtal und dann stetig bergan führt. Hier bieten sich bereits schöne Blicke auf das markante Schloss am nun gegenüberliegenden Berg. Vom Diederichstempel aus, einem achteckigen Pavillon von 1896, hat man die beste Aussicht auch auf die Wupper und den Ortsteil Unterburg.

Über den Weg A 4 erreichen wir den Weiler Höhrath und das Waldgebiet oberhalb der Sengbachtalsperre. Fertiggestellt 1903, ist sie einer der ältesten Trinkwasserspeicher in Deutschland. An einer Wegkreuzung im Wald treffen wir auf den Bergischen Weg, dessen orangefarbenes Symbol uns hinunter bis zur 178 m langen Staumauer führt. Im Forstgebiet geht es wieder bergauf und wir passieren die biologische Station Waldschule Solingen in einem alten Kotten, der von Gruppen für naturkundliche Unternehmungen gemietet werden kann.

Am Wasserwerk Glüder überqueren wir die Wupper und

Balkhauser Kotten

Bis ins 16. Jahrhundert reicht die Geschichte des Balkhauser Kottens zurück. In dem Schleifermuseum (seit 1962) waren noch in den 1980er-Jahren die Schleifer aktiv. Die gesamte Mühlenmechanik kann man im Inneren des malerischen Fachwerkgebäudes eingehend begutachten. In den Schleifstuben gibt es manchmal Vorführungen. www.balkhauser-kotten.de

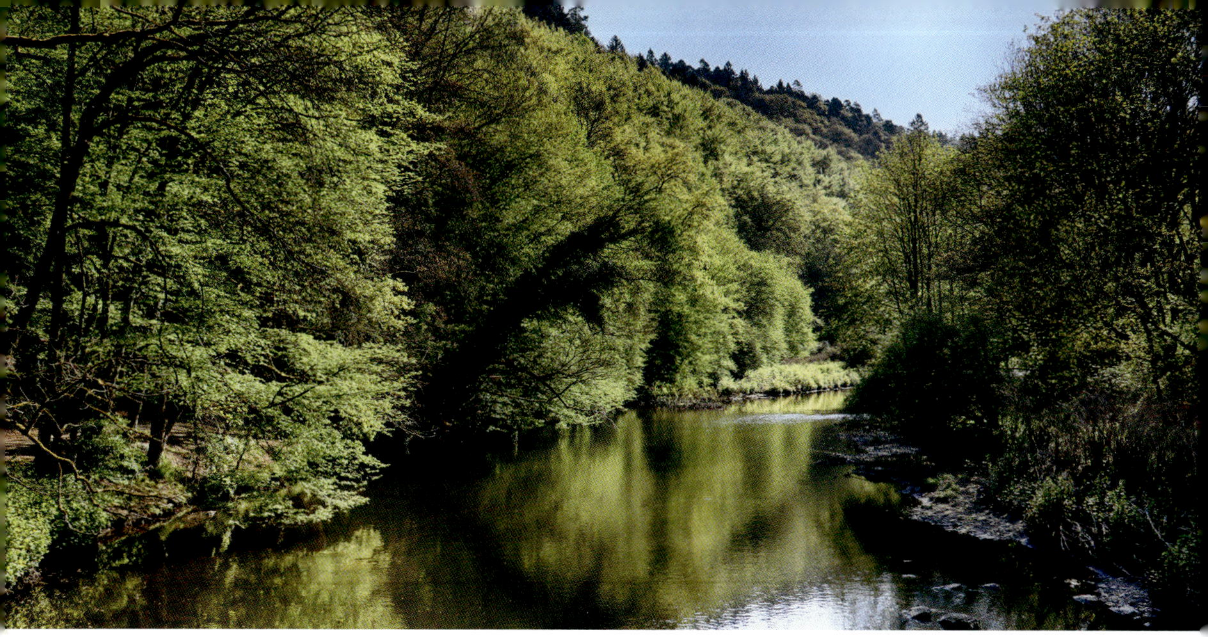

wandern in engen Serpentinen bergan der Markierung N folgend. Auf der Höhe mit Blick über das Wuppertal steht das 1926 errichtete Denkmal für Hermann Löns. Ein Relief auf einem imposanten Findling zeigt das Porträt des Heimatdichters, das mittlerweile von Efeu umrankt ist.

Auf der Höhe über dem idyllischen Ufer der Wupper wurde dem Heimatdichter Hermann Löns eine Gedenkstätte eingerichtet.

Wir gehen über die Burger Landstraße und befinden uns auf dem Klingenpfad inmitten üppiger Weideflächen. Im Wald leitet uns der Bergische Weg vorbei an versteckten alten Fischteichen, über Höhen und Talsenken bis nach Unterburg. Ein typisch bergisches Dorfidyll mit prächtigen Blumendekorationen empfängt uns an der rauschenden Wupper. Nette Cafés laden zur Einkehr, bevor der letzte große Kraftakt bevorsteht, nämlich der heftige Aufstieg über gewundene Serpentinen zurück nach Oberburg und zum Schloss.

Schöner Ausblick

Den besten Blick auf Schloss Burg, das majestätisch am bewaldeten Berg thront, hat man vom Weg A 4 auf halber Strecke zwischen Höhrath und der Solinger Waldschule.

Aber wir haben hier eine komfortablere Alternative: die mit Doppelsesseln ausgestattete Seilbahn von 1952, einst die erste ihrer Art in Nordrhein-Westfalen. Innerhalb von vier Minuten bewältigt sie eine Höhendifferenz von 91 m auf einer Strecke von insgesamt 248 m. Oben gibt es tolle Aussichten über das Tal der Wupper und die Wupperberge. Schon bald ist der Startpunkt wieder erreicht.

5 Mühlen an der Wupper

Mühlengeklapper an der rauschenden Wupper

mittel | 9,9 km | 125 Hm | 4 Std

Tourencharakter
Strecke teils auf Straßen und Feldwegen, teils auf schwierigen Pfaden im Wald, die steil und kurvenreich sind.

Ausgangs-/Endpunkt
Wanderparkplatz am Wipperkotten

Geokoordinaten
N 51°07'53.2"–E 7°02'00.7"

Anfahrt
Auto: A 3 bis Solingen, auf B 229 Richtung Stadtmitte, nach 2 km unter der Eisenbahnbrücke rechts und direkt wieder rechts, 3,5 km über die Wipperauer Straße, dann der Beschilderung Wipperkotten folgen. **Bahn/Bus:** RB 48/RE 7 bis Bahnhof Leverkusen-Opladen. Bus 250 Richtung Solingen Auf der Höhe/Haasenmühle, von hier aus kann man sofort zur Tour aufbrechen.

Einkehr
Restaurant Kottenstube, Wipperaue 3, 42699 Solingen, www.wipperaue.de

Karte
Wanderkarte 2, Das Bergische, 1:25 000

Information
Tourismusförderung Solingen, Cronenberger Straße 59/61, 42651 Solingen, Tel. 0212 290 3417, www.solingen.de

Bergisches Dorfidyll und zauberhafte Aussichten begleiten den Wanderer auf dem Weg entlang des Flusses. Die Tour hält einige steile Anstiege, aber auch entspannte Wegführungen im Grenzgebiet der Städte Solingen und Leichlingen bereit.

Als Ausgangspunkt dient der Wanderparkplatz am Wipperkotten, dem einzigen noch verbliebenen Doppelkotten an der Wupper, der urkundlich bereits zum Ende des 16. Jahrhunderts Erwähnung findet. Das Besondere an diesem hübschen Gebäudeensemble aus zwei Fachwerkkotten sind die beiden dazwischenliegenden, leise knatternden, unterschlächtigen Mühlräder am kleinen Stauwehr des Flusses. Eines der Häuser liegt auf einer Insel, umgeben von einem lauschigen Garten, und befindet sich in Privatbesitz. Das andere, der Vorderkotten, beherbergt eine noch aktive Schleiferei, die nach vorheriger Absprache besichtigt werden kann und an bestimmten Tagen im Jahr für Besucher geöffnet ist.

Zunächst begeben wir uns auf der Wipperauer Straße flussabwärts gen Westen. Eine kleine Grotte in der Rechtskurve vor den Fachwerkhäusern der Haasenmühle erinnert in stiller Mystik an vergangene Steinbruchzeiten. Nach Überquerung der Wupper auf der Kreisstraße K 1 geht es links wieder stromaufwärts ans Wupperufer. Entlang der Leichlinger Felder und vorbei am Haus Nesselrath, einer früheren Burganlage, stehen wir schon bald gegenüber dem Wipperkotten, der sich als malerisches Fotomotiv mit kleinen Stromschnellen im Vordergrund wunderbar in Szene setzt.

Der Markierung des Weges A 3 folgend, erreichen wir den Waldrand und den verträumten Weiler Leysiefen, der auch am Solinger Obstweg liegt. Hangauf und hangab, vorbei an den spärlichen Überresten des Ringwalls Motte Zoppesmur erreicht der Pfad durch den Wald letztlich am Ufer der Wupper wieder befestigten Boden. Eine Brücke führt hinüber in die beschaulichen

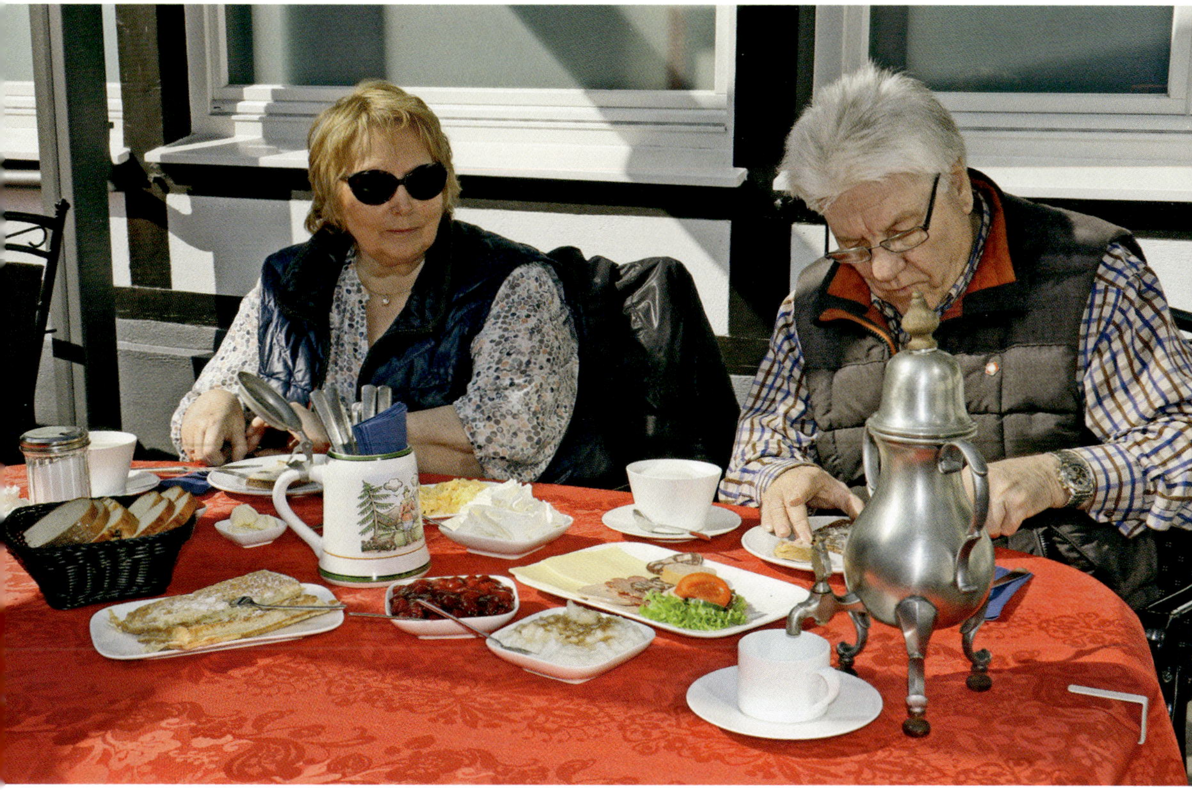

Dörfchen Friedrichstal und Friedrichsaue, deren Häuser, Gärten und Wiesen schemenhaft zwischen dem wogenden Laub der Bäume erkennbar sind. An den Hängen am Wegesrand blitzen Baumpilze aus moosbedeckten Stämmen hervor, weisen plattenförmige Gesteinsverwerfungen auf den geologischen Ursprung hin.

Die dreifüßige Kranenkanne, die im Bergischen aufgrund ihrer Eigenschaften Dröppelmina genannt wird, ist wichtigster Bestandteil einer ausgiebigen Bergischen Kaffeetafel.

In Fähr gibt es die nächste feste und historisch bedeutsame Querung der Wupper, an der Rödeler Brücke musste einst ein Wegegeld entrichtet werden. Wir tauchen nun ein in etwas schwierigeres Gelände. Schmal und in Serpentinen geht es recht steil bergauf, um an einen Höhenweg oberhalb des Wuppertals zu gelangen. Geduld ist gefragt, will man die dargebotene tolle Aussicht aus-

Bergisch gemütlich

Die Kaffeetafel ist der Inbegriff bergischer Gemütlichkeit und das Glanzlicht im Angebot der Gaststätte Rüdenstein unmittelbar am Wupperufer in Obenrüden. Seit 1929 in Familienbesitz, dreht sich viel, aber nicht alles um die Dröppelmina, um Waffeln mit heißen Kirschen und hausgemachten Milchreis. www.ruedenstein.de

Rechte Seite: In der naturschönen Hofschaft Friedrichstal zwischen Rüden und Wippe hatte früher das Schleiferhandwerk Hochkonjunktur.

giebig genießen. Erst ein pilzförmiger, hölzerner Pavillon mit einem durch ein Geländer gesicherten Aussichtspunkt bietet fantastische Ausblicke auf das über 100 m tief darunterliegende Tal, die Dörfer Unten- und Obenrüden sowie den Solinger Ortsteil Widdert auf dem gegenüberliegenden Höhenzug.
Der Abstieg gestaltet sich ähnlich trickreich wie der vorherige Aufstieg. Müsste man nicht stets auf den richtigen Stand achten, würde man schon auf der anderen Seite des Herzbachtals das Hundedenkmal Rüdenstein erkennen. Ein klein wenig Parklandschaft vermittelt der Weg zurück. Erneut dem Strom folgend und eine herrliche Trauerweide am Ufer passierend, führt er zunächst durch Obenrüden wieder bis zum Rüdener Kotten und zur Rödeler Brücke. In Untenrüden, ebenso wie der Namensvetter eine Pracht in Fachwerk, gehen wir, statt A 3 zu folgen, ein Stück Straße in Richtung Widdert bergauf, schwenken dann scharf nach links und folgen dem Weg A 2 durch den Wald, der wieder einige nette Aussichten aufs Tal offenbart. Hinter Friedrichstal ist aus der Höhe der Hohlenpuhler Weg erreicht, der uns am Wupperufer entlang wieder zurück zum Wipperkotten geleitet.

Ein guter Freund

Der mächtige weiße Rüde blickt von einem steinernen Sockel übers Tal. 1424 soll das Tier den jungen, bei der vorweihnachtlichen Jagd am Abhang gestürzten Herzog Robert von Berg in Lassie-Manier vor dem Tode bewahrt haben. 500 Jahre später setzte man ihm an besagter Stelle das Rüdensteiner Hundedenkmal.

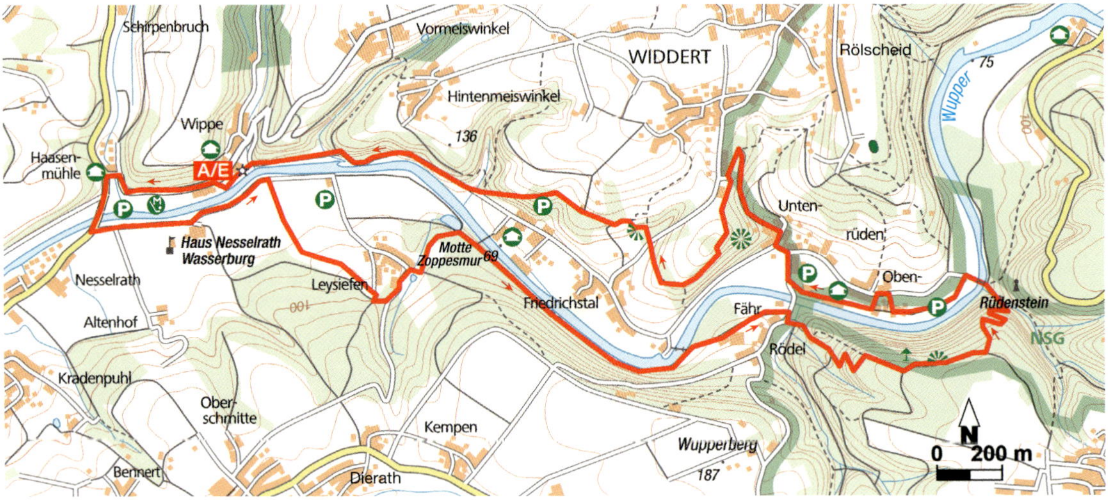

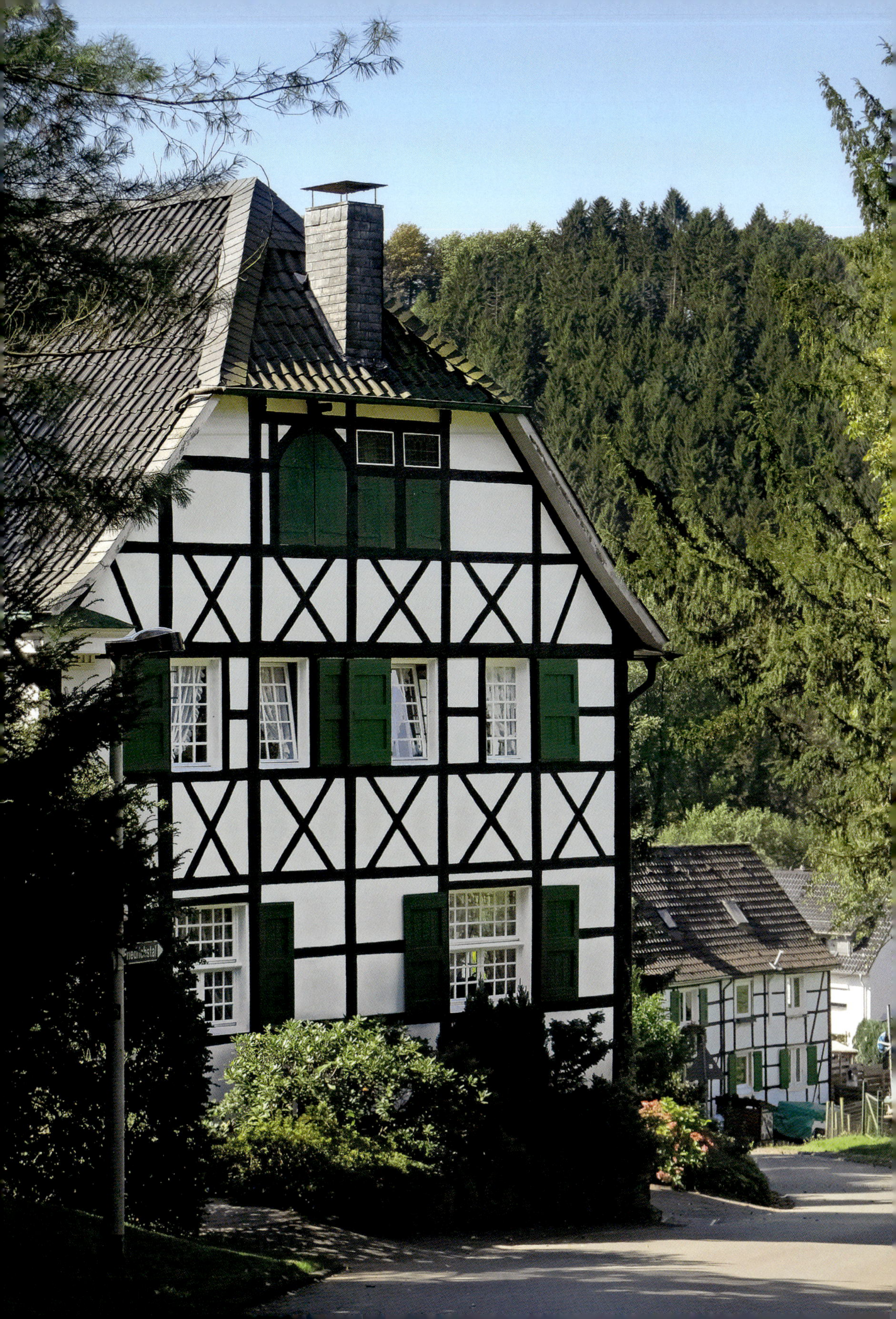

6 Die Schweiz im Bergischen

Von Gräfrath bis an die Wupper

mittel | 9,8 km | 155 Hm | 4 Std

Tourencharakter
Strecke auf Straßen und Feldwegen, teils auf Waldpfaden

Ausgangs-/Endpunkt
Parkplatz am Kunstmuseum

Geokoordinaten
N51°12'14.2"–E7°04'26.4"

Anfahrt
Auto: A 46 bis Haan-Ost, links auf den Westring, rechts B 224 Richtung Stadtmitte, nach ca. 300 m Ampel links zum Kunstmuseum. **Bahn/Bus:** RB 48 von Wuppertal Hbf nach Vohwinkel, Bus 621 Richtung Dasnöckel-Mitte bis Roßkamper Straße, Bus 683 bis Haltestelle Kunstmuseum oder von Solingen Hbf Bus 682 bis Central, dann Bus 683 bis Kunstmuseum.

Veranstaltung
Lichterzauber Gräfrath, Anfang September, www.gräfratherichterzauber.de

Einkehr
Diverse Möglichkeiten in Gräfrath

Karte
Infokarte Die Bergischen Drei, Klingenstadt Solingen, 1:30 000

Information
Tourismusförderung Solingen, Cronenberger Straße 59/61, 42651 Solingen, Tel. 0212 290 3417, www.solingen.de

Den Solinger Stadtteil Gräfrath schlicht als bergisches Kleinod zu bezeichnen, wäre eine glatte Untertreibung. Der Ortskern vereint bergisches Hochgefühl mit bergischer Gastlichkeit und hat darüber hinaus Alpines ebenso zu bieten wie Heidelandschaften.

Startpunkt ist der Parkplatz des Solinger Kunstmuseums, das u.a. die Werke bekannter Solinger Künstler präsentiert. Das Gebäude stammt von 1908 und gilt als schönes Beispiel des Neubergischen Baustils, der dekorative Elemente des Jugendstils beinhaltet. Bis zur Eingemeindung Gräfraths zur Stadt Solingen im Jahr 1929 diente es als Rathaus, beherbergte einige Jahre das Klingenmuseum und zeigt seit 1996 vornehmlich Kunst des 19. und 20. Jahrhunderts. Einzigartig in Europa ist zudem der Ausstellungsbereich für verfolgte Künste.

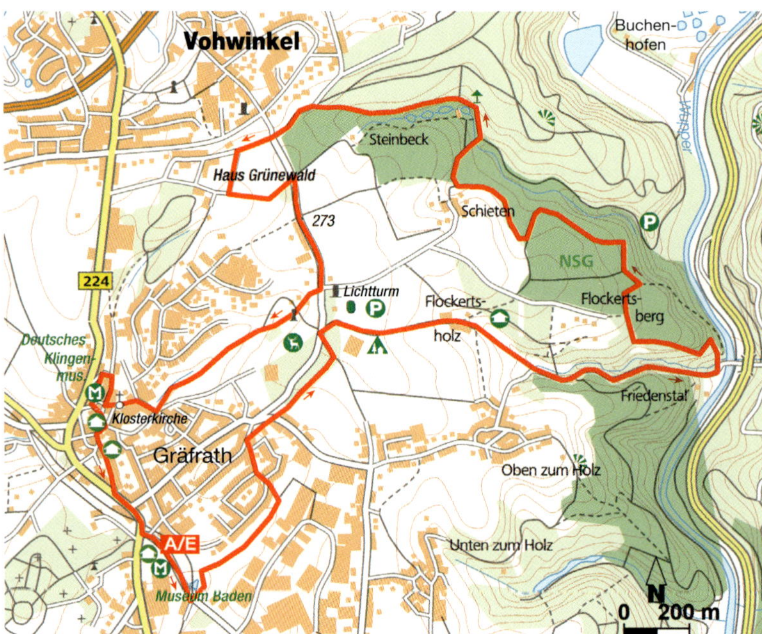

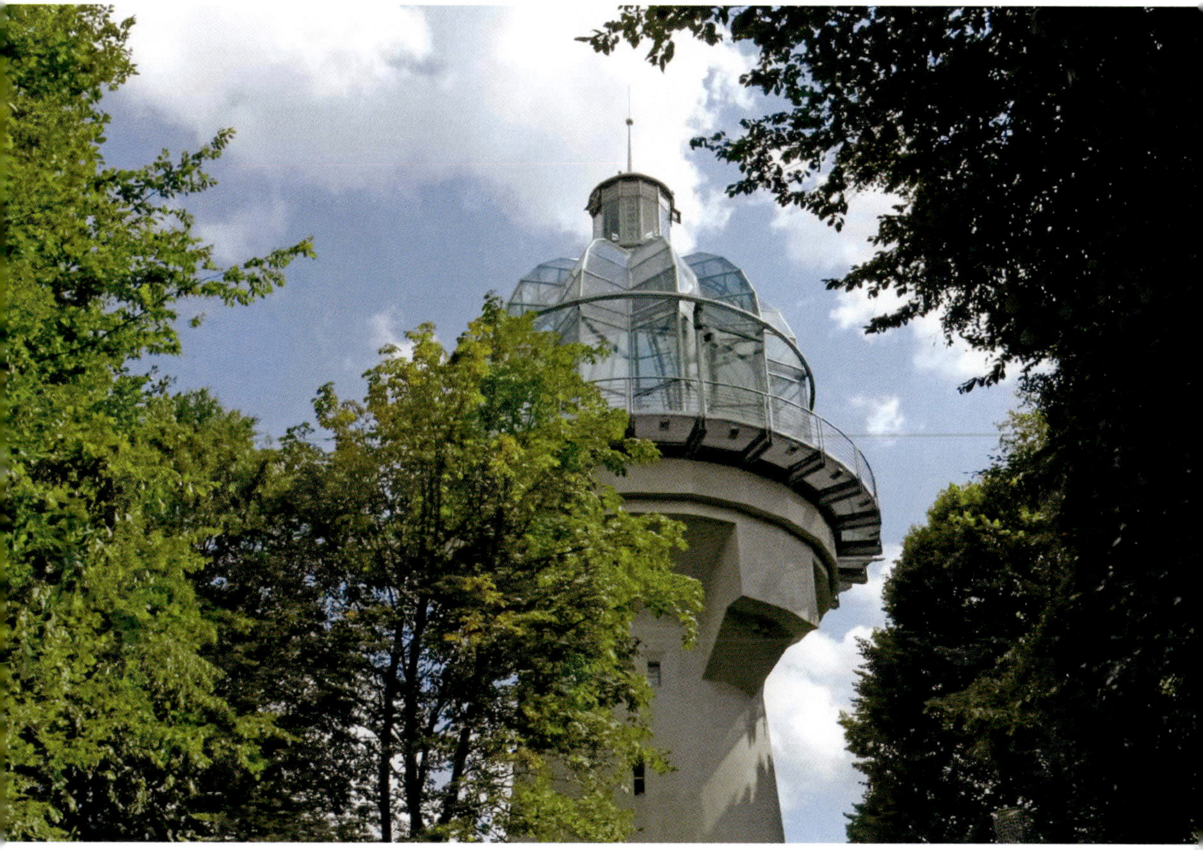

Zunächst gehen wir ein Stück auf der legendären Bahnstrecke Korkenziehertrasse, die wir am ersten Abzweig verlassen, um durch das Tal des Nümmener Baches und das Wohngebiet Melanchthonstraße den Stadtwald Gräfrath zu erreichen. Wir durchqueren ihn auf befestigten Wegen in Richtung der Jugendherberge. Am Flockertsholzer Weg lassen wir entlang der Alleebäume das Stadtgebiet hinter uns, liegt die Weite bergischer Höhenzüge vor uns. Flankiert von einigen Häusern endet die Allee und der Weg führt hinab ins Wuppertal. Am Kindergarten umfängt uns schon die Kühle des Friedenstals als Teil des Staatsforstes

Mit etwas Glück sieht man an Sommerabenden die Kuppel des Solinger Lichtturms in farbenprächtiger Illumination.

Blüten- und Weihnachtszauber

Der Park von Haus Grünewald mutiert alljährlich um Christi Himmelfahrt mit der Veranstaltung GartenLeben zum Blumen- und Gartenparadies. Am dritten und vierten Advent wird dort ein fantastischer Weihnachtsmarkt in heimelig-romantischer Atmosphäre ausgerichtet. www.schloss-gruenewald.de

Burgholz, in der der Flockertsholzer Bach eilig der Wupper entgegenstrebt. An einem großen Stein fällt die Inschrift »Flockertsholz – Bergische Schweiz« auf und erinnert daran, dass die Route auf der schmalen Straße Friedenstal entlang des sich schlängelnden Bachlaufs durchaus in einem kleinen Alpental liegen könnte.

An einer Lichtung kommt eine Brücke über die Wupper ins Blickfeld, der wir aber nicht folgen, stattdessen wenden wir uns nach links in den Wald hinein. Kurvenreich geht es zunächst wieder westwärts, am ersten Abzweig rechts und nach einem mäßigen, jedoch langen Anstieg erneut rechts. Die Nähe zur Wupper ist in der Dichte des Waldes kaum auszumachen. Dafür hämmern die Spechte zu laut an den Bäumen, rascheln die dichten Laubkronen zu energisch im Wind. Aber der Steinbach macht sich bemerkbar, dessen Talsenke jetzt den Weg bestimmt bis zu den drei kleinen Stauteichen, die wir links liegen lassen, um hangaufwärts an ihnen bis zur Straße Boltenheide vorbeizugehen.

Das Schöne bewahren, das Wahre behüten, das Edle verehren, das Gute beschließen

(Fassadenspruch In der Freiheit)

Das Waldgebiet liegt nun hinter uns, Felder und dahinter der Wohnturm von Haus Grünewald vor uns. Das Anwesen, fertiggestellt um 1824 und umgeben von einem hübschen englischen Landschaftspark, befindet sich in Privatbesitz und kann nur zu bestimmten Anlässen besichtigt werden. Ist die Schließtechnik der Stahlbarriere überwunden, erreicht man entlang der Mauern und der Brombeerhecken das Schlosstor, das den schönsten Blick über den Park auf die verschieferte Villa bietet.

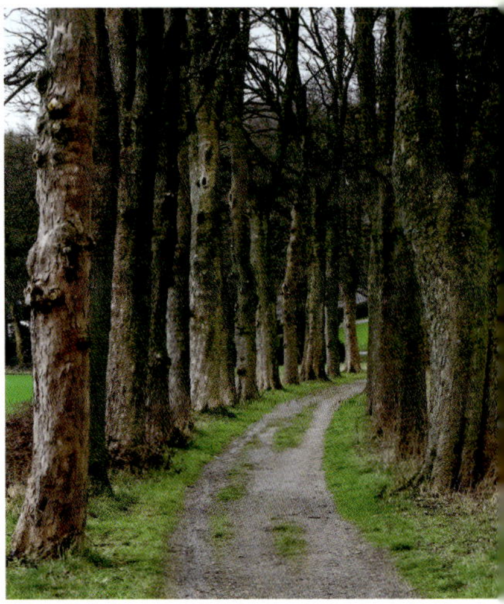

Alleebäume flankieren die ehemalige hochherrschaftliche Zufahrt zu Haus Grünewald.

Wir folgen der Wanderallee bergan und es geht hinter dem Bauernhof nach rechts. Die Kuppel des Lichtturms, ebenfalls in Privatbesitz, erstrahlt an einigen Tagen abends in leuchtender Farbigkeit. Auf dem Feld ragt ein winziger Hügel hervor, der den höchsten Punkt des Solinger Stadtgebietes (276,38 m) markiert.

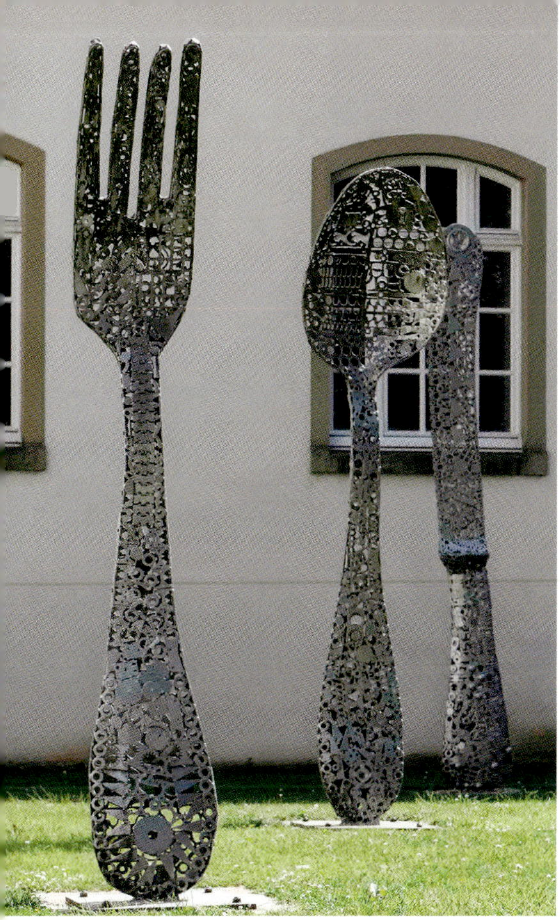 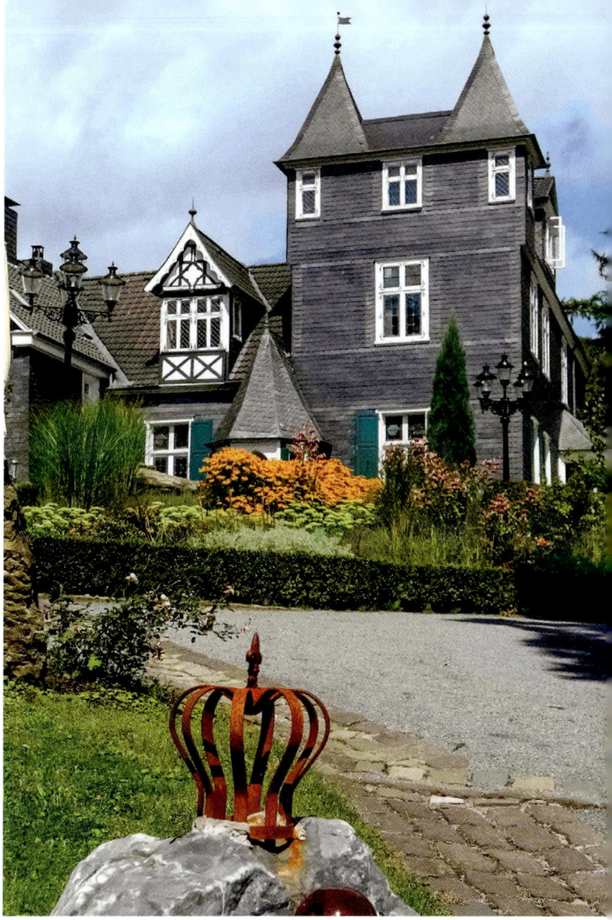

Vor allem Kinder schätzen den Tierpark Fauna am alten Wasserturm, der sich speziell der heimischen Tierwelt widmet. Rotwild und Pfauen sorgen neben einigen Spielbereichen für Kurzweil. Wir durchqueren die parkartige Gräfrather Heide und erreichen an der Klosterkirche den malerischen Stadtkern und das Klingenmuseum. Über die Treppe geht es hinunter auf den Dorfplatz mit dem Brunnen in der Mitte, gesäumt von wunderschönen Fassaden und einigen gastronomischen Betrieben, die zur Einkehr laden. Bergisches Flair verströmen aber auch die vielen kleinen Gassen und Sträßchen ringsum. Über die Straße In der Freiheit erreichen wir dann schließlich wieder den Ausgangspunkt unseres Rundweges.

Links: Workshops, auch für Kinder, gehören während des Jahres zu den attraktiven Angeboten des Klingenmuseums. Rechts: Der Froschkönig ließ seine Krone im Park von Haus Grünewald zurück.

Echt scharf

Seit 1991 residiert das Deutsche Klingenmuseum in den Räumlichkeiten des früheren Gräfrather Klosterstifts der Augustinerinnen. Die Heimatkundliche Sammlung des alten Wallfahrtsortes verblasst etwas hinter der umfangreichen Sammlung an Bestecken aus aller Welt sowie den beeindruckenden Waffen und Schneidwaren. www.klingenmuseum.de

7 Vom Ittertal nach Wald

Mühlen und Gärten zwischen Haan und Solingen

mittel | 11,8 km | 140 Hm | 4 Std

Tourencharakter
Einige Waldpfade, Wirtschaftswege und Straßen

Ausgangs-/Endpunkt
Parkplatz Freizeitzentrum Ittertal

Geokoordinaten
N 51°11'24.5"–E 7°02'01.7"

Anfahrt
Auto: Autobahn A 3 bis Haan-Ost, an der Ampel rechts auf die Gräfrather Straße, an der zweiten Ampel links auf die B 228 Elberfelder Straße Richtung Haan-Mitte, zwischen Post und Sparkasse links auf die Martin-Luther-Straße fahren bis ins Ittertal, am Kreisverkehr zweite Ausfahrt, nach ca. 800 m links zum Freizeitzentrum. **Bahn/Bus:** mit dem RB 48 bis Solingen Hauptbahnhof, Bus 682 Richtung Graf-Wilhelm-Platz bis Wald Kirche, umsteigen in Bus 690 Richtung Obenitter bis Mittelitter.

Einkehr
Ausflugslokal Scheider Mühle

Karte
Infokarte Die Bergischen Drei, Klingenstadt Solingen, 1:30 000

Information
Tourismusförderung Solingen, Cronenberger Straße 59/61, 42651 Solingen, Tel. 0212 290 3417, www.solingen.de

Der »märchenhafte« Itterbach bildet die natürliche Grenze zwischen dem Neanderland im Kreis Mettmann und Solingen. Wir folgen einer kuriosen Bahnstrecke, machen einen Abstecher zu Dick und Doof und entdecken Mühlen mit langer Geschichte.

Am Parkplatz an der Gemeindegrenze zwischen Haan und Solingen, beim Freizeitzentrum Ittertal mit Freibad und Eisbahn, startet die Tour in östlicher Richtung auf dem Klingenpfad am Ufer des Itterbaches entlang. Wir folgen der Markierung des Neanderlandsteigs in Richtung Naturfreundehaus und kommen zunächst zum Historischen Freizeitpark Ittertal. Schon über 120 Jahre begeistert der nostalgisch anmutende Spielepark mit Märchenwald und den Darstellungen von Klassikern der Gebrüder Grimm, der 2021 modernisiert wird. Legendär ist das eben-

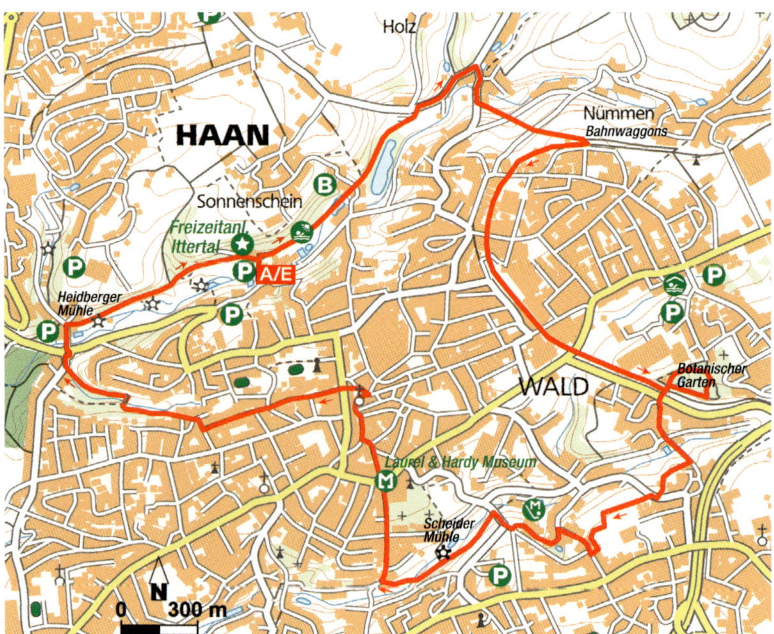

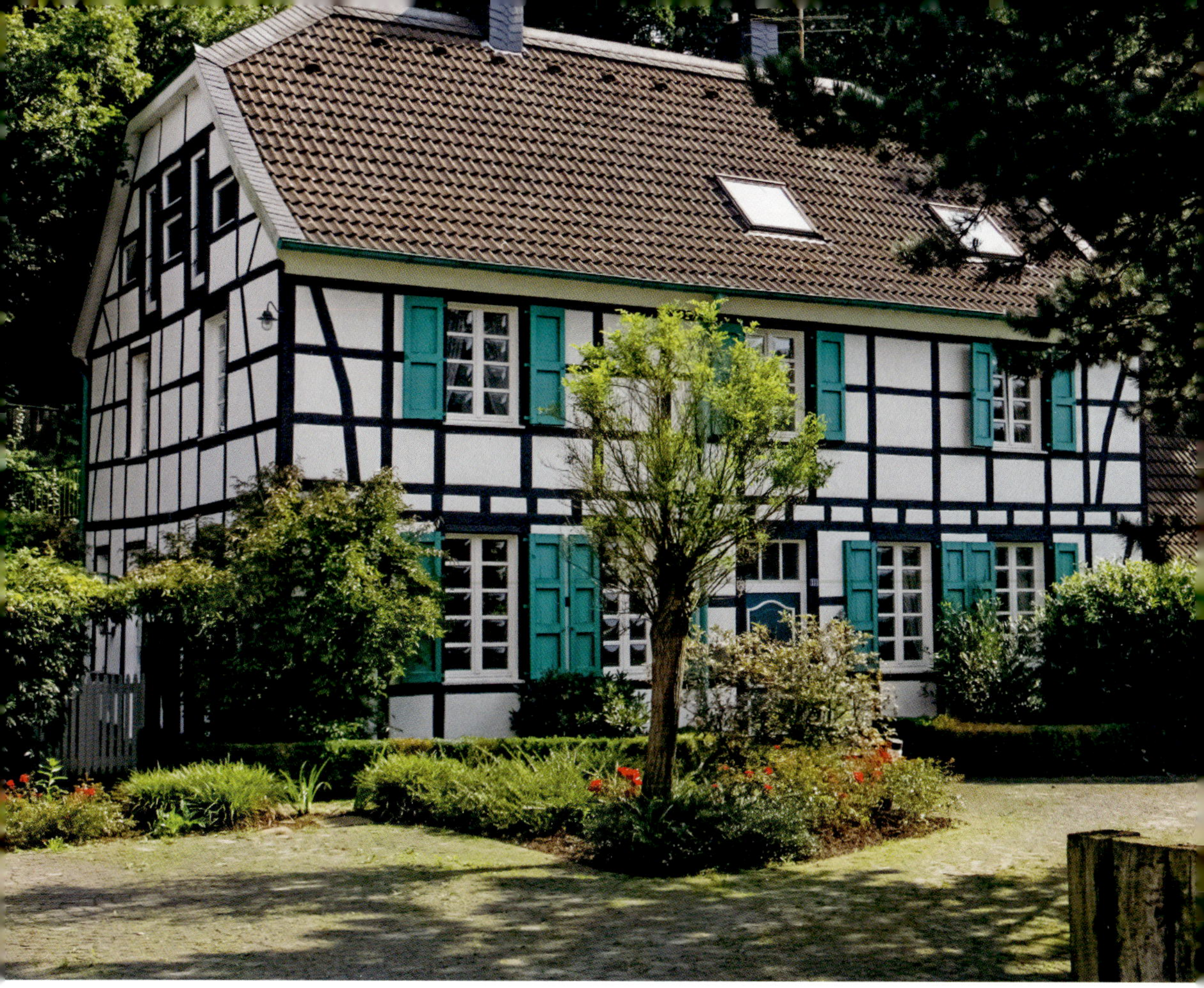

falls über 100 Jahre alte Wasserkarussell auf dem kleinen Teich des Parks, den als neueste Errungenschaft ein Baumwipfelwanderweg überspannt.

Pures Dorfidyll im Solinger Dültgenstal, in dem sich vor gut 300 Jahren erste Industrie ansiedelte.

Die Itter rauscht neben dem türkisblauen Wasser eines idyllisch gelegenen Stauteiches, hinter dem wir die Bausmühle erreichen. Sie stammt von 1728 und diente zunächst als Schleifkotten für das Gräfrather Kloster. Später als Getreidemühle genutzt, befindet sie sich nun in Privatbesitz als Seminar- und Freizeithaus. Wir folgen der Route mit dem weißen Buchstaben W, überqueren die Itter und den Nümmener Bach und

Auf Messers Schneide

1886 gründeten die Gebrüder Hendrichs eine Gesenkschmiede in Solingen-Merscheid. 100 Jahre später stellte die Fabrik für hochwertige Getriebe- und Maschinenteile den Betrieb ein und wurde vom Landschaftsverband Rheinland erworben, der seit 1999 dort einen Teil des LVR-Industriemuseums betreibt.
www.industriemuseum.lvr.de

Die mühlenreiche Itter bildet die Ortsgrenze zwischen Haan und Solingen und kann über weite Strecken am Ufer erwandert werden.

erreichen bergan über einen Wiesenhang die legendäre Korkenziehertrasse.

Die berühmte Eisenbahnstrecke verband nach ihrer Fertigstellung 1890 Solingen mit Wuppertal-Vohwinkel. Dem aufgrund der Geologie notwendigen Kurvenreichtum der Strecke verdankt sie ihren Namen, doch bereits 1958 erfolgte die Stilllegung. 2006 erwachte sie als 15 km langer Radwanderweg zu neuem Leben. Zwei grüne Reisezugwagen hat man als Reminiszenz an die Bahngeschichte aufgestellt, einer beheimatet ein Café.

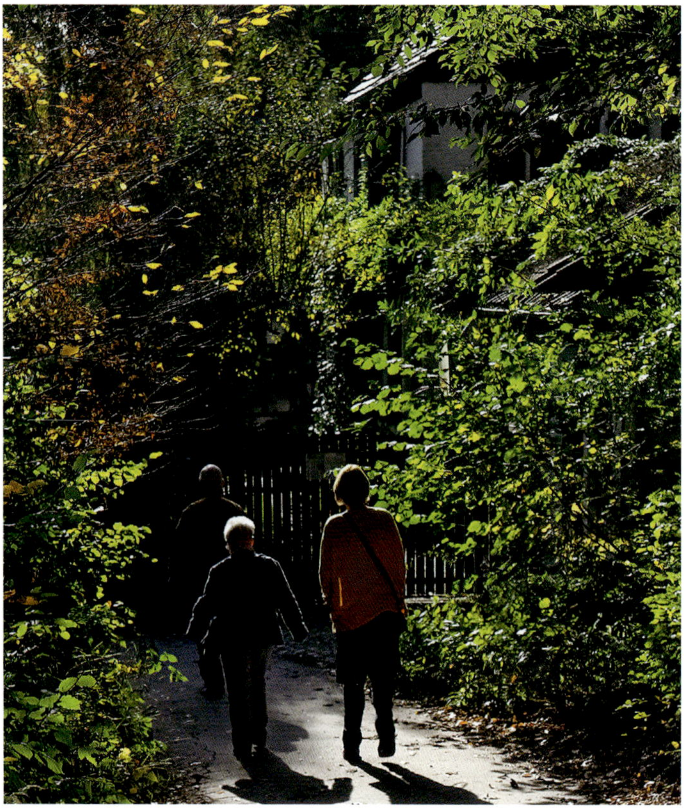

Dem Verlauf der Trasse folgend, passieren wir den alten Walder Bahnhof, in dem ebenfalls Gastronomie eingezogen ist, und sind bald am Botanischen Garten angelangt. 1963 eröffnet, lockt das Gelände rund um das Tropenhaus mit bunten Themengärten, Ruheflächen und üppiger floraler Dekoration. Seit 2002 verschönern 14 Skulpturen von kleinen und großen Tieren als Dauerleihgabe der Solinger Jugendhilfewerkstatt die Parkanlagen.

Wir verlassen die Korkenziehertrasse über den Marschner Weg im Ortsteil Wald in das Tal des Lochbaches, den wir überqueren. An der Steigung des Weges Lehn biegen wir scharf nach rechts ab. Ein Tor führt in eine weitläufige, idyllische Kleingartensiedlung. Das weiße W leitet uns durch die Anlage hindurch und wir erreichen eine malerische Talsenke. Hier liegt am Bach das populäre Ausflugslokal Scheider Mühle. Zwischen

Die Hochzeitsmühle

Mitten im Mühlteich des alten Schleifkottens Heidberger Mühle von 1574 im Ittertal steht eine traditionelle Holländer-Windmühle mit gestutzten Flügeln. Errichtet um 1930 als exzentrischer Pavillon, wird sie gerne für Hochzeiten genutzt. Bergische Gastronomie bietet seit 1894 das Hauptgebäude mit angeschlossenem Tanzsaal. www.heidberger-muehle.de

1640 und 1915 wurde hier Getreide gemahlen. Weiter durchs Tal gibt uns der Lochbach den Weg vor bis wir die Locher Straße erreichen und uns bergauf wenden in Richtung des Ortskerns von Wald. An der Kreuzung mit der Rembrandtstraße liegt am alten Walder Kotten das einzigartige Laurel & Hardy Museum, das Vera und Wolfgang Günther 2003 ins Leben riefen. Damit machten sie die Ergebnisse ihrer Sammelleidenschaft rund um die berühmten Filmkomiker der Öffentlichkeit zugänglich. Es ist jeweils am letzten Wochenende im Monat geöffnet.

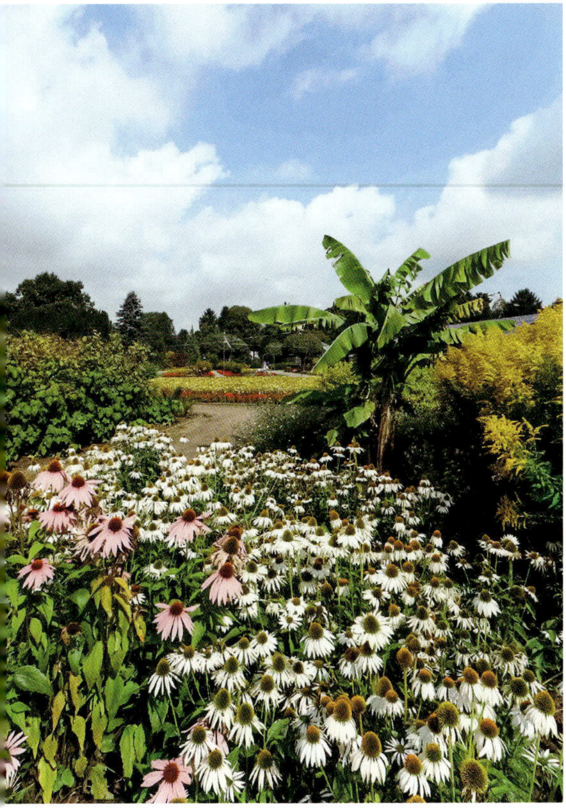

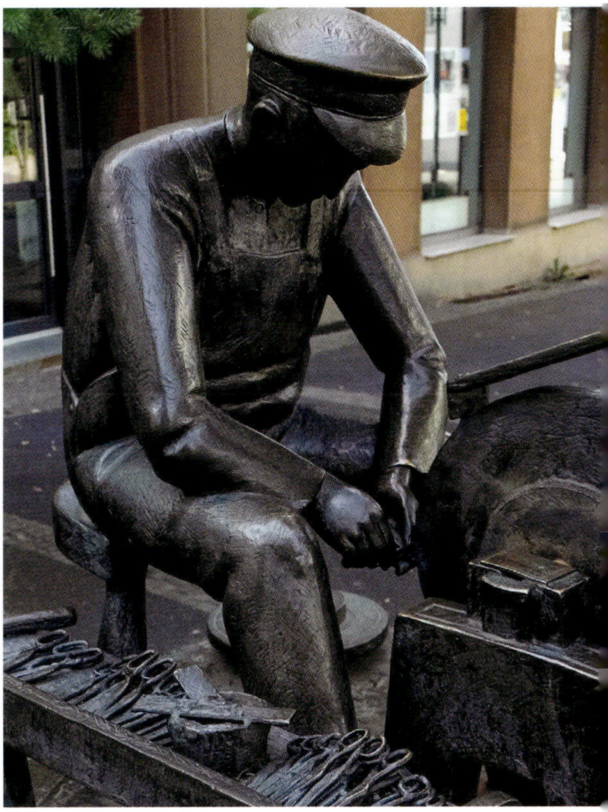

Über den Walder Kirchplatz geht es weiter durch den Ort bis am Ende der Wiedenhofer Straße und der Dürerstraße auf der rechten Seite der Dorfplatz Krausen mit einigen netten Fachwerkhäusern erreicht ist. Durch das nachfolgende Bachtal kommen wir zur Haaner Straße und hinter dem Kreisverkehr zur Gaststätte Heidberger Mühle, hinter der uns der Klingenpfad wieder zurück zum Parkplatz führt.

Links: Alljährlich im Mai veranstaltet die Stiftung Botanischer Garten einen Garten- und Blumentag.
Rechts: Im Ortskern von Solingen-Wald erinnert das Schleiferdenkmal an große Handwerkstradition. Der Schleifer an der Pliestscheibe ist ein Werk des Bildhauers Henryk Dywan.

8 Im Herzen des Neanderlands

Wo einst schon der Neandertaler wanderte

mittel | 15,8 km | 87 Hm | 4,5 Std

Tourencharakter
Waldpfade, überwiegend Wirtschaftswege und Straßen

Ausgangs-/Endpunkt
Parkplatz Neandertal 1, 40699 Erkrath (kostenpflichtig am Wochenende)

Geokoordinaten
N 51°13'31.3"–E 6°57'02.4"

Anfahrt
Auto: Autobahn A 3/A 46 bis Kreuz Hilden, Ausfahrt Richtung Hilden, dann rechts Richtung Erkrath auf die Hochdahler Straße L 403, immer geradeaus bis ins Neandertal, an der Ampel rechts und direkt wieder rechts zum Parkplatz.
Bahn/Bus: Regionalbahn S 28 Richtung Mettmann-Stadtwald bis Haltepunkt Neanderthal, dann bergab zu Fuß über Eidamshauser Straße und Museumsweg bis zum Neanderthal Museum.

Karte
Freizeitkarte Mettmann, Scala Verlag, 1:15 000

Information
Kreis Mettmann Tourismus, Düsseldorfer Straße 26, 40822 Mettmann, Tel. 02104 991 199, www.neanderland.de

Die Künstler der Düsseldorfer Malerschule porträtierten zu Beginn des 19. Jahrhunderts das romantische Tal der Düssel, als der berühmteste Bürger der Region noch in seiner Höhle schlief. Der Weg führt von seinem Museum entlang des Baches zum malerischen Gruiten-Dorf.

Der Kalkabbau veränderte das Szenario nachhaltig und förderte zufällig 1856 die sterblichen Überreste des weltberühmten Steinzeitmenschen zutage. Zu Ehren des Neandertalers entstand 1938 ein kleines Museum, in dem nun die Steinzeitwerkstatt Aktivitätsprogramme anbietet. 1996 eröffnete das moderne Neanderthal Museum, das die Evolutionsgeschichte nachzeichnet und zur Fundstelle führt.
Am Parkplatz gegenüber dem grünen Museumsbau beginnt die Wanderung entlang der Düssel. Das Areal wurde 2020 umfang-

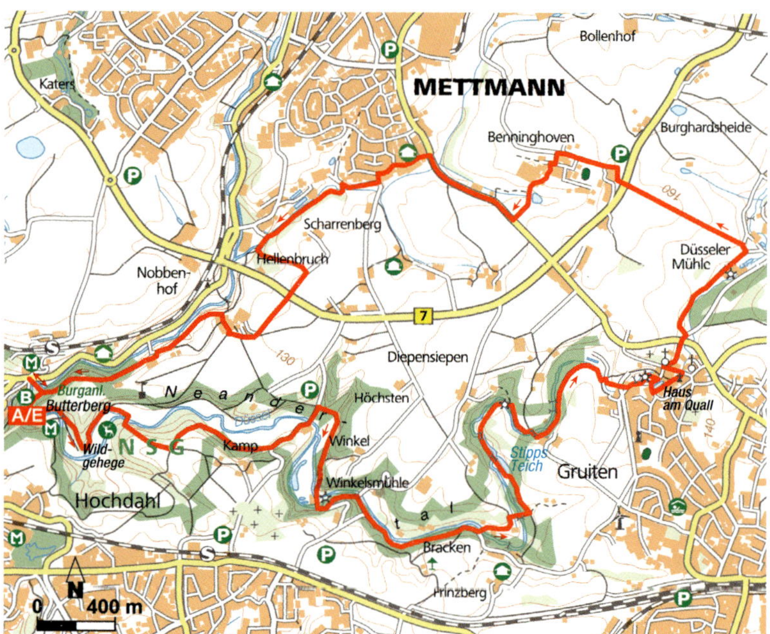

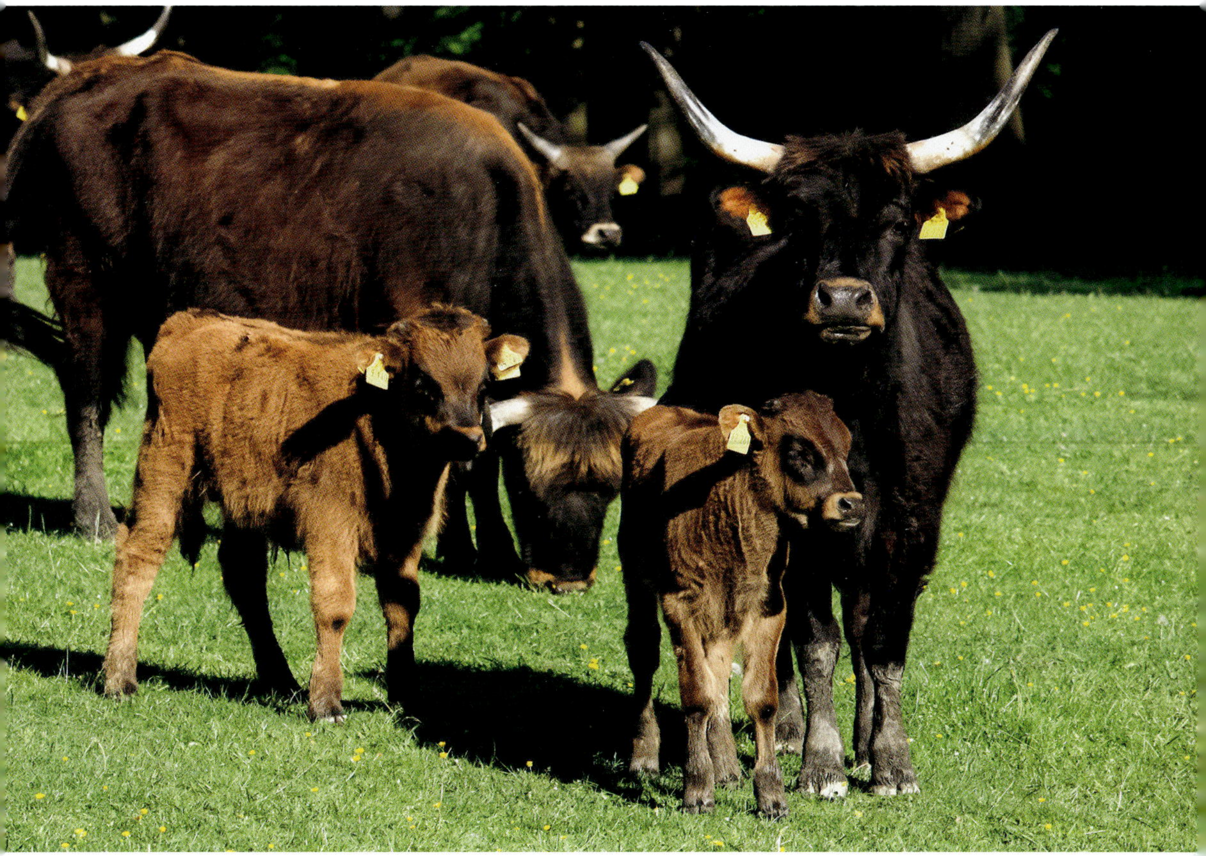

reich modernisiert mit neuen Brückenverbindungen und einem großen Abenteuerspielplatz, der die illustre Vorzeit thematisiert. Von dem 2002 zum Europäischen Gartenjahr angelegten Kunstweg »Menschenspuren« sind noch einige wenige Objekte und Skulpturen erhalten. Die Natur nimmt sich ihrer allmählich an. Wir folgen unter dem Blätterdach des Waldes dem Bachlauf und dem markierten Weg A 1. Gegenüber leuchtet schon das satte Grün der Weiden des eiszeitlichen Wildgeheges, in dem Nachfahren urzeitlicher Nutztiere zu finden sind. Tarpan, Wisent, Auerochse und Bison fühlen sich hier pudelwohl.

Das Wildgehege existiert bereits seit 1935, die Tierarten darin fühlten sich auch schon zu Lebzeiten des Neandertalers hier wohl.

Blotschenmarkt

Der malerische Kirchplatz rund um St. Lambertus im Zentrum Mettmanns ist seit 1972 alljährlich im Advent Schauplatz eines überregional beliebten Weihnachtsmarktes. Seinen Namen verdankt er den Mettmanner Waschfrauen, die Holzschuhe trugen, wenn sie am Dorfteich ihrem Tagwerk nachgingen.
www.blotschenmarkt-mettmann.de

An der Gemeindegrenze zwischen Erkrath und der Kreisstadt Mettmann ist bald der Fachwerkhof Eigen erreicht. Rechts am Wanderparkplatz vorbei kommen wir zur Wassermühle Winkelsmühle von 1483, die noch ihr Wasserrad besitzt. Der nahe Mühlteich war in den 1930er-Jahren ein Naturschwimmbad. Seit 2020 ist hier eine Umleitung um das private Mühlengebäude eingerichtet und ausgeschildert. Die Kühle des Waldes am Düsselufer begleitet uns weiterhin. Wir verlassen den Weg Bracken und folgen der kleinen Straße Ehlenbeck, wo wir auf den Neanderlandsteig treffen. Von der Brackermühle (1715) sind Reste des Stauwehrs erhalten, der Mühlteich »Stipps Teich« liegt rechts von uns.

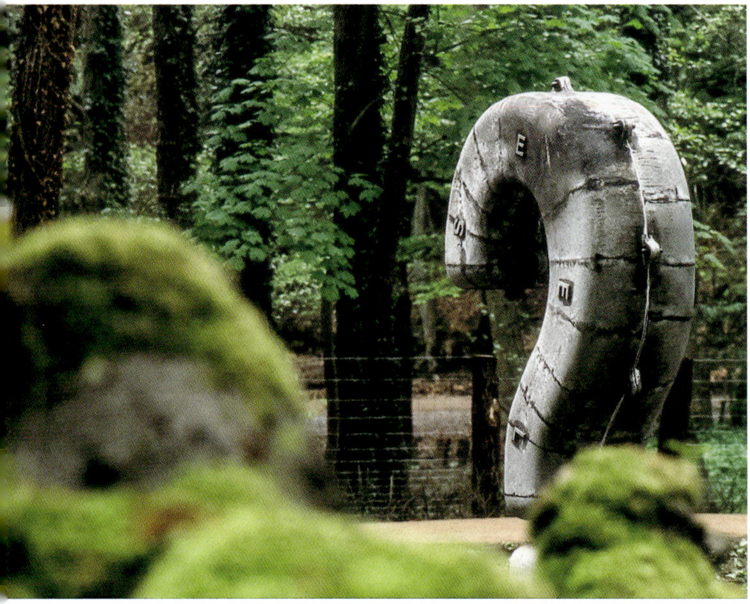

»Seele?« von Jaume Plensa gehört zu den Werken des Kunstweges MenschenSpuren.

Die Düssel mäandriert heftig bis Gruiten-Dorf, ein bergisches Kleinod mit zauberhaften Fachwerkhäusern, einer reformierten Fachwerkkirche von 1721, dem historischen Wohnhaus »Haus am Quall« aus dem 14. Jahrhundert und einem Dorf-Café. Auf dem Friedhof am Weinberg steht noch der romanische Turm der alten Wehrkirche. Wir folgen weiter der Düssel, überqueren die L 423 und schwenken links in Richtung Düsseler Mühle.

Bevor wir zu dem früheren herzoglichen Mühlenanwesen von 1448 gelangen, verlassen wir den Bach, um über das Gelände des Haaner Golfclubs hangaufwärts zum Benninghofer Weg zu kommen. Hinter den Schulgebäuden des Gutshofes Benninghofen aus dem späten 19. Jahrhundert und dem Gartenbaubetrieb Nermins Garten eröffnet sich ein schöner Blick aus der Höhe über Mettmann. Nach einem kurzen Wegstück an der Landstraße biegen wir links in Am Schnutenteich ein und schwenken nach knapp 300 m erneut links auf den Weg Diepensiepen durch die Felder. Hinter dem Südring geht es hinab zum Mettmanner Bach, dem wir zurück zum Ausgangspunkt folgen, wo er in die Düssel mündet.

Der Mühlenweg

Auf den Spuren bergischer Historie

9

Von den über 1000 Wassermühlen, die bis zum Beginn des 20. Jahrhunderts an den zahlreichen Gewässern des Bergischen Landes klapperten, befanden sich allein 30 in der Gemeinde Kürten. Einigen davon begegnen wir auf unserem reizvollen Bummel durch die bergische Handwerksgeschichte.

Am Parkplatz des Freizeitbades Splash stimmen uns gleich zwei Info-Tafeln auf den Bergischen Streifzug 7 ein, dessen rote Markierung uns den weiteren Weg vorgibt. Wir erfahren, dass sich Wassermühlen bereits vor Christi Geburt im Mittelmeerraum drehten und zum Beginn des Mittelalters auch das nördliche Europa eroberten. Oberhalb des Tales der Kürtener Sülz gehen wir durch den Wald und können an einer Lichtung den früheren Mühlteich der Junkermühle hinter den Bäumen erkennen.

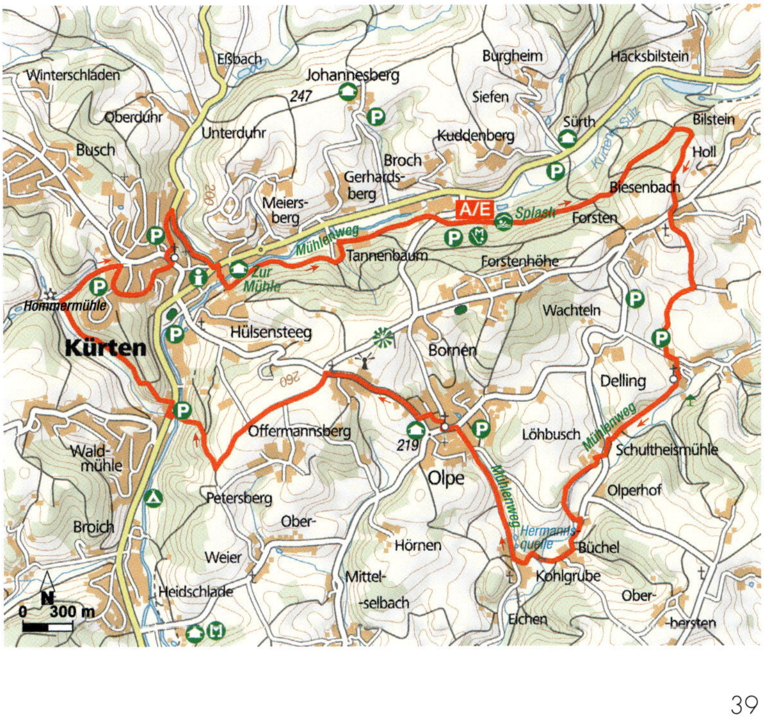

mittel | 14,5 km | 273 Hm | 4,5 Std

Tourencharakter
Überwiegend Wirtschaftswege und Straßen

Ausgangs-/Endpunkt
Broch 14, 51515 Kürten

Geokoordinaten
N 51°03'20.6"–E 7°17'20.6"

Anfahrt
Auto: Autobahn A 1 bis Burscheid, rechts auf die B 51 Richtung Odenthal, nach 1,2 km links auf die L 310 nach Altenberg, nach 2,5 km links auf die Altenberger-Dom-Straße, dann rechts auf die Neschener Straße, in Bechen die dritte Ausfahrt im Kreisverkehr auf die B 506 Richtung Kürten, nach 3,3 km in Weiden rechts auf die Bergstraße, durch den Ort bis zur Wipperfürther Straße, hier links und nach 1,9 km rechts zum Splash Bad. **Bahn/Bus:** S-Bahn S 11 bis Bahnhof Bergisch Gladbach, weiter mit Bus 427 Richtung Kürten/Wipperfürth bis Kürten, Splash-Bad/Wende.

Karte
Wanderkarte Bergisches Land 2, Das Bergische, 1:25 000

Information
Kürten Touristik e.V., Karlheinz-Stockhausen-Platz 1, 51515 Kürten, Tel. 02268 939 129, www.kuerten.de

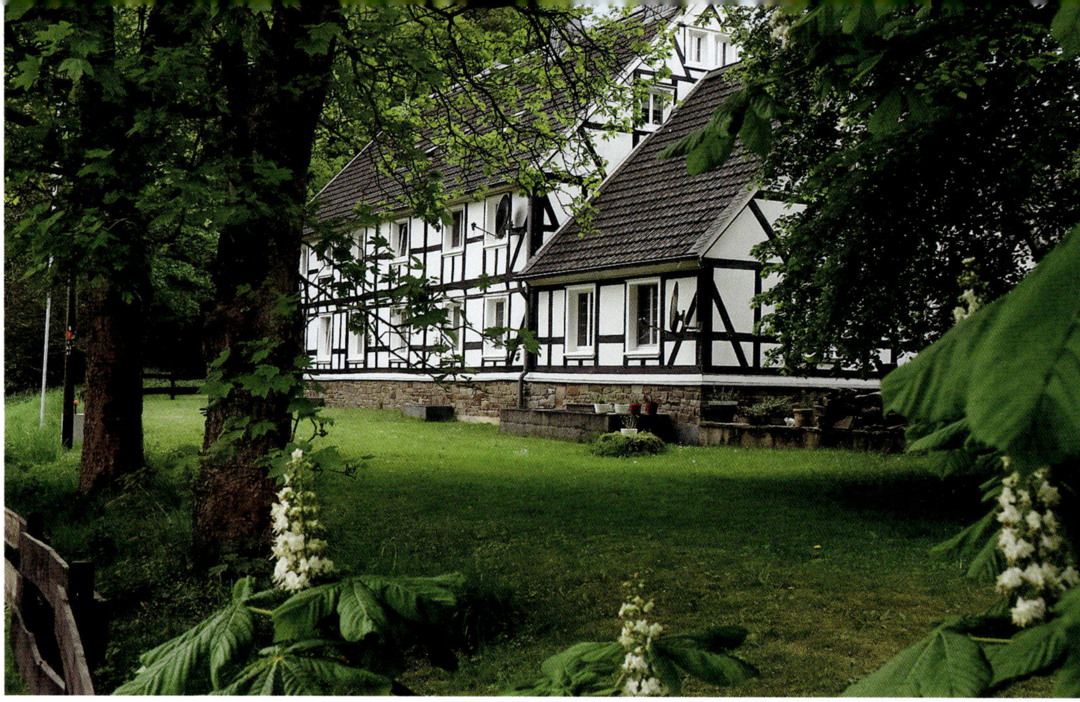

Gleich mehrere Fachwerkhäuser bilden die Hofschaft der Schultheismühle oberhalb des Olpebaches, die auf eine über 600-jährige Geschichte zurückblickt.

Jetzt als Wohnhaus genutzt, stammt die Mühle aus der Mitte des 14. Jahrhunderts und diente einst zum Mahlen von Getreide, später von Tierknochen zur Düngerherstellung und als Pulvermühle. Wir gehen nach rechts in südlicher Richtung und erreichen an offenen Wiesen- und Weidenflächen den Weiler Minzenbach mit netten bergischen Häusern. An der nächsten Gabelung halten wir uns rechts. In der Talsenke ragt schon die 1834 errichtete, evangelische Kirche von Delling hervor. Das hübsche Dörfchen war einst ein stattlicher Gutshof aus dem späten 14. Jahrhundert. Rund um das klassizistische Gotteshaus findet sich mit dem Lehrerhaus von 1724, dem Pastorat und dem Küsterhaus ein reizendes Fachwerkensemble.

Dahinter plätschert friedlich der Olpebach, an dessen Ufer wir über einen schmalen Pfad weiterwandern und bald an der Hofschaft der Schultheismühle ankommen. Sie wurde um 1650 errichtet. Neben den liebevoll restaurierten Fachwerkhäusern steht ein Wegekreuz von 1780. Mühlräder gibt es jedoch keine mehr. An der ehemaligen Olpermühle weiter unten im

Dorf mit Geschichte

Wegen seiner Lage gilt Olpe als das »grüne Herz« der Gemeinde Kürten. Neben dem historischen Haus Olpe, einem Rittersitz aus dem 12. Jahrhundert, auch Burg genannt, steht im Ortszentrum die Pfarrkirche St. Margareta von 1897. Sie ist in Ausführung und Interieur ein Musterbeispiel einer bergischen Landkirche dieser Zeit.
www.dorf-olpe.de

Tal liegen zwei alte Mühlsteine und Metallzahnräder am Weg. Die Ursprünge der Getreidemühle reichen bis 1383 zurück, sie war bis 1958 in Betrieb.
Im Weiler Kohlgrube fällt am Straßenrand die Hermannsquelle auf, die der Wünschelrutengänger Hermann Breidenbach 1973 entdeckte. Vorbei an einer Schafwiese erreichen wir das Kirchdorf Olpe. Über den Höhenweg Häger, der uns mit wunderbaren Ausblicken über die sanft gewellte Landschaft verwöhnt, gelangen wir wieder ins Tal der Kürtener Sülz und in die Ortschaft Waldmühle. Das Dorf erhielt seinen romantischen Namen von einer leider nicht mehr existierenden Walkmühle, in der mit Wasserkraft und Holzhämmern Stoffe verarbeitet wurden. Dem Kalsbach bergaufwärts folgend, kommen wir zur heute privaten, 1715 erstmals erwähnten Hommermühle.

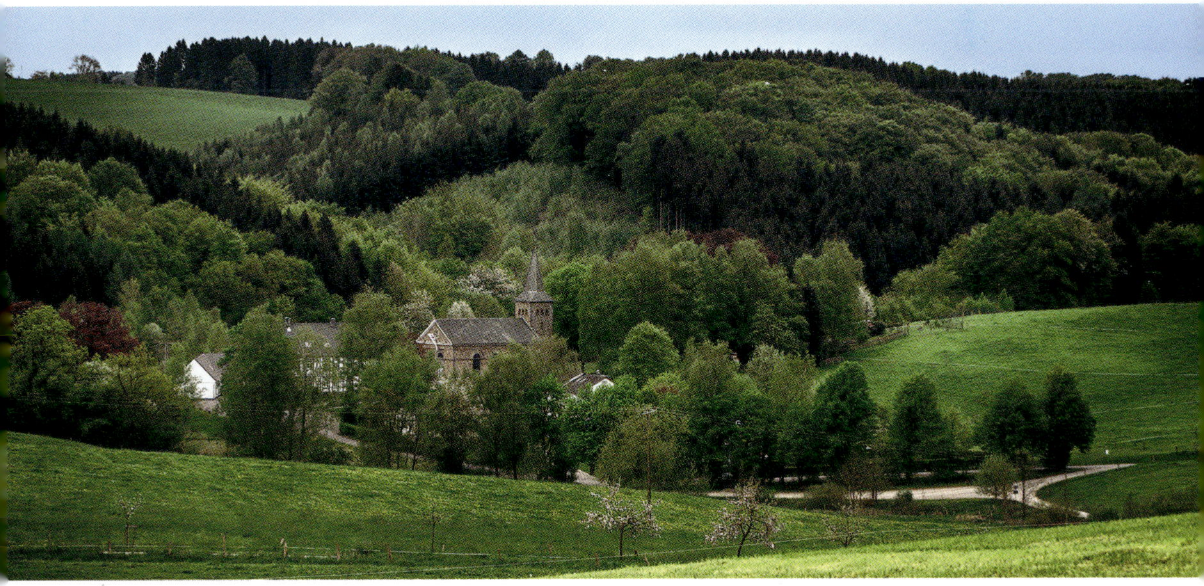

Verträumt schmiegt sich der Weiler Delling, ein früheres freiadliges Gut, in eine Talsenke des Olpebaches.

Wir durchqueren das Zentrum Kürtens mit der Kirche St. Johannes Baptist, deren Turm aus dem 11. Jahrhundert stammt. Der berühmte Komponist Karl-Heinz Stockhausen ist der einzige Ehrenbürger der Stadt. Er lebte 24 Jahre im Ortsteil Kettenberg. Das Restaurant Zur Mühle im Sülztal befindet sich in der alten Ahlenbachermühle, die 1812 gebaut wurde und bis in die 1960er-Jahre in Betrieb war. Über die Sülz kommen wir zurück auf den Waldweg, der uns wieder zum Splash-Bad führt.

10 Von Bechen zur Dhünn

Auf den Esel gekommen

mittel | 10,2 km | 180 Hm | 3,5 Std

Tourencharakter
Wenige Waldpfade, überwiegend Wirtschaftswege und Straßen

Ausgangs-/Endpunkt
Odenthaler Straße 2, 51515 Kürten

Geokoordinaten
N 51°02'25.4"–E 7°12'34.3"

Anfahrt
Auto: Autobahn A 1 bis Burscheid, nach rechts auf die B 51 Kölner Straße Richtung Odenthal, nach 1,2 km links auf die L 310 nach Altenberg/Odenthal, nach 2,5 km links auf die Altenberger-Dom-Straße, nach 550 m rechts auf die Neschener Straße bis Bechen, an der Kirche links und direkt rechts auf den Parkplatz.
Bahn/Bus: S-Bahn S 11 bis Bahnhof Bergisch Gladbach, weiter mit Bus 427 Richtung Kürten/Wipperfürth bis Kürten, Bechen-Mitte, am Kreisverkehr beginnt die Eselsrunde.

Einkehr
Gut Hungenbach in Kürten

Karte
Wanderkarte Bergisches Land 2, Das Bergische, 1:25 000

Information
Kürten Touristik e.V., Karlheinz-Stockhausen-Platz 1, 51515 Kürten, Tel. 02268 939 129, www.kuerten.de

Unsere Route durchquert die beschauliche Landschaft im Süden der Großen Dhünntalsperre ausgehend vom Eselsdorf Bechen, einem Ortsteil Kürtens. Insbesondere in den Wäldern begegnet uns eine wohltuende, entschleunigende Ruhe bei Vogelgezwitscher und Wasserrauschen.

Unsere Wanderung beginnt auf dem Parkplatz am Kreisverkehr in der Ortsmitte von Bechen. Hier steht seit 1983 ganz prominent die Figur eines Esels, der zum selbstironischen Markenzeichen der Gemeinde Bechen geworden ist. Früher nutzten die Bauern ihre Grautiere zum Transport von Waren auf den Markt nach Köln. Da die Vierbeiner sich zuweilen nur widerwillig fortbewegten, kursierte in Köln schnell der Spruch »man solle doch noch warten, die Bechener Esel seien noch nicht da«. Folgerichtig bezeichnete man seither die Bechener als Esel.

Zunächst gehen wir an der Kirche St. Antonius Einsiedler mit ihrem eigentümlichen, weil frei stehenden Glockenturm von 1878 vorbei. Ein moderner, vieleckiger Chorraum von 1977 ersetzt das frühere Kirchenschiff. Der Weg D7, die Eselsrunde, folgt der Dorfstraße Richtung Westen und lässt Bechen schnell hinter sich, so wie einst die Händler mit ihren Tieren. Wir passieren auf dem von blühenden Wiesen gesäumten Höhenweg ein kleines Flugfeld für Modellflugzeuge und genießen einen unverstellten Weitblick.

Vom beginnenden Wald aus ist im Tal die Liesenberger Mühle zu sehen, der Kochsfelder Bach mündet hier in den Scherfbach. Wir wandern entspannt bachaufwärts, durchqueren den Wald und wenden uns an der Hauptstraße nach links ins Dörfchen Kochsfeld. Dahinter geht es rechter Hand über die Straße L 310 und den Wanderparkplatz in Richtung der Hofschaft Große Heide, die auf der Höhe über der Dhünntalsperre liegt. Wir befinden uns hier auf einem Teilstück des Dhünn-Rundweges, dessen Logo ein wenig an ein Eselsohr erinnert.

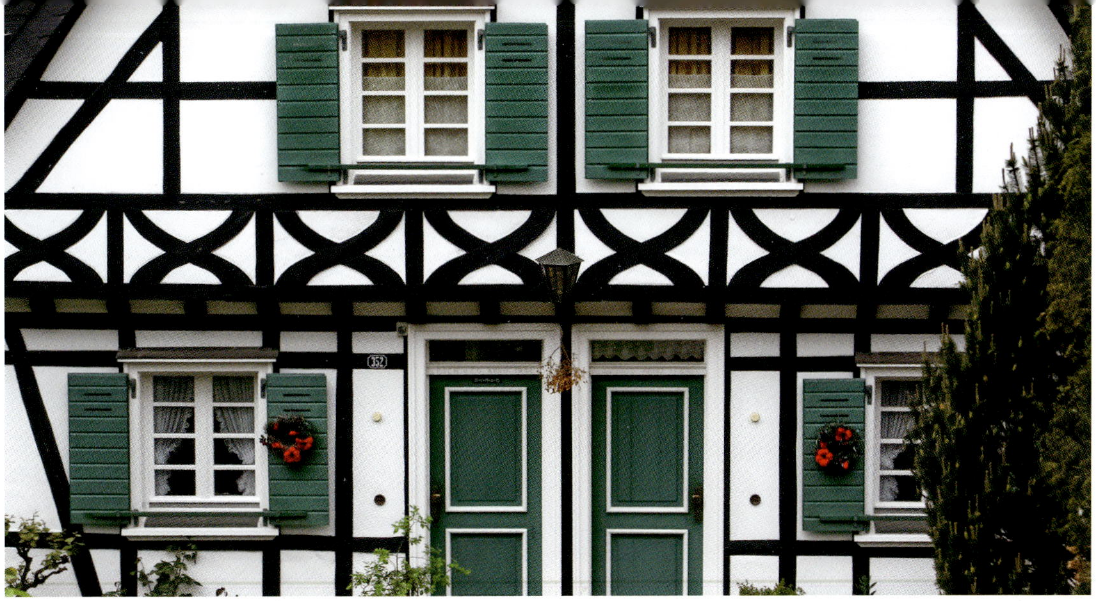

Die freie Aussicht auf den großen Stausee verwehren uns aber erst einmal die Bäume am Ufer. Nur ab und zu blitzt das türkisblaue Wasser zwischen den Stämmen hindurch. Erst wenn wir am Weiler Rodenberg durch gewundene Waldwege das Osbachtal erreichen, wird eine Bucht des größten Trinkwasserreservoirs in Deutschlands Westen sichtbar. Die Talsperre ging in ihrer jetzigen Ausdehnung erst 1988 in Betrieb.

Der Osbach begleitet uns auf dem weiteren Weg bergauf. Kurz bevor wir am Ortsrand von Bechen anlangen, bietet sich ein schöner Blick auf den Ort, den der Kirchturm dominiert. Wir gehen hinunter zum Bach, überqueren ihn und kommen über den Pastoratsweg an den Ausgangspunkt.

Im und um das Eselsdorf Bechen gibt es viele moderne Fachwerkhäuser, die historischen Vorbildern nachempfunden sind.

Fachwerkidyll

Sechs historische Fachwerkhäuser aus dem 17. und 18. Jahrhundert bilden den malerischen Gebäudekomplex von Gut Hungenbach. Sie wurden aus verschiedenen Orten der Region hierher gebracht und wiederaufgebaut. Nun beherbergen sie ein luxuriöses Hotel mit einem vorzüglichen Restaurant, Tagungs- und Wellnessbereichen. www.guthungenbach.de

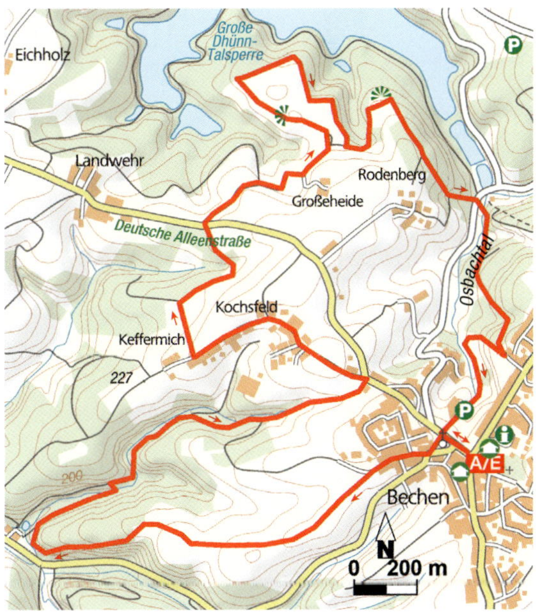

11 Wermelskirchen Wasserreich

Zwischen Eifgenbach und Dhünn

mittel | 18,2 km | 267 Hm | 5–6 Std

Tourencharakter
Strecke auf Straßen und Wirtschaftswegen, teilweise schmale Waldpfade

Ausgangs-/Endpunkt
Wanderparkplatz Haus Eifgen

Geokoordinaten
N51°08'05.6"–E7°13'43.5"

Anfahrt
Auto: Autobahn A 1 bis Wermelskirchen, weiter in Richtung Zentrum, links auf die B 51, nach 1,7 km rechts auf die Thomas-Mann-Straße, links auf die Pfarrstraße, rechts auf die Berliner Straße, nach 300 m an der Ampel links auf die Dhünner Straße, ca. 900 m bis Haus Eifgen und Parkplatz.
Bahn/Bus: ab Köln Breslauer Platz Bus 260 bis Wermelskirchen-Markt, dann Bus 261 Richtung Hückeswagen bis Eifgen, noch 200 m bis Wanderparkplatz.

Einkehr
Haus Eifgen, Restaurant Neuemühle

Karte
Wanderkarte 2, Das Bergische, 1:25 000

Information
Tourist-Information Wermelskirchen, Telegrafenstraße 29–33, 42929 Wermelskirchen, Tel. 02196 710-602, www.wermelskirchen.de

Ursprünglich und wild, verwunschen und mystisch, zudem weitgehend unberührt wirkt die hügelige Landschaft südlich von Wermelskirchen, die das Gefühl von Freiheit und Abenteuer zwischen Bachtälern und Talsperren vermittelt.

Am Wanderparkplatz bei Haus Eifgen, Traditionslokal seit über 100 Jahren, startet die Route. Zuerst ist für uns die Markierung des weißen Dreiecks maßgeblich. Wir überqueren den Eifgenbach nach links in den Wald hinein. Es geht bergauf und an der Lichtung vor dem Reitstall von Eipringhausen nach rechts, wo das weiße Quadrat als zusätzliche Wegführung hinzukommt.
Auf der Höhe präsentiert sich ein toller Weitblick über die Dörfchen bis tief in die oberbergische Mittelgebirgslandschaft. Begleitet von Pferden, Schafen mit emsigen Lämmern und dem

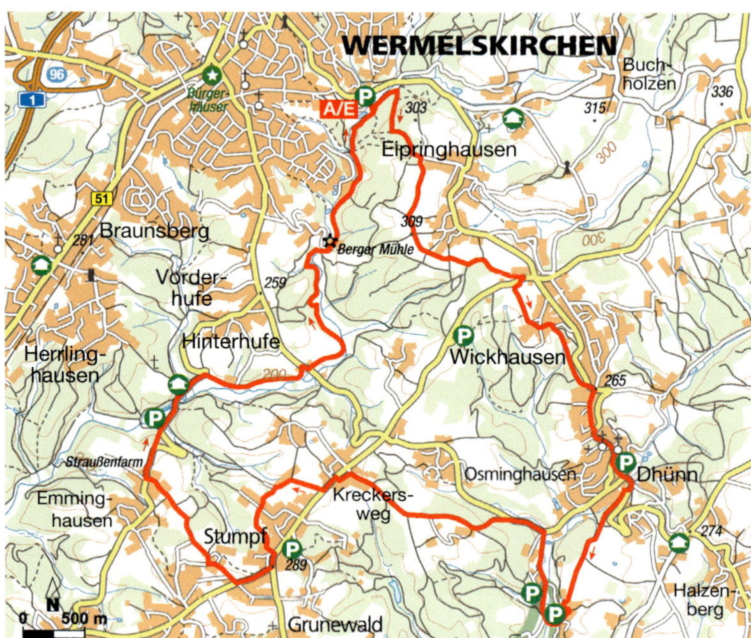

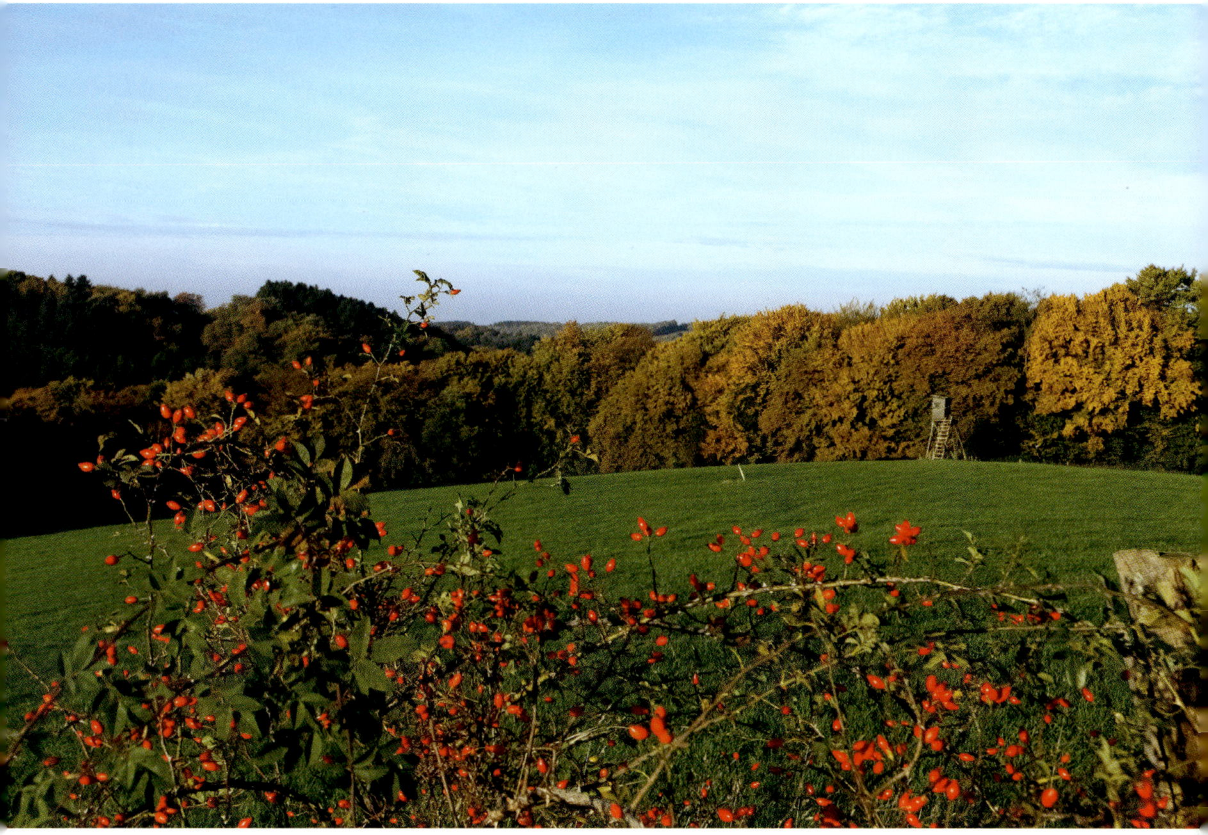

Die Höhen über Wermelskirchen schaffen im Herbst ein zauberhaftes Farbenspiel.

spitzen Gesang der Lerche, die im Himmelsblau nicht zu sehen, aber gut zu hören ist, lädt ein uriges Blockhaus zur Rast. Hinter freien Feldern, Weiden und einem Wäldchen folgen wir dem Quadrat und kommen in die winzige Siedlung mit dem ungewöhnlichen Namen Habenichts.

Wir queren die L 101, laufen auf einem sehr schmalen Pfad zwischen den Feldern ins Dorf Wickhausen und erreichen am Ende eines Bachtals mit dem Ort Dhünn den zweitgrößten Stadtteil Wermelskirchens. Im Zentrum steht die Evangelische Dorfkirche aus dem 12. Jahrhundert mit ihrem wehrhaften Turm aus groben Bruchsteinen, nebenan einige hübsche alte

Ein Stück gefiederte Exotik

Seit 2008 sorgt die Straußenfarm von Emminghausen für neugierige Blicke. Die ungewöhnlichen Vögel, die in der Region als Bergstrauße bekannt sind, fühlen sich auf den Wiesen und den Sandbadeplätzen pudelwohl und haben 2014 Gesellschaft von Bisons bekommen. Alles vom Strauß gibt es im angeschlossenen Hofladen.
www.straussenfarm-emminghausen.de

Fachwerkhäuser. Das Dorf rühmt sich einer populären Dorfkirmes alljährlich im August.
Ein weißes W gibt den Weg vor durch das Tal der Kleinen Dhünn und wir folgen dem Bach am Ufer entlang durch den Wald. Die Route schwenkt nach links und wir erreichen am Waldrand in Sichtweite des Dorfes Hülsert die Blockhütte Heidchen. Einen

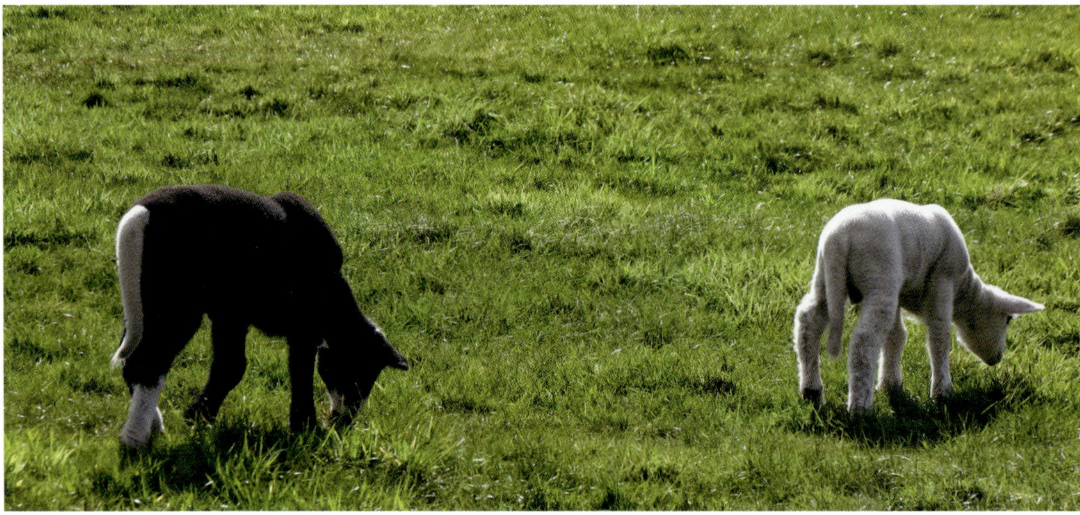

Vierbeinige Weggefährten findet man längs der Wanderrouten fast überall. Ihr Interesse für die Zweibeiner hält sich indes meist in Grenzen.

freien Blick über Wald und Täler bietet die Hochfläche in Richtung Westen vor dem Weiler Oberpilghausen. Dort bereitet sich die kanalisierte Kleine Dhünn auf ihren Auftritt als Zulauf zur Vorsperre der Großen Dhünntalsperre vor. Ein Abstecher empfiehlt sich zum Blick auf den Stausee, der seit 1988 größten Trinkwassertalsperre Westdeutschlands.
Für uns geht es aber in die andere Richtung auf dem Weg D3 durch Unterpilghausen bis zur Hauptstraße und gleich wieder links durch den Wald auf eine Hochfläche am Reiterhof Heiligenborn. In Kreckersweg passieren wir die L 101, gehen hinab zum Bauernhof Hollkotten und folgen weiter der Beschilderung E 4 im Örtchen Stumpf. Bergan erreichen wir einen speziellen Aussichtspunkt

Advent, Advent

1870 pflanzten die Wermelskirchener an der Ecke Remscheider Straße/Carl-Leverkus-Straße einen Mammutbaum, der in der Vorweihnachtszeit mit unzähligen Lichtern und Lämpchen dekoriert wird. Dies macht ihn alljährlich zu einem der größten illuminierten Weihnachtsbäume in Europa.

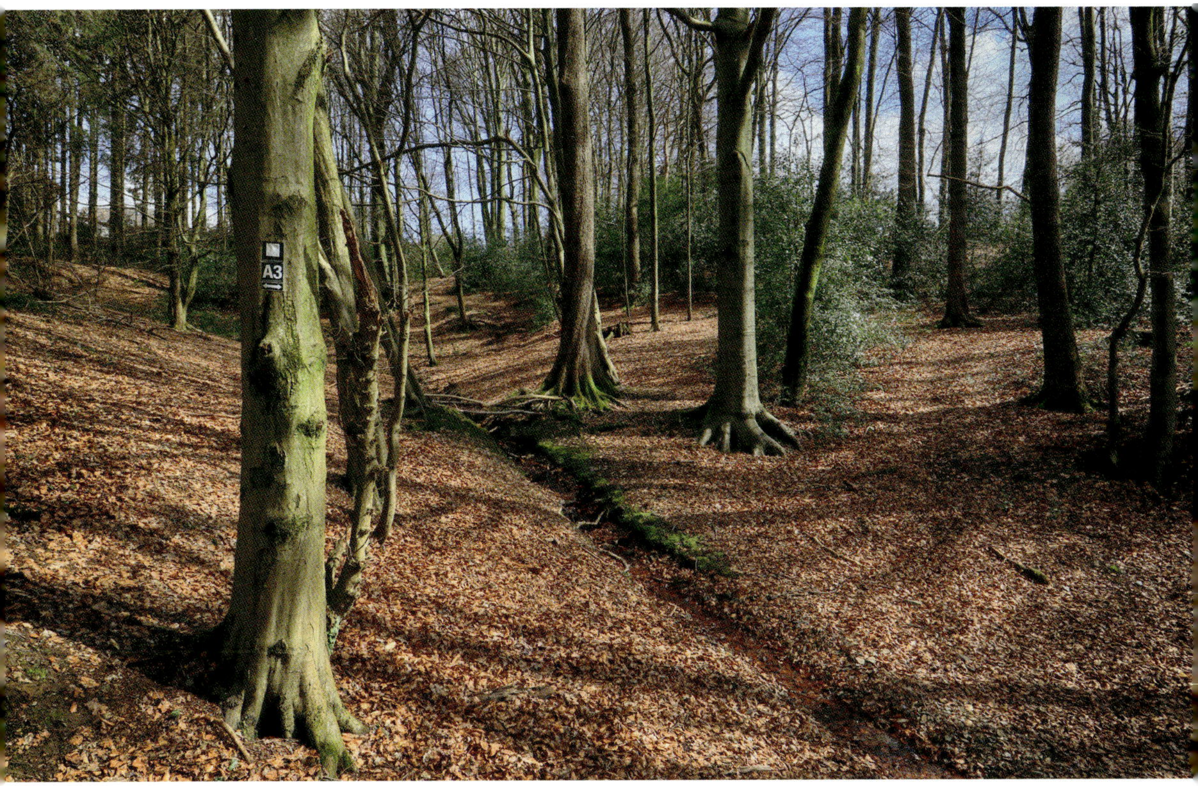

Die Markierungen und Bezeichnungen der Wege sind immer exponiert angebracht und gut zu erkennen.

auf der Dhünnhochfläche: den Reisegarten Domblickhöhe, denn in der Ferne lässt sich das Wahrzeichen Kölns ausmachen.

Talwärts, argwöhnisch beobachtet von Eseln und Ziegen, geht es durch die Felder nach Emminghausen, wo schon die Strauße ihre langen Hälse über die Zäune recken. Entlang der Straußenfarm am Evgesberg führt ein Pfad durch den Wald steil bergab und passiert eine lärmende Schafherde, bei der wir auf den Jakobsweg und den Bergischen Streifzug 5 treffen. An der Straße lädt das urige Restaurant der Neuemühle zur Einkehr. 1827 als eine der letzten Mühlen im Bergischen errichtet, versorgte die Kornmühle die Region mit Backwaren, aber auch mit Seife und Öl.

Der Pfad am Ufer des plätschernden Eifgenbaches ist zuweilen schmal und wurzelreich, doch das Naturgefühl in Auen und Wald entschädigt dafür. Blätterwerk verdeckt in einer Biegung des Baches den freien Blick auf die heimelige Berger Mühle, erstmals 1420 erwähnt und eines der ältesten Fachwerkhäuser im Bergischen. Weiter den Kurven des Eifgenbaches folgend, ist schließlich der Startpunkt wieder erreicht.

12 Burscheids alte Pfade

Die Bäche von Burscheid

mittel | 14,5 km | 230 Hm | 5,5 Std

Tourencharakter
Strecke überwiegend auf Waldwegen, wenige schlechtere Pfade

Ausgangs-/Endpunkt
Wanderparkplatz Bellinghausen

Geokoordinaten
N51°05'19.8"–E7°08'26.0"

Anfahrt
Auto: A 1 bis Burscheid, dann B 51 Kölner Straße Richtung Hilgen, nach ca. 300 m rechts zum Wanderparkplatz Bellinghausen. **Bahn/Bus:** RB 48 von Köln oder Wuppertal bis Bahnhof Leverkusen-Opladen, Buslinien 239 Richtung Burscheid bis Haltestelle Linde, der Wanderparkplatz ist in Sichtweite.

Einkehr
Direkt in Bellinghausen, Restaurant Altes Landhaus im Gutshof von 1751, www.altes-landhaus-online.de

Karte
Wanderkarte 2, Das Bergische, 1:25 000

Information
Tourismus-Service Burscheid, Höhestraße 7–9, 51399 Burscheid, Tel. 02174 670 371, www.burscheid.de

Der Weg ist eindeutig das Ziel dieser Route. Sie durchmisst eine eindrucksvolle, bergische Naturlandschaft, der die Menschen der Region schon vor vielen Jahrhunderten ihren kulturhistorischen Stempel aufdrückten.

Der Wanderparkplatz unterhalb der mittelalterlichen Höhenstraße, heute Bundesstraße 51, in Sichtweite des netten Fachwerkweilers Bellinghausen, dient als Ausgangspunkt des Weges, der, markiert mit der Kennung E 2, bergab in den Wald führt.
In der Ferne hört man das Rauschen des Eifgenbaches, dessen Talsenke wir über ein typisch bergisches Siefental erreichen, eine enge Schlucht im Wald. Unten angelangt, treffen wir auf gleich mehrere markierte Wanderpfade, maßgeblich für die weitere Wegführung ist E 3. Von der seit 1964 nicht mehr genutzten Burscheider Talsperre, die wir hinter uns lassen, ist so gut wie nichts

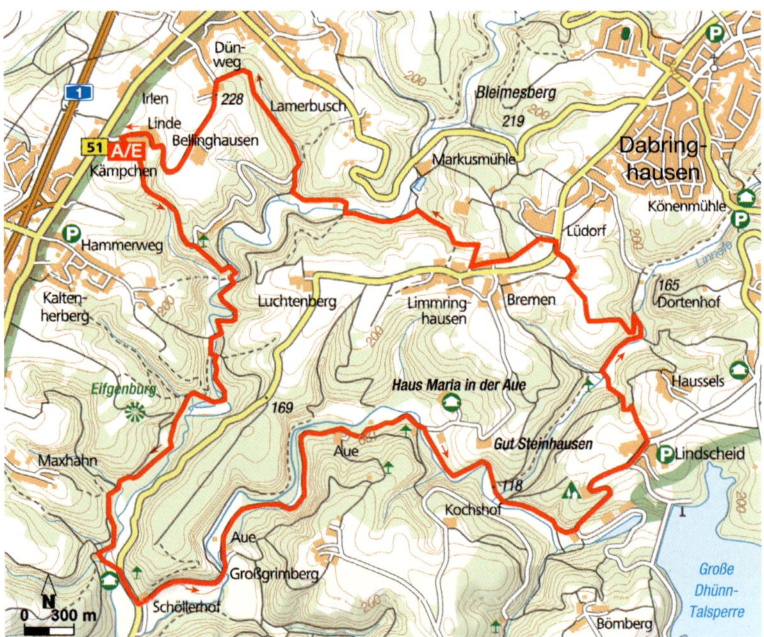

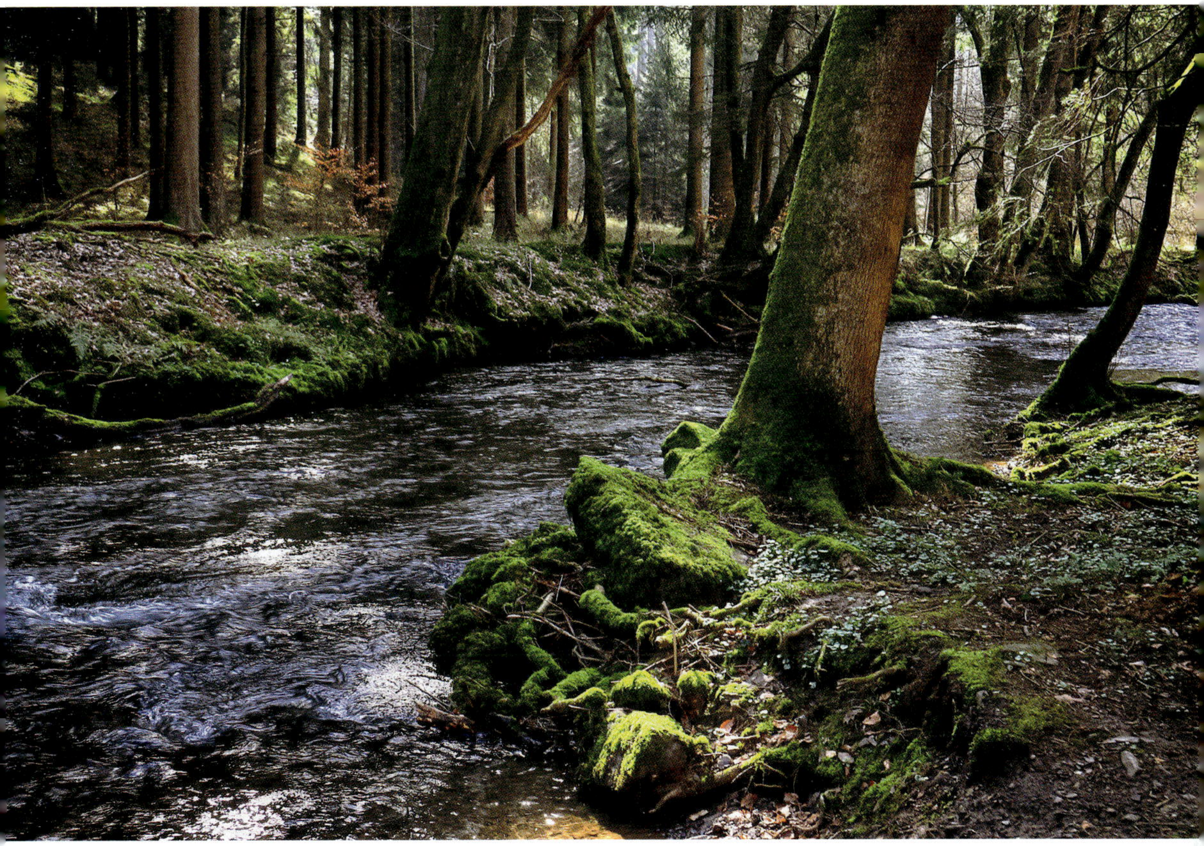

mehr zu sehen. Die Natur hat sich der Fläche längst wieder bemächtigt und artenreich ausgebreitet. Der Eifgenbach fließt stellenweise zwischen Inseln und Sandbänken und genießt, fröhlich mäandrierend, seine Freiheit. Vom Bökershammer, wo im 17. und 18. Jahrhundert bergische Eisenindustrie aktiv war, zeugen einige, moosbewachsene Mauerreste. Hier queren wir den Eifgenbach. Am Ende eines schmalen Waldpfades kommen wir auf einen größeren Weg. Rechter Hand, zunächst nicht als solche erkennbar, findet sich mit der Eifgenburg eine fast 1000 Jahre alte Ringwallanlage. Obwohl der markierte Weg geradeaus führt, lohnt der Exkurs am Bach entlang, durch das Unterholz und den Geruch frischen

Wildromantisch bahnt sich der 20 km lange Eifgenbach den Weg durch die Wälder von Wermelskirchen und Burscheid, bevor er bei Odenthal in die Dhünn mündet.

Weitblick

Ein wegen eines endlos langen Anstiegs etwas kräftezehrender, aber lohnender Abstecher führt vom Linnefebach zum Dorf Lindscheid. Von hier aus bietet sich ein toller Ausblick auf die Staumauer der Großen Dhünntalsperre, zweitgrößtes Trinkwasserreservoir Deutschlands, und die Landschaft ringsum.

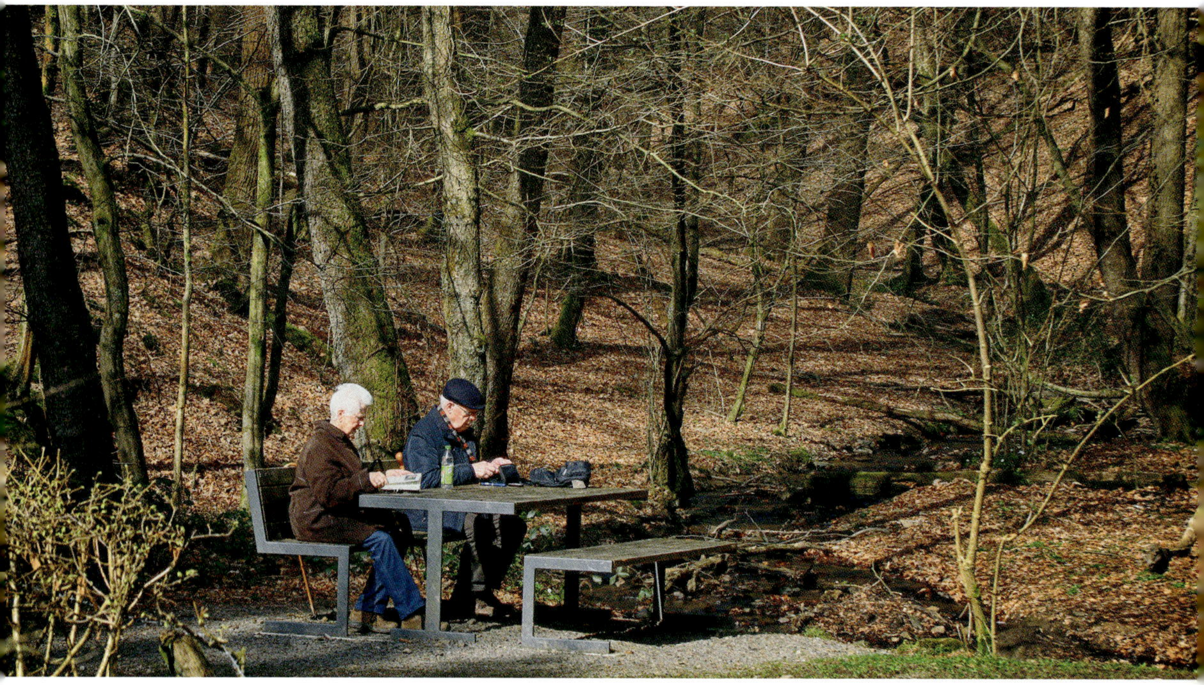

Picknick unterhalb der frühmittelalterlichen Eifgenburg, von der unter Laub und dichtem Baumbestand nur wenig erkennbar ist.

Grases, vorbei an kleinen Stromschnellen und üppigen Büschen von Kuckucksblumen. Flankiert von Wiesen und Weiden quert unsere Route die Altenberger-Dom-Straße und führt am restaurierten Schöllerhof, einem Anwesen aus dem 16. Jahrhundert, einst Färberei und Bleicherei, in Richtung des Baches Dhünn.

Hinter der Brücke über den Bach – gleich gegenüber liegt ein verträumtes Fachwerkhaus, das einst dem Pulvermacher Borsbach gehörte – schwenken wir nach links. Ein Türbogen aus Bruchsteinen weist uns den Weg Dhünn-aufwärts durch das Helenental. Bemooste Mauerreste und kleine, angelegte Übergänge bezeugen die explosive Vergangenheit des Bachlaufs: Über viele Jahrhunderte wurde hier bis gegen 1880 nämlich Schwarzpulver hergestellt, wie die dunkelblauen Texttafeln verraten. Das allgegenwärtige, beruhigende Rauschen der Bäche jedoch lässt die Gedanken daran bald verfliegen.

Alles Käse

Glanzlicht des Burscheider Thomashofs am Eifgental sind die Führungen in der hauseigenen Bergischen Bauernkäserei mit anschließender Verkostung. Weitere regionale Produkte können im Hofladen erworben werden, das Restaurant serviert täglich ein üppiges Frühstücksbuffet. www.thomashof-burscheid.de

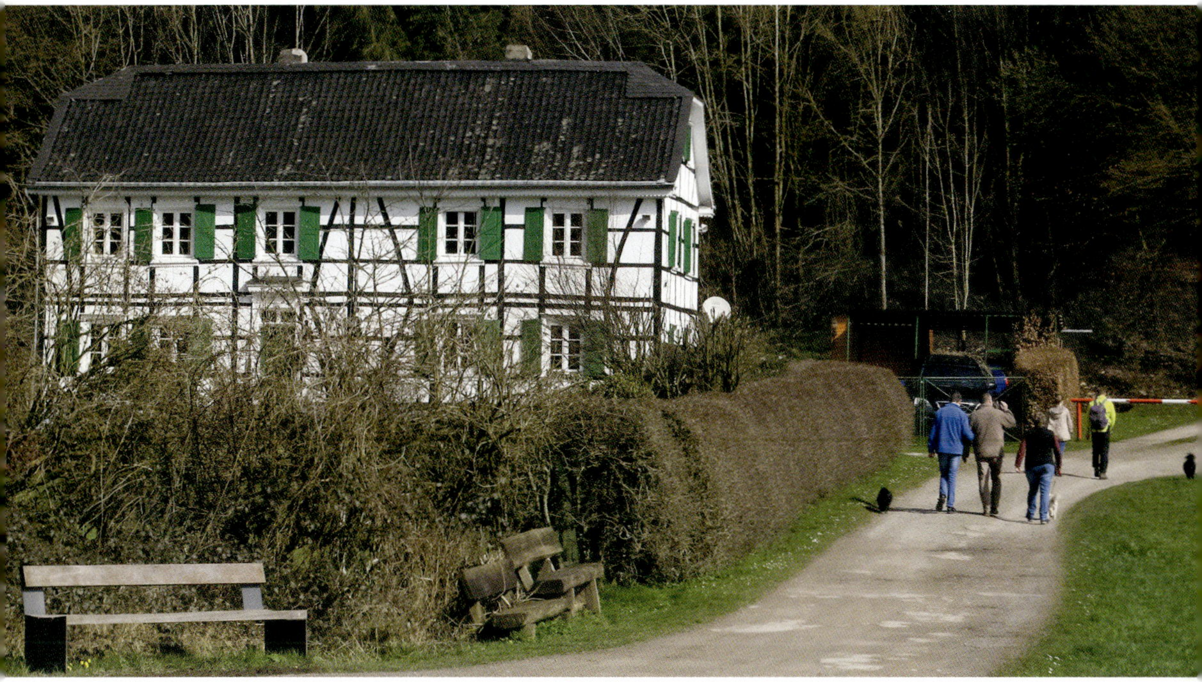

Das einstige Domizil des Pulvermachers Borsbach ist heute pittoreskes Wohnhaus an den Ufern der Dhünn.

In Sichtweite des wie ein Alpenhotel angelegten Tagungsortes Maria in der Aue, 1928 als Jagd- und Gästehaus des Industriellen Haniel im Barockstil errichtet, wechseln wir wieder das Ufer und folgen E 3 weiter bis zu einem Abzweig im Wald. Wir halten uns links und folgen bergauf dem Lauf des Linnefebachs, in dem sogar wieder Lachse schwimmen sollen. Hinter einer Auwiese treffen wir wieder auf die E 3-Markierung und sehen uns vor einem recht steilen Anstieg, den improvisierte Treppenstufen etwas mildern. Kurvenreich geht es dann bergan, bis wir schließlich an offene Weiden, einige Hochstände und zum Weiler Bremen kommen.

Nach Überquerung der Landstraße 101 biegen wir rechts ab und haben wieder die wunderbare, nie versiegende Weise eines fließenden Baches im Ohr, der bald als der Eifgenbach zu erkennen ist. In der Nähe blitzt die Fassade des Forellenhofes Markusmühle durch das Laubwerk. Wir folgen kurz dem Pilgerweg, kreuzen im Tal den Bach, gehen auf dem Weg A 3 bergauf und schwenken hinter einem eifrigen Bächlein nordwestwärts. Am Eifgenweg ist ein winziges Wohngebiet erreicht. Über Felder mit netten Aussichten auf Bellinghausen und durch das Dorf geht es zurück zum Startpunkt.

13 Leichlinger Obstweg

Königin Viktoria oder lieber die Pastorenbirne?

leicht | 5,8 km | 81 Hm | 2,5 Std

Tourencharakter
Strecke meist auf befestigten Straßen und Feldwegen. Schmale Stellen in Waldgebieten sind nach Regen rutschig, also dort aufpassen

Ausgangs-/Endpunkt
Infotafel an der Ecke Mittelstraße und Marktstraße

Geokoordinaten
N 51°06'27.0"–E 7°00'46.9"

Anfahrt
Auto: A 3 bis Opladen, links auf die Bonner Straße, nach 4 km rechts Richtung Leichlingen auf die Reusrather Straße. Dritte Ausfahrt im Kreisverkehr sowie jeweils die zweite an den nächsten zwei Kreisverkehren. Startpunkt rechts. Parken in der Mittelstraße oder am Supermarkt 300 m weiter. **Bahn/Bus:** RB 48 von Wuppertal oder Köln bis Bahnhof Leichlingen. Bus 254 bis Busbahnhof, dann zu Fuß über Kirchstraße und Marktstraße.

Veranstaltungen
Obstmarkt seit 1896, 4 Tage Anfang Oktober

Karte
Wanderkarte 2, Das Bergische, 1:25 000

Information
Stadt Leichlingen, Am Büscherhof 1, 42799 Leichlingen, www.leichlingen.de

Kunstvoll gestaltete Beete und Blumenarrangements kommen in den Sinn, wenn man von Leichlingen als »Stadt der Blüten« hört. Doch weit gefehlt: Die üppige Obstblüte ist gemeint, welche die Stadt jedes Frühjahr in ein zartes Farbenmeer taucht.

Der empfohlene Startpunkt des ausgeschilderten Streifzuges 4 des Bergischen Wanderlandes liegt an der Ecke Marktstraße und Mittelstraße, wo eine große Tafel auf die Wanderroute hinweist. Nicht zu übersehen ist die Maus, Kultfigur des WDR-Kinderfernsehens, die auch die Jüngsten zum Wandern und Entdecken animiert und uns weiterhin begleitet. Zunächst geht es auf Dorfstraßen, dem roten Schild und dem Apfelsymbol folgend, vorbei

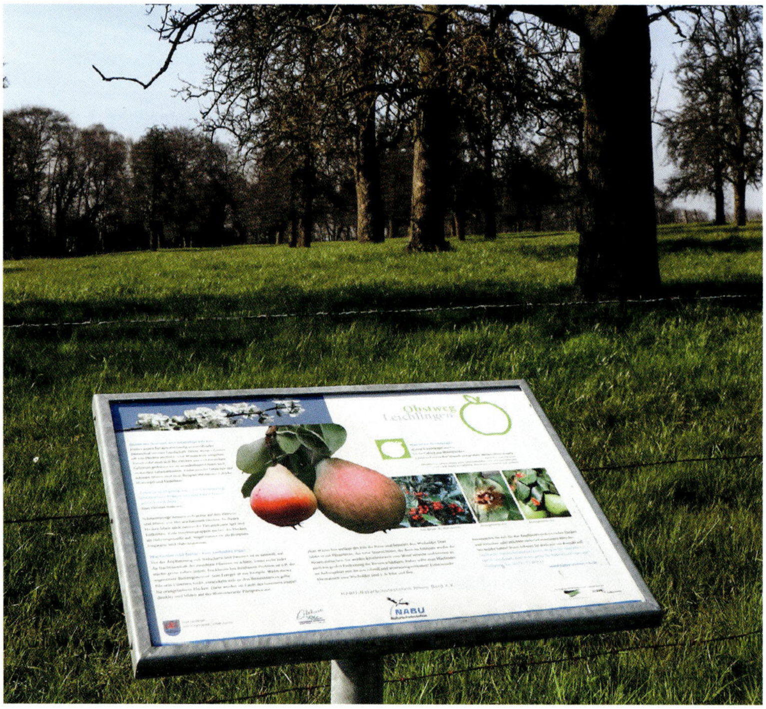

an bergischen Fachwerkhäusern, bis die Route recht plötzlich nach rechts auf einen schmalen Waldpfad abzweigt und sich hangaufwärts fortsetzt.

Sofort ist die bergische Kleinstadtatmosphäre vergessen, nur noch fröhliches Vogelgezwitscher gemischt mit dem Rascheln der Blätter ist zu hören. Kinder nutzen die Gelegenheit zu einem kleinen Wettlauf. Hinter dem Wäldchen liegt ein Feldweg, umgeben von Streuobstwiesen. Die nächste Infotafel macht auf allerlei Wissenswertes rund um den Apfel, seine Herkunft und Geschichte, aufmerksam. Um die Gedichte und Märchen der Audiostation hören zu können, muss man, old fashioned, ordentlich an einer Kurbel drehen. Zwischen den von knorrigen Bäumen bestandenen Wiesen geht es nach Hülstrunk. An den Zäunen weisen Täfelchen auf die Obstsorten mit teils skurrilen Namen und ihre Herkunft hin.

Wir überqueren die Kreisstraße K 10 und blicken bald hinüber nach Nesselrath und ins Tal der Wupper. An der Schafkoppel verlassen wir den befestigten Weg, jedoch nicht ohne Herrn von Ribbeck auf Ribbeck gelauscht und Texte über den Obstanbau in der Region gelesen zu haben. Es geht in einem Wäldchen leicht bergan, vorbei am Fachwerkhof von Scheidt. Hinter weiteren Obstwiesen und den markanten Spargelfeldern ist bald der Ortsteil Bennert erreicht. An der Grundschule wartet die nächste Infotafel.

Nach einem kurzen Stück an der Landstraße L 239 entlang kommen wir nach Bergerhof mit Imkerei und der einzigartigen Champignonzucht. Eine spektakuläre Aussicht eröffnet sich hinter dem Dorf auf Leichlingen und weit über die rheinische Bucht bis Köln und zu den Braunkohlegebieten. Nun geht es wieder abwärts, eine Infotafel beschreibt die dortigen Hochstamm-Obstkulturen. Nach einem Schlenker über die netten alten Höfe an der Kurze Straße sind der Stadtrand und bald auch der Ausgangspunkt wieder erreicht.

Edle Pilze aus Leichlingen

Die Leichlinger Champignonzucht von 1970 leitet der einzige Pilzbotschafter Deutschlands, Peter Marseille. 16 unterschiedliche Spezies befinden sich in der Aufzucht und der Chef referiert gern über die Eigenarten teils ungewöhnlich aussehender Pilze. Führungen sind für Gruppen ab zehn Personen buchbar. www.leichlinger-champignonzucht.de

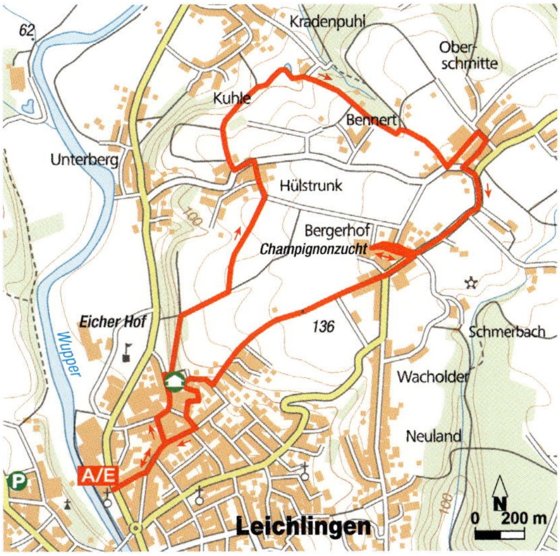

Linke Seite: Historische, oft wenig bekannte Obstsorten sind auf den teils sehr alten Streuobstwiesen zu finden.

14 Grafen- und Mönchsweg Odenthal

Die Wiege des Bergischen Landes

mittel | 11,5 km | 85 Hm | 3–4 Std

Tourencharakter
Strecke meist auf Straßen und Wirtschaftswegen, teilweise Waldpfade

Ausgangs-/Endpunkt
Wanderparkplatz Am Rösberg

Geokoordinaten
N51°03'12.8"–E7°07'44.2"

Anfahrt
Auto: Autobahn A 4 bis Burscheid, auf die B 51 nach rechts Richtung Altenberg, nach ca. 1,9 km links Richtung Altenberg, durch das Dorf Blecher und über Serpentinen ins Tal, unten direkt rechts auf den Parkplatz Rösberg. **Bahn/Bus:** ab Köln mit der S-Bahn S 6 in Richtung Essen bis Leverkusen-Mitte, vom Busbahnhof Wiesdorf mit dem Bus 212 nach Odenthal, Altenberg, die Haltestelle liegt gegenüber dem Parkplatz Rösberg.

Einkehr
Hotel & Restaurant Wißkirchen, www.hotel-wisskirchen.de

Karte
Wanderkarte 2, Das Bergische, 1:25 000

Information
i-Punkt Altenberg, Eugen-Heinen-Platz 2, 51519 Odenthal, Tel. 02174 419 950, www.odenthal-altenberg.de

Von der wohl bekanntesten Kirche des Bergischen Landes mit dem nostalgischen Märchenwald führt die Route durch das Tal der Dhünn weit zurück in die Historie der Grafen von Berg bis in das alte Städtchen Odenthal, das einst durch Hexenverfolgungen Berühmtheit erlangte.

Zwei rot-weiße Strandkörbe stehen im lauschigen Biergarten des Hotels und Restaurants Wißkirchen, das uns gleich am Beginn unserer Tour, dem Bergischen Streifzug 6, zu einem erfrischenden Getränk vor der Wanderung verführt. Das hübsche Fachwerkhaus mit den grünen Fensterläden stammt in seinen Grundzügen aus dem 18. Jahrhundert und diente in seiner Geschichte als Betriebsgebäude einer Ziegelei und eines Sägewerks. In den 1950er-Jahren war es Altenberger Poststelle, bevor letztlich die Gastronomie Einzug hielt. Unmittelbar an den Landgast-

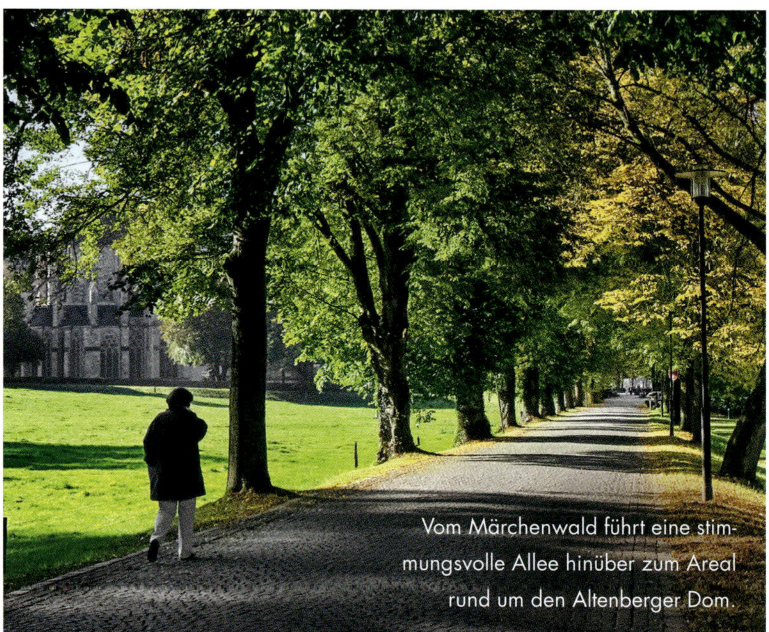

Vom Märchenwald führt eine stimmungsvolle Allee hinüber zum Areal rund um den Altenberger Dom.

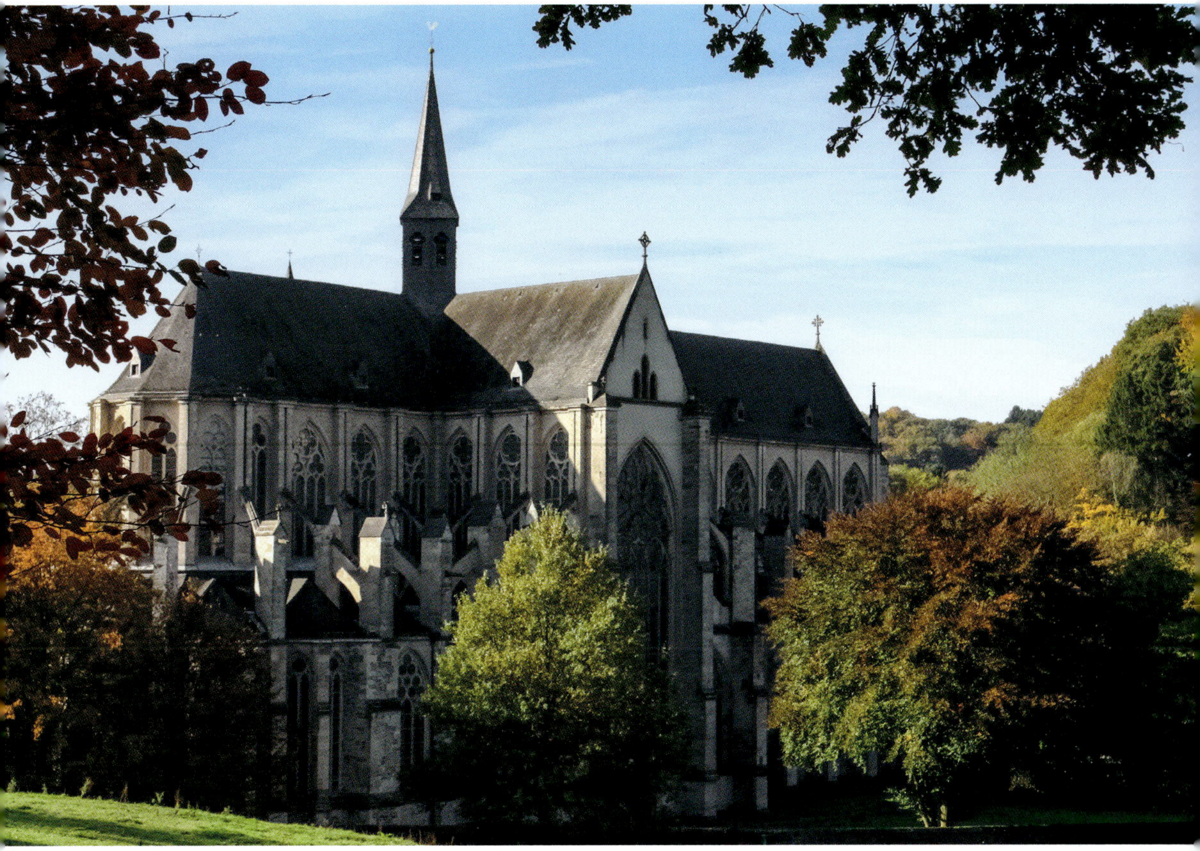

Der prachtvolle Bergische Dom in Altenberg liegt malerisch umgeben von beeindruckendem Baumbestand.

hof schließt sich der Wanderparkplatz Am Rösberg an, den wir hinter uns lassen, wenn wir am Ufer der Dhünn entlang zum Klosterdorf Altenberg laufen. An der Brücke über den Bach passieren wir einen Torbogen und betreten die altehrwürdige Klosteranlage der Zisterzienser, die im Jahre 1133 gegründet wurde. Die heutige Klosterkirche ist weithin als Bergischer Dom bekannt. Ihr Bau im Stil der Gotik begann um 1255 auf Geheiß des vierten Grafen Adolf von Berg, damaliger Kölner Erzbischof, nur wenige Jahre nach der Grundsteinlegung des Kölner Doms. Besonders imposant erscheint an der Westseite im In-

Nächtliche Führung

Ein besonderes Erlebnis sind die abendlichen Führungen mit dem Nachtwächter durch Odenthal. Wohlformuliert und kurzweilig erzählt er beim Spaziergang durch die Gassen von geschichtlichen Ereignissen im Ort und von allerlei Anekdoten über die Mönche Altenbergs oder den Lügschuster Matthias Tobias. www.nachtwaechter-odenthal.de

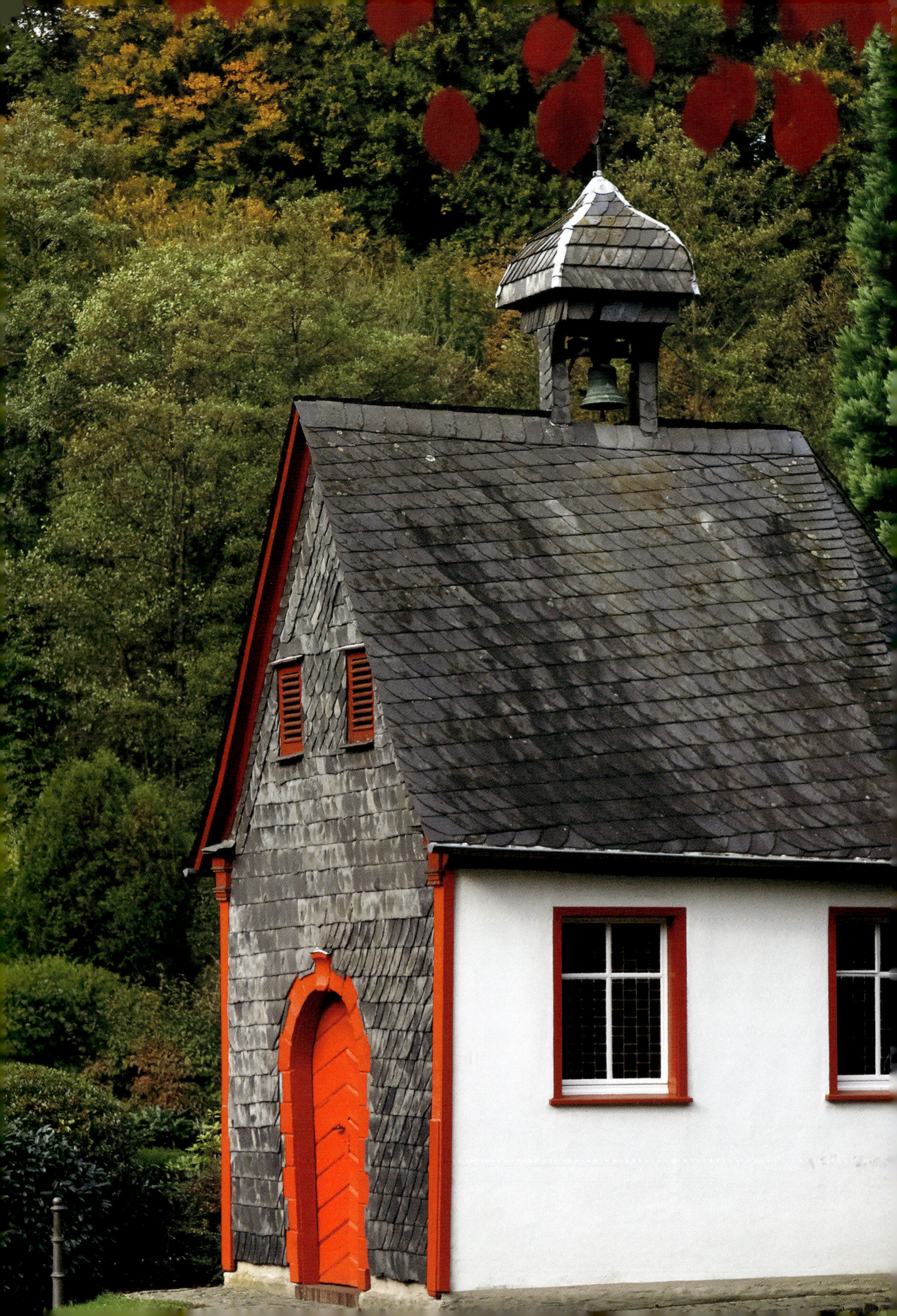

neren des Sakralbaus das riesige Kirchenfenster, das um 1400 vollendet wurde und das himmlische Jerusalem darstellt. Das Fenster ist das größte seiner Art und Zeit nördlich der Alpen.

Die Fenster im Inneren des Altenberger Doms verdienen beim Besuch ganz besondere Beachtung.

Nachdem die Mönche ihre Heimstatt 1803 infolge der Säkularisierung verlassen mussten, gab es trotz fortschreitenden Verfalls von Kloster und Kirche stets neue Eigentümer. Zuletzt war es der Preußenkönig Friedrich Wilhelm IV., der für den Wiederaufbau der Kirche sorgte, unter der Bedingung, dass Christen gleich welcher Konfession den Dom gemeinsam nutzen sollen, was bis zum heutigen Tag geschieht.

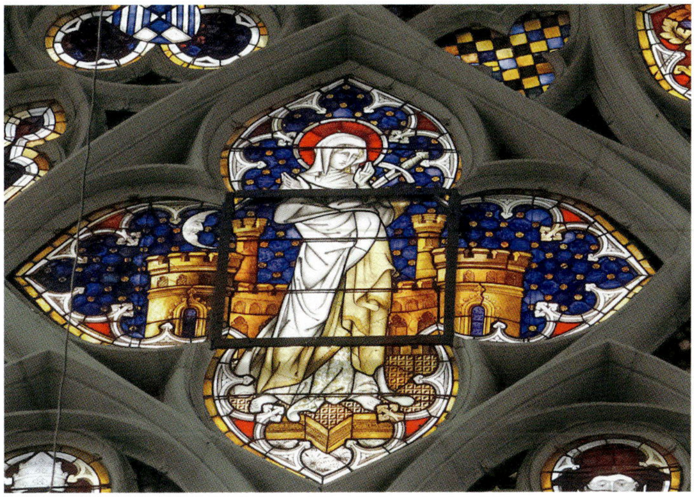

Eine schattenspendende Allee führt zum Märchenwald Altenberg. 1931 gegründet, entführt er Klein und Groß mit Animationen und Dioramen akustisch und optisch in die Märchenwelt der Gebrüder Grimm. Die faszinierende Lichtorgel der Tanzenden Fontänen in der Brüder-Grimm-Halle erfreut seit 1956 die Besucher des nostalgisch anmutenden Märchenparks.

Verhext

Auf dem Dorfplatz Odenthals steht ein brodelnder Kupferkessel, den fünf düstere Fabelfiguren stützen – der Hexenbrunnen. Geschaffen 1988 vom Künstler Walter Jansen aus Bergisch Gladbach, erinnert er an die Zeit, als der Aberglaube in Odenthal stark verbreitet war; noch im 17. Jahrhundert wurden Frauen des Ortes der Hexerei bezichtigt.

Wir überqueren die Landstraße in östlicher Richtung und folgen dem Lauf des Pfengstbaches, der sich im Wald mit der Dhünn vereinigt. Just an dieser Stelle befand sich Burg Berge, der erste feste Sitz der Grafen von Berg, der wahrscheinlich gegen 1060 erbaut wurde, heute jedoch nur noch als kaum wahrnehmbares Bodendenkmal erhalten ist. Die Grafen zogen 1133 nach Burg Neuenberge um, dem späteren Schloss Burg. Burg Berge verfiel bald darauf und die Mauersteine fanden eine neue Nutzung beim Bau des Altenberger Doms.

Es geht entlang der Dhünn, bis wir den Wald verlassen und am Rande einer Ackerfläche, flankiert von Alleebäumen, Schloss

Linke Seite: 1697 errichtete Pastor Strolmayer die kleine Marienkapelle am Ortseingang von Odenthal als Raststation für Pilger.

Strauweiler entdecken. Das gelbe Gebäude mit den verspielten Türmchen, das etwa auf das Jahr 1300 datiert wird und sich im Besitz der Familie Sayn-Wittgenstein befindet, kann man leider nicht besichtigen.

An der Bergstraße verlassen wir die Hauptstraße und tauchen auf dem Mühlenweg unvermittelt wieder in bergisches Idyll am Ufer der Dhünn ein. Am Ende der Sackgasse wartet ein sehenswertes Ensemble aus Fachwerkhäusern. Es entstand rund um die Steiner Mühle von 1269, die älteste Mühle Odenthals, die heute als Wohnhaus genutzt wird. Hier befindet sich das beeindruckende Mühlenmuseum von Günter Blömer, der zeit seines Lebens der Faszination von Mühlen erlegen ist und diese variantenreich sowie mit viel Liebe zum Detail im Modell nachbaut und ausstellt.

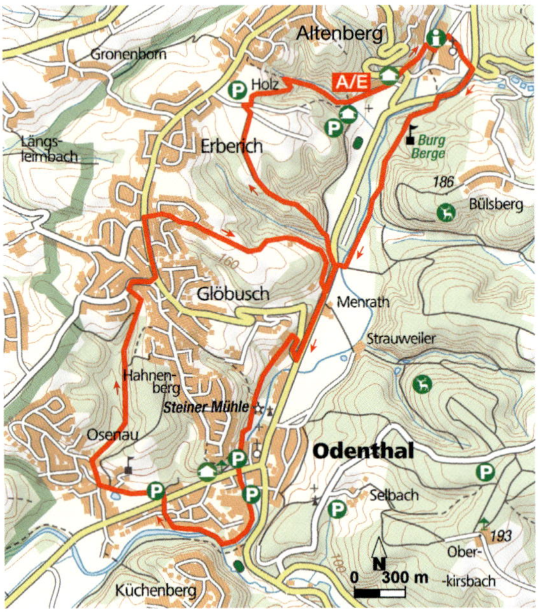

Dem Bachlauf folgend, durchqueren wir die Ortsmitte von Odenthal und statten dabei der Pfarrkirche St. Pankratius aus dem 11. Jahrhundert einen Besuch ab. Die Glocke, die im Turm der dreischiffigen Pfeilerbasilika schlägt, stammt aus dem Jahr 1050 und dürfte damit die älteste des Rheinlands sein. Wir erreichen hinter der Dhünner Aue den zunächst ländlich geprägten Ortsteil Osenau.

Im Wald geht es durch die Talsenke des Osenauer Baches in das Dorf Glöbusch, das wir durch Felder und Weiden wieder in Richtung des Tales der Dhünn verlassen. Kurz berühren wir unseren Hinweg, dann geht es wieder steil bergauf. Im Boden eingelassene Stufen erleichtern den Anstieg, der hinaufführt zur mittelalterlichen Ringburg Erberich. Unter Bäumen und Waldboden ist allerdings kaum noch etwas von der Burg erkennbar.

Auf der Lichtung hinter dem Wald ist mit 176 m der höchste Punkt des Weges erreicht. Durch den Wald geht es zurück ins Tal, das noch eine geologische Besonderheit offeriert. Eine etwas sonderbar strukturierte Felsenfläche am Waldrand stellt sich als Meeresboden aus der Zeit des Devon vor etwa 360 Millionen Jahren heraus. Jetzt sind es nur noch wenige Schritte bis zur Einkehr im Biergarten des Restaurants Wißkirchen und damit zum Ausgangspunkt.

Rechte Seite: Umgeben von Schatten spendenden Alleen verströmen die Ländereien um Schloss Strauweiler eine märchenhafte Atmosphäre.

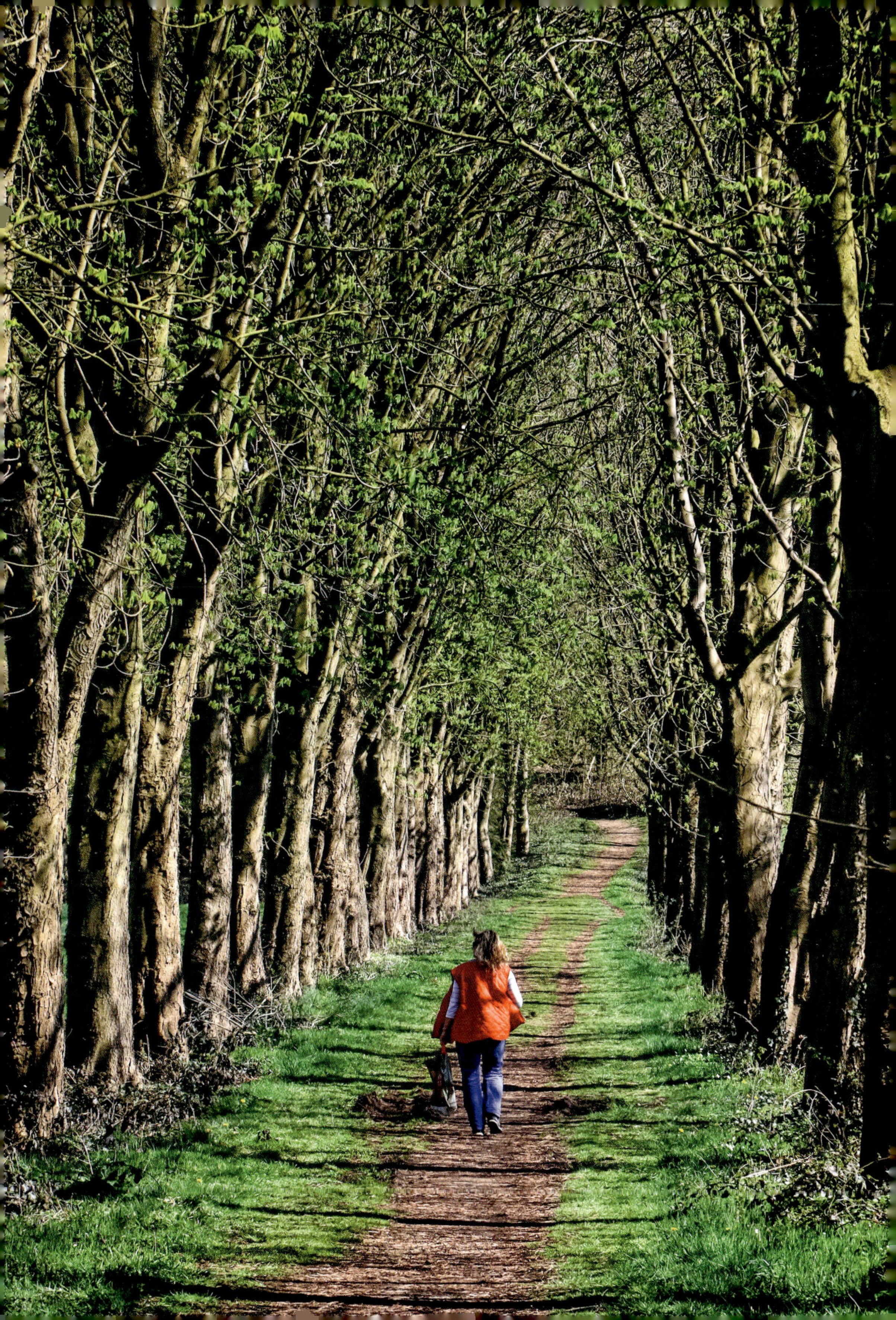

15 Von Burg Zweiffel bis Herkenrath

Papier und Burg am fleißigen Bach

mittel | 12,1 km | 196 Hm | 3,5 Std

Tourencharakter
Strecke auf Wirtschaftswegen, Waldpfaden und an Straßen

Ausgangs-/Endpunkt
Wanderparkplatz Burg Zweiffel

Geokoordinaten
N 51°00'18.2"–E 7°10'38.2"

Anfahrt
Auto: Autobahn A 4 bis Bergisch Gladbach Moitzfeld, geradeaus über die Overather Straße auf die Friedrich-Ebert-Straße L 239 bis Herkenrath, im Ort nach links auf die Straße Hecken in Richtung Kirche, dahinter links auf den Hombacher Weg bis Kürtener Straße L 256, dann rechts noch ca. 500 m. **Bahn/Bus:** von Köln mit der S 11 bis Bergisch Gladbach, dort vom Busbahnhof mit der Linie 426 Richtung Wipperfürth bis zur Haltestelle Bergisch Gladbach, Herrenstrunden.

Karte
Wanderkarte 4, Das Bergische, 1:25 000

Information
Fremdenverkehrsamt Bergisch Gladbach, Wilhelm-Wagener-Platz, 51429 Bergisch Gladbach-Bensberg, Tel. 02202 141 359, www.bergischgladbach.de

Um das Tal der Strunde herum führt unser Weg von der kleinen, feinen Burg Zweiffel über die Höhen zur traditionsreichen Papierfabrik Alte Dombach und durch luftige Wälder in das ehemalige Bergbaudorf Herkenrath.

Der Wanderparkplatz an der Burg Zweiffel ist der Startpunkt unseres Ausfluges. Ein kleiner Teich erinnert daran, dass das erstmals 1251 erwähnte Anwesen ursprünglich als zweigeschossige Wasserburg angelegt worden war. Das heute noch existierende, gelb getünchte und mit wildem Wein bewachsene Haupthaus befindet sich in Privateigentum und stammt etwa aus der Zeit um 1660.

Sanfte Wellen verzerren das ebenmäßige Spiegelbild des historischen Adelssitzes im Weiher, während wir auf dem Weg A 2 ein Stück dem Lauf der Strunde folgen. An der Brücke über den Bach liegt die Malteser Mühle, eine ehemalige, heute als Wohnhaus genutzte Fruchtmühle zum Mahlen von Getreide aus dem frühen 14. Jahrhundert. Schräg gegenüber befindet sich mit der Komturei die ehemalige Verwaltung des Ordens der Johanniter, die nachweislich schon auf das Jahr 1290 zurückgeht und heute als Gastronomiebetrieb genutzt wird. Die Pfarrkirche St. Johann Baptist, 1345 fertiggestellt, gehörte ebenfalls zur Komturei. Sie bekam 1904 eine neugotische Erweiterung und einen Chorraum.

> **»Welche Glückseligkeit, jetzt, umgeben bin ich von dem unaussprechlich herrlichen Frühling, mit der Natur im innigsten Verein, im Vollgefühl der schöpferischen Kraft täglich Neues und tief Empfundenes zu schaffen!«**
>
> **Max Bruch, 1871**

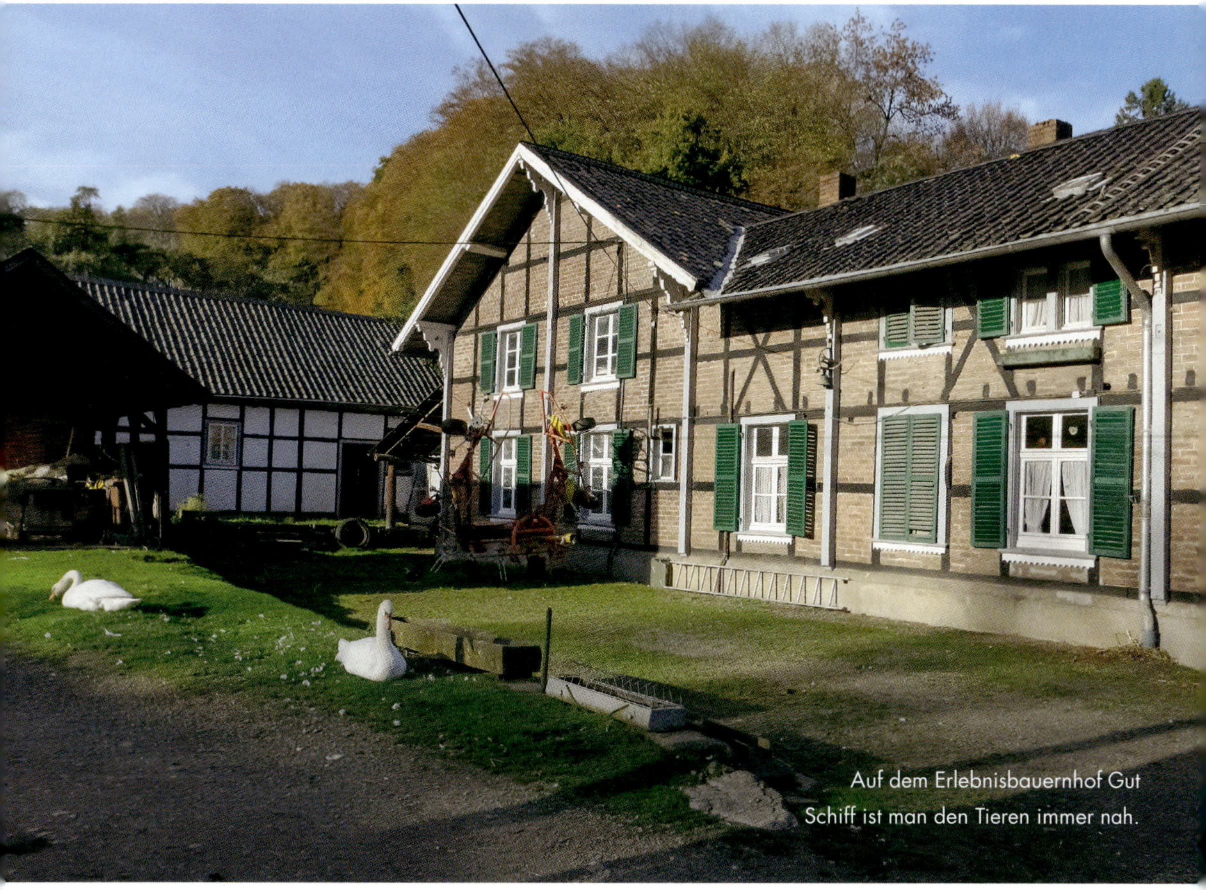

Auf dem Erlebnisbauernhof Gut Schiff ist man den Tieren immer nah.

Wir verlassen das Dorf über den Malteserweg, der uns durch Wiesen und Weiden bergan führt und unsere Mühen mit netten Aussichten belohnt. An der Natur- und Abenteuerschule NUAS geht es nach links am Waldrand entlang. Wir folgen ab der nächsten Kreuzung dem Weg A 1 und sehen rechter Hand die Gebäude der Hofanlage Igeler Hof, die schon 1365 existierte und Ende des 19. Jahrhunderts in den Besitz des bergischen Papiermagnaten Zanders gelangte. Der Kölner Komponist Max Bruch (1838–1920) schrieb auf dem Gut viele seiner Werke.

Durch den Wald kommen wir wieder in das Tal der Strunde und befinden uns nun auf

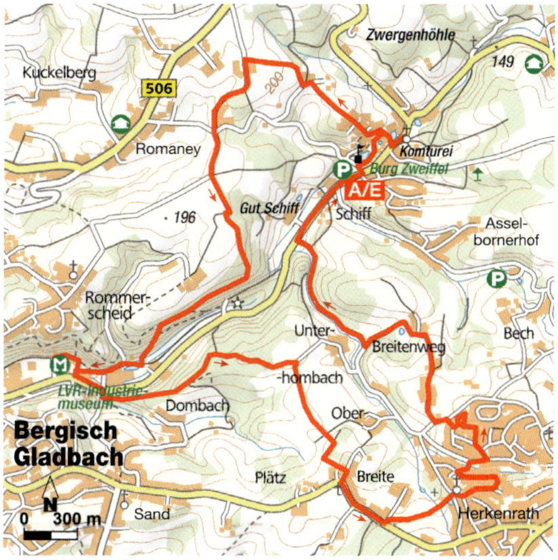

dem Lyrik-Pfad. Seit 2011 kann man sich am Bachlauf zwischen der Quelle und der Papiermühle Alte Dombach auf kleinen Tafeln von zeitgenössischer Prosa inspirieren lassen. Zur Papiermühle selbst, die wir über einen angelegten Pflanzenpfad errei-

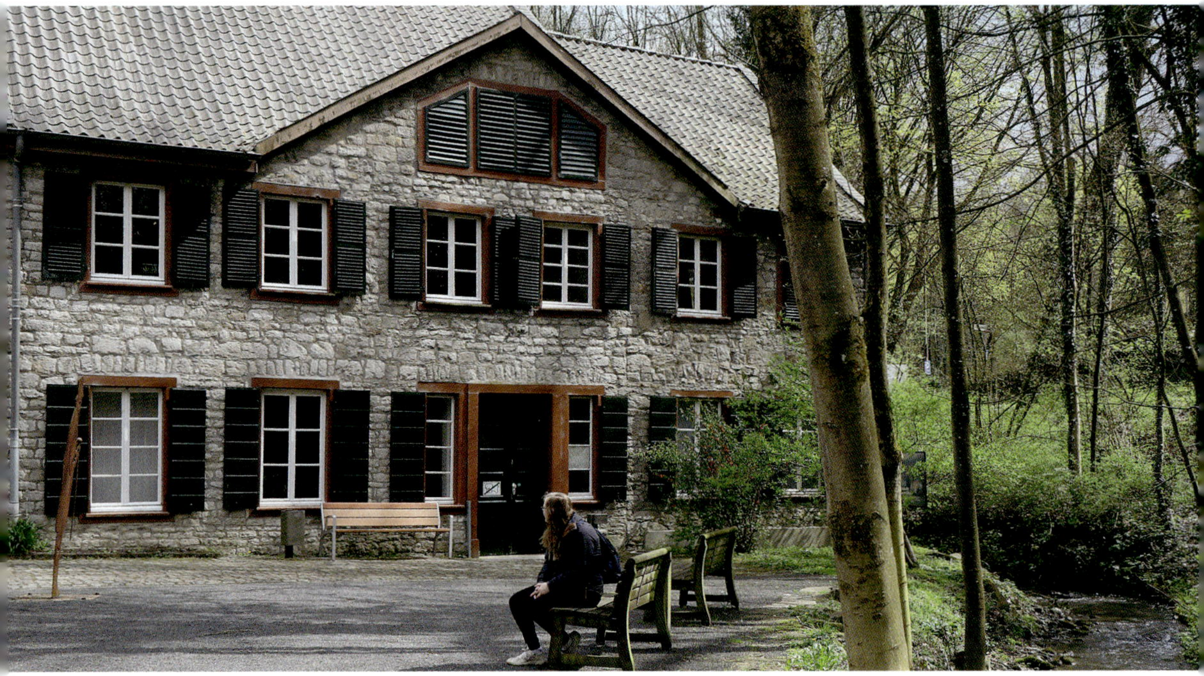

Die Geschichte der Papierdynastie Zanders wird in den Räumlichkeiten des Museums der Papiermühle Alte Dombach aufgearbeitet.

chen, gehören auch das Fabrikgebäude Neue Dombach und die Wohnhäuser der Papiermacher. Seit etwa 1620 wurde hier Papier geschöpft. Die traditionsreiche Historie lässt sich im Papiermuseum gut aufbereitet nachvollziehen. Zu sehen ist auch eine alte Papiermaschine von 1889. Anfang Juni gibt es auf dem Gelände ein Papier-Fest, Anfang September einen Papier-Markt. Unsere Route folgt nun der Markierung A 3. Dazu überqueren wir die L 256 und tauchen danach ein in dichtes Waldgebiet. Zwischen offenen Feldern zweigen wir ab auf den gelb markierten Bergischen Weg, den wir hinter dem Weiler

An der Quelle

Unmittelbar hinter dem Quellgebiet der Strunde, die wegen ihrer vielen Mühlen auch »fleißiger Bach« genannt wird, liegt das Restaurant Zur Quelle, das seit fast 150 Jahren Schankrechte besitzt. Es bietet regionale Küche und als Highlight das Bergische Langschläferfrühstück an, einen schmackhaften Brunch.
www.zurquellederstrunde.de

Breite wieder verlassen. Wir wenden uns in Richtung der Kirche St. Antonius Abbas von Herkenrath.

Der Ort ist die älteste Siedlung der Gemeinde Bergisch Gladbach, urkundlich schon 1151 erwähnt. Traditionelles Brauchtum spielt hier immer noch eine große Rolle, u. a. mit dem Kinderkarnevalszug am Rosenmontag und der Dicke-Bohnen-Kirmes alljährlich im Juli.

In Herkenrath sollen schon die Römer Bergbau betrieben haben, doch davon ist im Dorfidyll nichts mehr zu sehen. Nun gibt uns ein weißes U den Weg vor, der uns zurück ins Tal der Strunde führt. Der Bauernhof Gut Schiff liegt ebenso am Wegesrand wie das Alte Freibad von 1930. Hinter der Jugendstilpforte sind die alten Schwimmbecken indes verschwunden. Findige Gastronomen haben hier eine zeitgemäße Event-Location eingerichtet, mit Biergarten und Beach-Volleyball. Kurz danach sind wir wieder am Parkplatz angelangt.

Gut Schiff

Als ehemaliger Wirtschaftshof einer Pulvermühle reicht die Geschichte von Gut Schiff zurück bis ins Jahr 1650. Seit 1850 in Familienbesitz, wurde aus dem landwirtschaftlichen Betrieb ein Erlebnisbauernhof für Klein und Groß mit unzähligen Tieren, die frei umherlaufen. Freude durch Führungen, Feiern und Feste lautet das Credo der Betreiber. www.gut-schiff.com

Maschinen der Papierverarbeitung liegen wie sorgsam aufgearbeitete Kunstwerke in einem kleinen Park zwischen Neue und Alte Dombach.

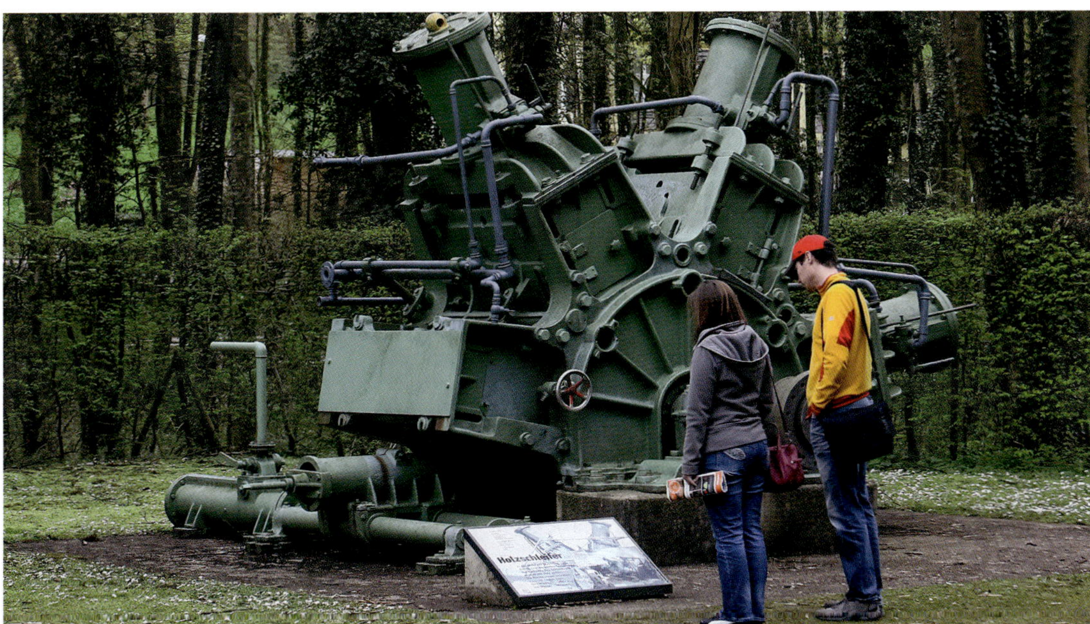

16 Bensberger Schlossweg

Vorbei an Bergischen Burgen und Schlössern

leicht | 9,6 km | 165 Hm | 3 Std

Tourencharakter
Strecke überwiegend auf Waldwegen und Straßen

Ausgangs-/Endpunkt
Parkplatz Haus Lerbach

Geokoordinaten
N50°58'52.68"–E7°9'17.49"

Anfahrt
Auto: Autobahn A 4 bis Abfahrt Bensberg, Rather Straße/Kölner Straße Richtung Zentrum, nach 1,5 km links auf die Buddestraße, nach 800 m rechts in Am Rübezahlwald, nach 400 m rechts auf den Lerbacher Weg, dann ca. 1,5 km.
Bahn/Bus: S 11 von Köln bis Bergisch Gladbach, Buslinie 227 Richtung Moitzfeld/Steinacker bis Haltestelle Heidkamp/Lerbacher Weg, dann 1,3 km zu Fuß auf dem Lerbacher Weg in Richtung Oberlerbach.

Einkehr
Waldhotel Mangold, Am Milchbornbach 39–43, 51429 Bergisch Gladbach

Karte
Wanderkarte 4, Das Bergische, 1:25 000

Information
Tourismus-Service Bensberg, Wilhelm-Wagener-Platz, 51429 Bergisch Gladbach-Bensberg, Tel. 02202 141 359, www.bergischgladbach.de

Gleich vier recht unterschiedliche Burganlagen und Schlösser – eines davon trägt gar die augenzwinkernde Bezeichnung »Affenfelsen« – finden sich auf der hügeligen Route durch den Hardt-Wald, der zudem an den deutsch-französischen Krieg von 1870/1871 erinnert.

Die Tour startet auf dem ausgeschilderten Bergischen Streifzug mit der Nummer 13 am Wanderparkplatz vor dem Landschaftspark des Hauses Lerbach. Seit dem 14. Jahrhundert gab es hier ein Rittergut, das um 1900 einer repräsentativen Villa im Stile der Neorenaissance für die Familie des bergischen Papiermagnaten Zanders wich. 1992 zum Schlosshotel mit exzellentem Restaurant umgebaut, befindet es sich derzeit in einer einer vorübergehenden Renovierungsphase.
Es geht zunächst nach links zum Hof Oberlerbach, wo gackernde Hühner auf den Wiesen frei herumlaufen. In der automatisierten Milchtankstelle gleich nebenan kann man für kleines Geld Eier aus einem alufarbenen Kühlschrank ziehen. Glasflaschen für die Abfüllung von Rohmilch sind ebenfalls vorhanden. Gutes vom Bauern – einfach zu bedienen und zu jeder Tageszeit verfügbar, sehr praktisch.

> **Schloss und Dorf Bensberg liegen auf einem hohen Berge […] So denke ich mir die Götter dann und wann auf einer silbernen Wolke nektarschlürfend sitzen und die Hälfte der Erde übersehen!**
>
> **(Johann Wolfgang von Goethe, 17.7.1774)**

Hinter dem kleinen Fachwerkweiler Kaltenbroich mit hübschen Vorgärten geht es links auf einen Pfad in den Wald, der bald das Naturfreundehaus Hardt erreicht. Die heimeligen Geräusche des

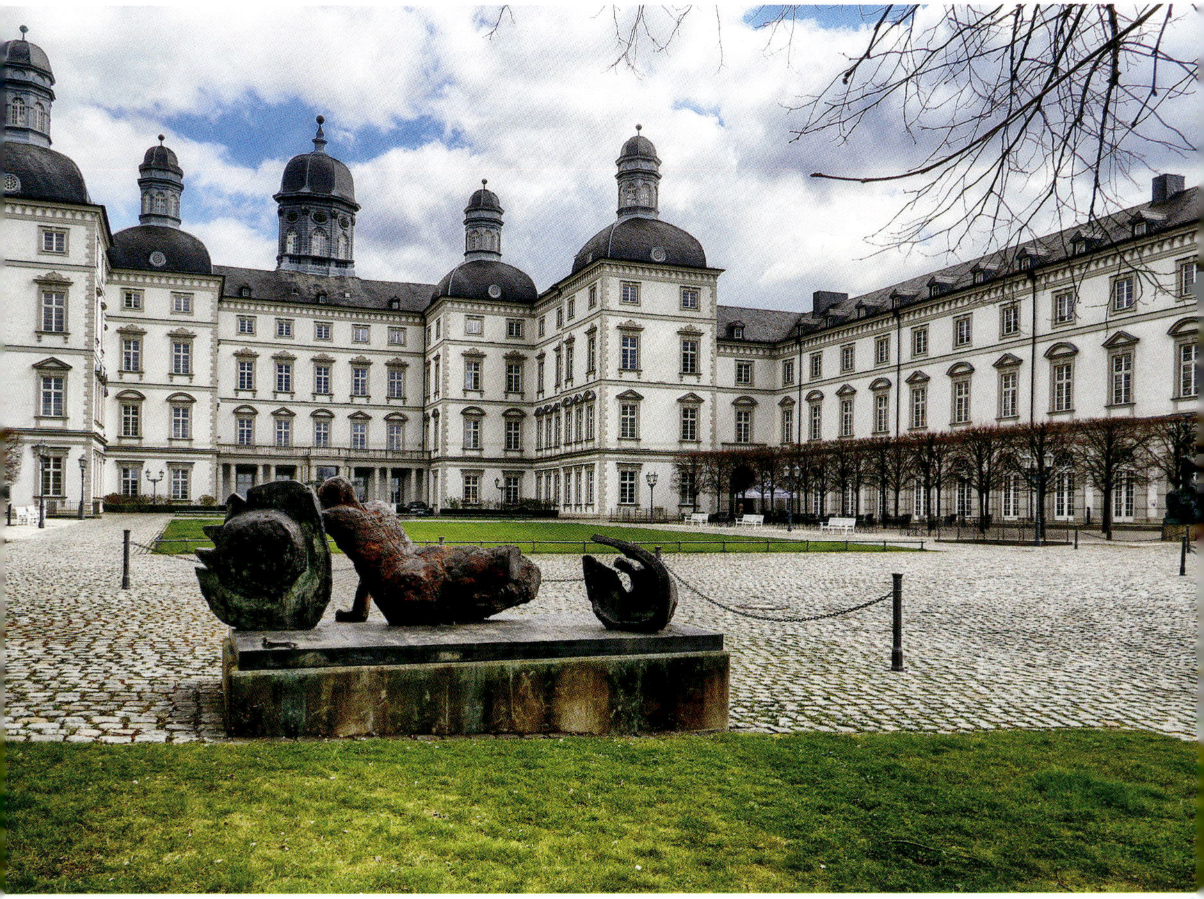

Waldes mischen sich mit denen spielender Kinder, die ausgiebig das Gelände erkunden. Wer mag, kann auf der Terrasse seinen Durst löschen oder eine Kleinigkeit aus der bergischen Küche probieren.

Der venezianische Architekt Matteo d'Alberti errichtete das Schloss Bensberg als repräsentatives Jagdschloss für Kurfürst Jan Wellem.

Weiter der Route 13 folgend, können wir bald aus der Höhe hinunter ins Milchborntal blicken und auf den kleinen Stausee des Baches, den wir fast gänzlich umrunden. Am Ufer laden Bänke zur Rast ein, gegenüber sogar eine rustikale Holzhütte. Über teils mächtige Wurzeln wandern wir auf schmalem Pfad aufwärts und

Bergbau im Bergischen

Das Heimatmuseum und Museum für Bergbau, Handwerk und Gewerbe vis-à-vis dem Bensberger Rathaus ist ein wahrer Ausstellungsschatz für die Region. Insbesondere das nachgebaute Erzbergwerk im Keller imponiert, ebenso wie die Fachwerkkotten im Freilichtbereich. www.bergisches-museum.de

passieren den Sportplatz Moitzfeld. Dahinter erreichen wir die Erdenburg, eine Ringwallanlage aus drei symmetrischen Wällen, die auf den Beginn der neuen Zeitrechnung datiert wird. Allerdings erkennt man von der einstigen Verteidigungsbastion nicht mehr viel. Die Natur hat alles zurückerobert, der Waldboden wirkt, als hätte niemals jemand hier Hand angelegt.

Nach einer Spitzkehre bergab wandern wir auf den verträumten Jungfrauenweiher zu. Enten dösen, ein Graureiher lauert mit stoischer Gelassenheit auf Beute und erhebt sich, in seiner Ruhe gestört, kurz in die Lüfte, um einige Meter weiter einen neuen Beobachtungsposten zu beziehen. Von einer Holzbank direkt am Wasser lässt sich das Geschehen prima verfolgen, hier kann man Gedanken nachhängen und den Tanz der Azurjungfern, einer Libellenart, bewundern. Auf dem Weg zur Wipperfürther Straße sind durch die Bäume schon die imposanten Umrisse des Bensberger Schlosses zu erkennen, dem wir nun entgegenstreben. Doch bevor das im Jahr 1711 auf Geheiß des Kurfürsten Jan Wellem im Barockstil fertiggestellte Gebäude erreicht ist, biegen wir nach links ab und stehen vor der Bürgerburg, dem eindrucksvollen Rathausbau des renommierten Architekten Gottfried Böhm aus den 1960er-Jahren, auch als Affenfelsen verunglimpft. Der Blick ins Innere offenbart erstaunliche Perspektiven, der Blick vom Turm fantastische Weiten. Das Rathaus entstand auf den Resten der alten Burg Bensberg.

Nach Schloss Bensberg, heute luxuriöser Hotelbetrieb, passieren wir talwärts den Milchbornbach und tauchen in den Wald ein. Zuerst ein großes eisernes Kreuz und wenig später eine steinerne Grabstele markieren die Gedenkstätten für die Opfer der deutsch-französischen Kriege. Das Schloss diente in dieser bitteren Zeit als Lazarett. Bald danach sind wir wieder am Ausgangspunkt angelangt.

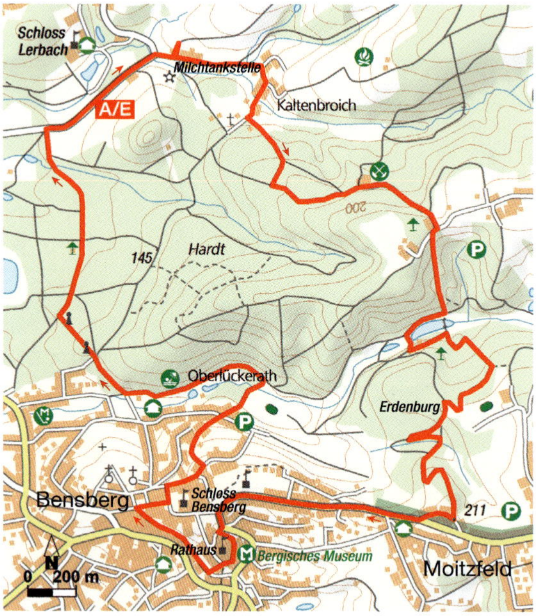

Romantik am Kadettenweiher

Regionale und saisonale Spezialitäten genießt man vortrefflich in den Waldstuben des Waldhotels Mangold am trockengelegten Kadettenweiher. Das gelingt am besten zünftig am prasselnden Kaminfeuer unter der rustikalen Balkendecke oder geschützt auf der überdachten Sonnenterrasse. www.waldhotel.de

Rechte Seite: Im Schatten der Bürgerburg, des Bensberger Rathauses, gibt es in den umliegenden Gassen so manche Kuriosität zu entdecken.

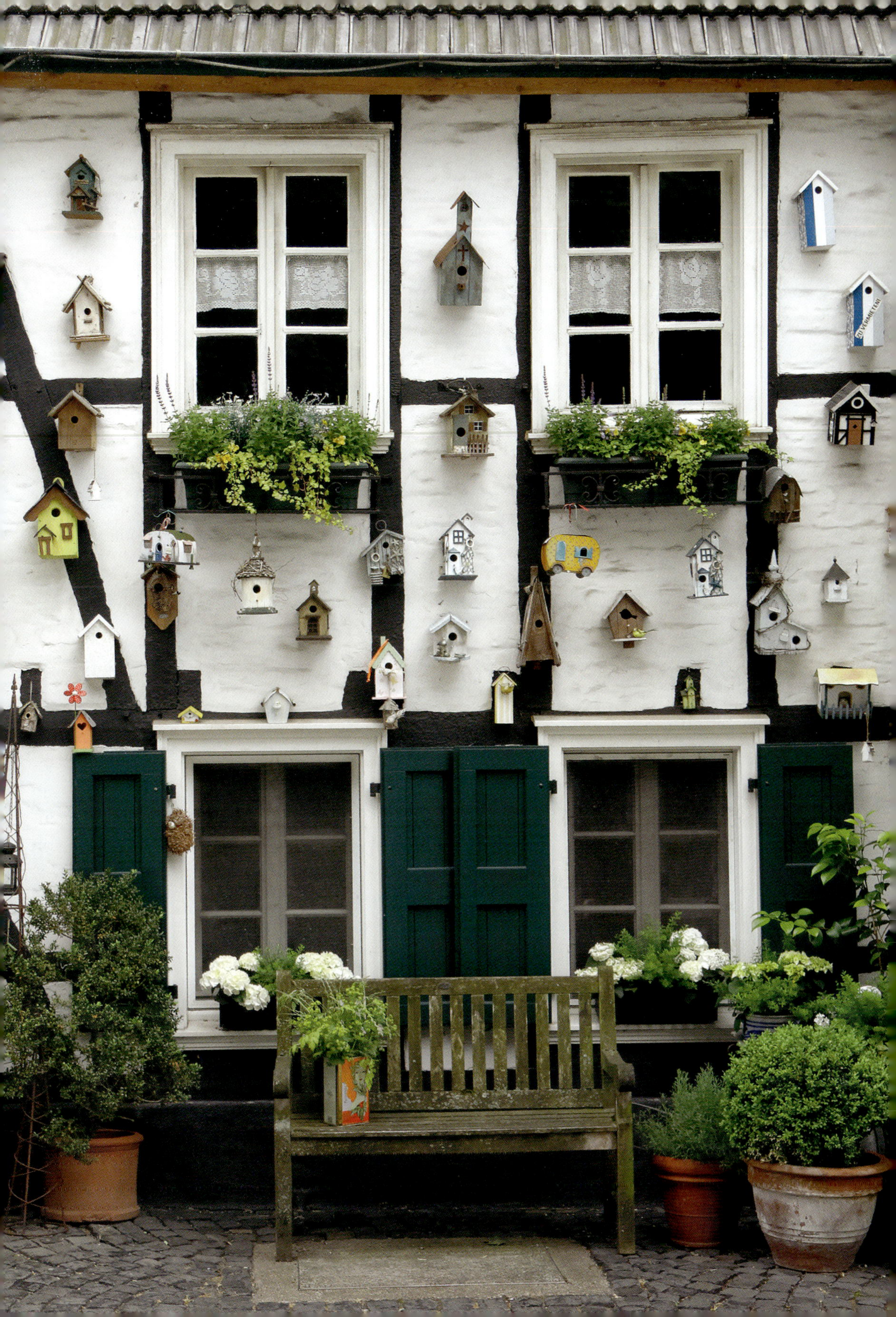

17 Bergbauweg Rösrath

Auf den Spuren einer uralten Tradition

mittel | 12,1 km | 163 Hm | 4 Std

Tourencharakter
Strecke überwiegend auf Straßen und Feldwegen, wenige schwierige Pfade im Wald

Ausgangs-/Endpunkt
P+R-Parkplatz am Bahnhof Hoffnungsthal

Geokoordinaten
N50°54'43.55"–E7°11'49.30"

Anfahrt
Auto: Autobahn A 4 bis Untereschbach, links ab Richtung Hoffnungsthal und Rösrath, an der Ampel im Ort links auf die Hofferhofer Straße, gleich wieder rechts auf die Rotdornallee zum Bahnhof. **Bahn/Bus:** S 19 von Köln-Hbf Richtung Hennef (Sieg) bis Köln, Frankfurter Straße, in RB 11582 Richtung Gummersbach bis Hoffnungsthal.

Einkehr
Restaurant Bagatelle, kreative Küche im rustikalen Ambiente, Hauptstraße 215, 51503 Rösrath, www.bagatelle-hoffnungsthal.de

Karte
Wanderkarte 5, Das Bergische, 1:25 000

Information
Tourismus Rösrath, Rathausplatz, 51503 Rösrath, Tel. 02205 802 415, www.roesrath.de

Bergbau ist nicht allein eine klassische Domäne des Ruhrgebiets, auch im Bergischen östlich von Köln förderten schon die Römer vor gut 2000 Jahren Erze zur Herstellung von Werkzeugen und Münzen zutage. Seit 1978 stehen die Bänder still, sie hinterließen ein romantisches Erbe.

Der P+R-Parkplatz des Bahnhofs von Hoffnungsthal ist der sehr günstig gelegene Ausgangspunkt für unsere Wanderung auf den Spuren der Rösrather Bergbaukultur. Eine Info-Tafel weist bereits auf die Route hin, ausgeschildert als Bergischer Streifzug 15, und gibt einen Überblick über den Rundweg. Dieser führt zuerst

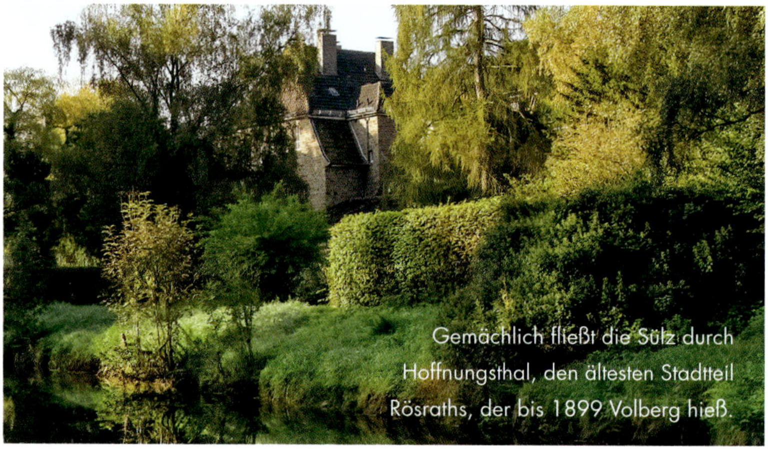

Gemächlich fließt die Sülz durch Hoffnungsthal, den ältesten Stadtteil Rösraths, der bis 1899 Volberg hieß.

durch das Ortszentrum des Rösrather Vororts mit dem hübschen rosafarbenen Rathaus.

Vor dem Umbau 1912 für Aufgaben der Stadtverwaltung diente das 1865 errichtete Gebäude mit den grünen Blendläden als Volksschule. Ein kleiner Park trennt das Rathaus vom Ufer der Sülz, die hier, weitgehend begradigt, recht eilig Größerem entgegenstrebt. Hinter der Sülzbrücke ragt der Turm der Evangeli-

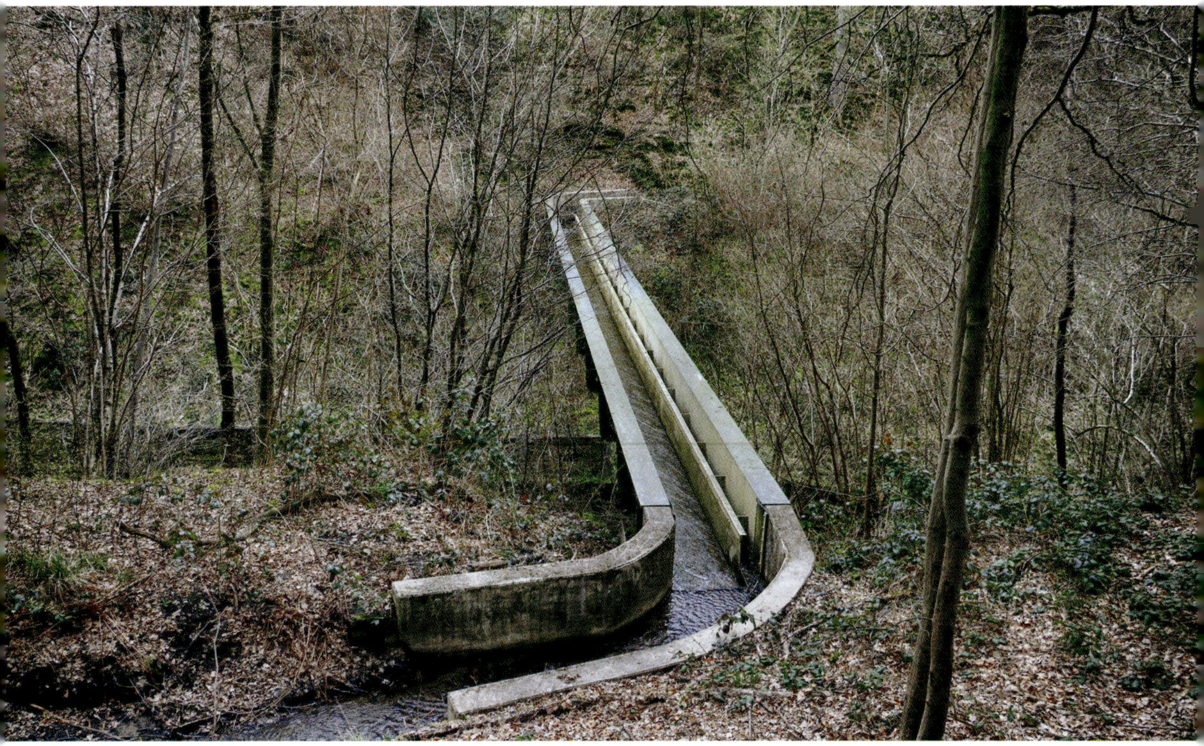

Vornehm im Aquädukt überquert der Brunsbach den Schienenstrang, der Köln mit dem Rheinisch-Bergischen Kreis verbindet.

schen Kirche empor, umgeben von einem malerischen Ensemble mehrerer Fachwerkhäuser.

Wir bleiben auf der Rathausseite und folgen dem Verlauf des kleinen Flusses, bis rechter Hand ein altes Fabrikgebäude zu sehen ist. Es wurde zu Wohnungen und Büros umgebaut, behielt seine industrielle Optik jedoch bei. Die Hallen und die Villa des Unternehmers gehören zu der ehemaligen Hammerfabrik Reusch von 1784, wie die Info-Tafel erklärt. Gerätschaften aus der Metallverarbeitung sind als Kunstwerke im öffentlichen Raum erhalten geblieben.

Der Pilgerbunker

Nahe des Barbarakreuzes am Lüderich gibt es einen alten Luftschutzbunker, der zu massiv ist und daher nicht abgerissen werden kann. Dort wurde am 1. Mai 2011 eine Mariengrotte geweiht. Die Statue der Maria befindet sich exakt unter dem Domschacht, der einmal als Notausgang des Bunkers fungierte.

Der Rothenbacher Weg führt vorbei an zwei stattlichen Herrenhäusern und dann langsam aufwärts in das Waldgebiet des Königsforsts. Bevor wir den schmalen, teils steilen und wurzelreichen Pfad zwischen den Bäumen auf den Berg Lüderich erklimmen, passieren wir die alte Waschkaue und das Grubenhaus der Bergleute. Heute sind beide Privathäuser, können den montanen Charakter aber nicht verleugnen. Der geschlossene Grubeneingang ins Bergwerk verschwindet allmählich unter Moos, Büschen und Grünspan.

Es bedarf einer Menge Fantasie für die Vorstellung, dass man auf einem ausgehöhlten Berg herumwandert, denn der Mischwald

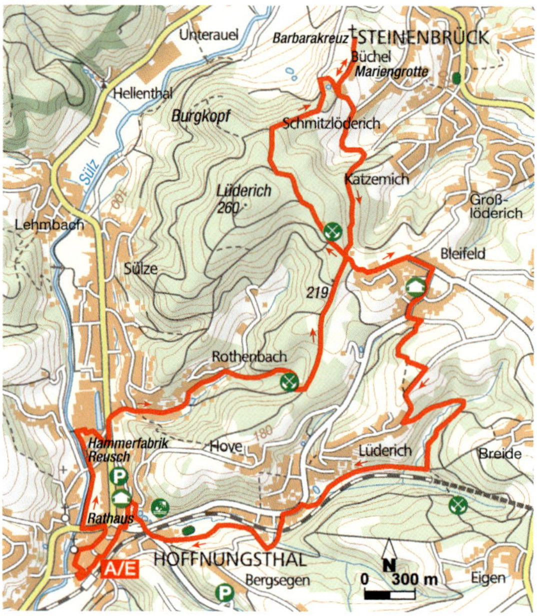

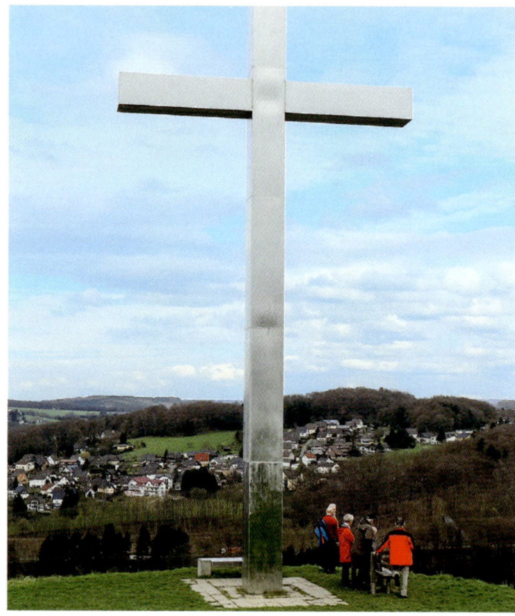

1997 wurde das 15 m hohe, stählerne Barbarakreuz am nördlichen Ausläufer der früheren Erzgrube Lüderich als Zeichen des Heils und der Hoffnung feierlich geweiht.

Ein Schloss im Lüderich

An der Info-Tafel E beim Förderturm des Franziska-Schachtes erzählt eine Audiostation – erst kurbeln, dann hören – die Sage eines Bauernjünglings, der, nicht mehr ganz nüchtern, am Lüderich ein von Zwergen angelegtes Schloss entdeckte, Liebe, Glück und Reichtum jedoch verwehrte.

überdeckt jegliche Hinweise. Wenn, ja wenn da nicht plötzlich ein grüner Förderturm stünde. Es ist der vierte seiner Art des Franziska-Schachtes auf dem Lüderich, der 1892 in Betrieb genommen wurde und 237 m in die Tiefe ging. Eine schwarze Lore demonstriert den einstigen Zweck des irgendwie doch filigranen Eisenungetüms.

Der Weg mit der Markierung 15 führt uns weiter durch den Wald, bis der Golfplatz Lüderich erreicht ist, wo weithin sichtbar der größte Förderturm, gebaut 1936, bewahrt werden konnte. Zinkblende und Bleiglanz kamen hier ans Tageslicht. Das Café des Golfplatzes eignet sich prima für eine

Verschnaufpause. Am Ende des Abschlags der ersten Golfbahn steht prominent und von überall zu sehen das 15 m hohe, den Bergleuten gewidmete Barbarakreuz. Vom Fuße des stählernen Kreuzes bietet sich eine tolle Aussicht übers Tal.
Vorbei an der Erddeponie geht es zurück in Richtung des Dorfes Bleifeld, wobei wir den Hinweg kurz tangieren. Hinter dem Ort wenden wir uns nach links hinunter und wieder hinauf durch den Wald bis zu einer Lichtung, die weiten Ausblick gewährt.

Links: Unter dem alten Förderturm des Hauptschachtes der Erzgrube entstand ein populäres Mekka des Golfsports. Rechts: Das denkmalgeschützte Rathaus, einst Volksschule und Bürgermeisteramt, dient noch immer als Sitz der örtlichen Verwaltung von Hoffnungsthal.

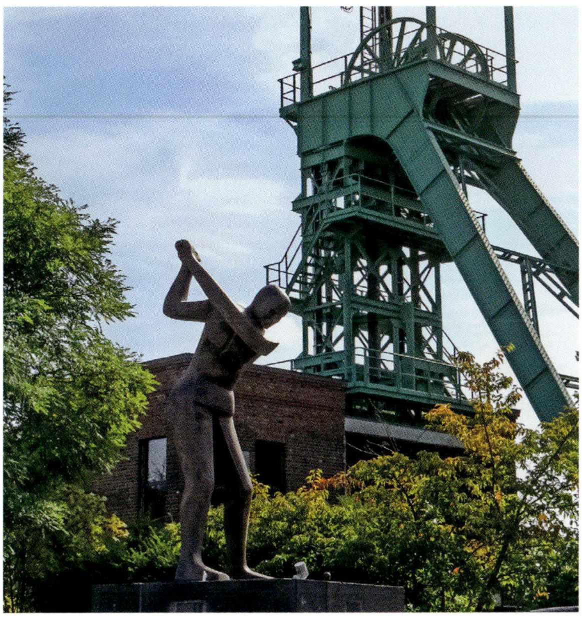

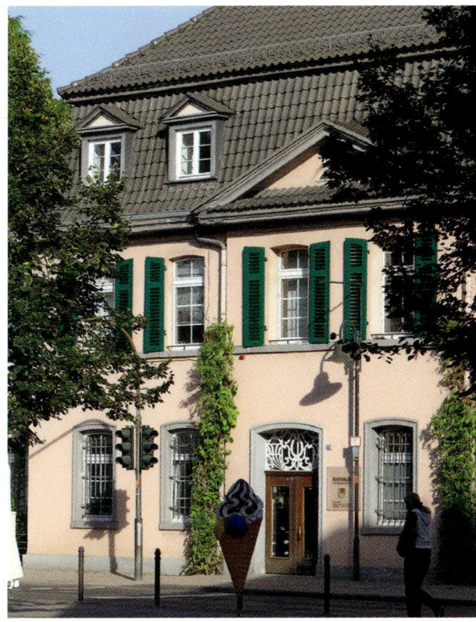

Dann ist das Dorf Lüderich erreicht, das wir an der Pferdekoppel zugunsten des waldreichen Brunsbachtals rechts liegen lassen. Der Bach rauscht ordentlich talwärts und überquert mittels eines Aquädukts eine Bahntrasse. Auf der Info-Tafel erfährt man, dass beim Tunnelbau Mitte des 19. Jahrhunderts weitere Silbererzvorkommen entdeckt wurden.
Am Hoffnungsthaler Ortsteil Blech begleiten wir den Schienenstrang, wechseln hinüber zum lauschigen Hof Brunsbach und kommen zur Sportanlage Bergsegen, die einmal Grubenstandort war, sowie zum Freibad, das früher als Klärteich diente. Unterwassergeysir und Sprudeltreppen erinnern im Bad an Bergbauzeiten. Von hier aus ist es nicht mehr weit bis zum Bahnhof.

»Sankt Barbara, du edle Braut, mein Leib und Seel sei Dir vertraut. Sowohl im Leben als im Tod, komm mir zu Hilf in aller Not.«

Gebet der Bergleute bei Grubeneinfahrt

18 Auf dem Sagenweg

Mystische Burgen und märchenhafte Schlösser

mittel | 14,1 km | 270 Hm | 4,5 Std

Tourencharakter
Waldpfade, Wirtschaftswege und Straßen

Ausgangs-/Endpunkt
Sankt-Apollinaris-Weg 1, 51789 Lindlar

Geokoordinaten
N 51°02'44.0"–E 7°25'37.4"

Anfahrt
Auto: Autobahn A 4 bis Engelskirchen, nach links auf die L 302 Richtung Lindlar/Ründeroth/B 55, nach 3,4 km links auf die Straße Neuremscheid Richtung Frielingsdorf, nach 1,8 km links auf die Montanusstraße, im Kreisverkehr die zweite Ausfahrt, dann direkt wieder rechts auf die Jan-Wellem-Straße, nach 260 m liegt rechts der Parkplatz hinter der Kirche. **Bahn/Bus:** Zug RB 25 bis Engelskirchen, weiter mit Bus 333 Richtung Lindlar, Frielingsdorf Busbahnhof, dann zu Fuß über den Kreisverkehr zur Jan-Wellem-Straße.

Karte
Wanderkarte Lindlar entdecken mit 10 Wanderrouten, 1:20 000

Information
Lindlar Touristik, Am Marktplatz 1, 51789 Lindlar, Tel. 02266 96407, www.lindlar-touristik.de

Großartige Aussichten, verwunschene Burgen mit langer Geschichte und ein Märchenschloss erwarten uns auf dem Sagenweg, der uns durch typische Wälder und Täler des Bergischen Landes und in winzige Dörfer führt.

Am Parkplatz bei der Pfarrkirche St. Apollinaris in Frielingsdorf nimmt unsere Wanderung ihren Anfang. Der ungewöhnliche Sakralbau mit dem niedrigen Turm wurde 1928 nach Plänen des bekannten Architekten Dominikus Böhm fertiggestellt. Die bemerkenswerte Parabolform der Fenster an den Seiten und am Chor setzt sich bei den tragenden Pfeilerelementen im Innenraum fort, der wie eine nach oben hin konisch zulaufende Halle wirkt.

Wir gehen auf der Jan-Wellem-Straße ein Stück Richtung Nordosten, biegen an der kleinen Parkanlage des Alten Friedhofs auf

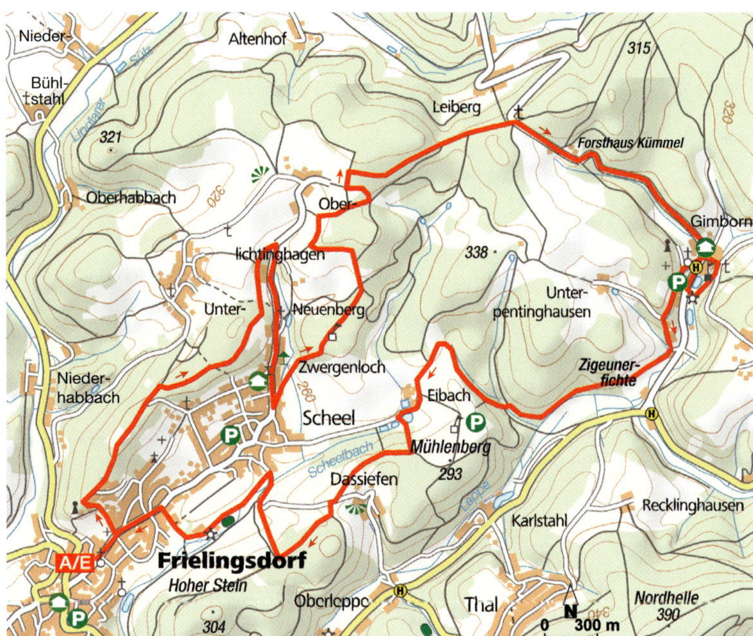

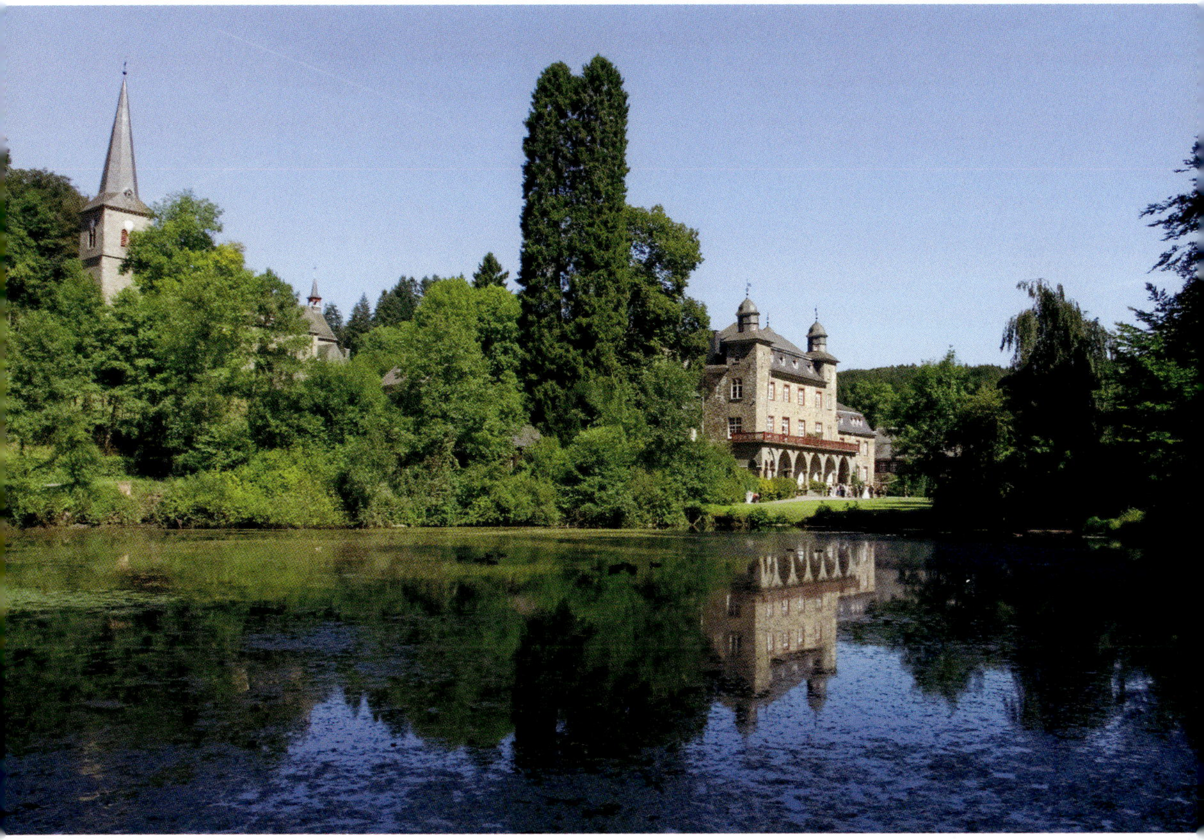

Schloss Gimborn beherbergt seit 1969 ein renommiertes internationales Informations- und Bildungszentrum.

den Weg Zur Landwehr ein und lassen das Dorf bald darauf hinter uns. Die Marschrichtung gibt uns das grüne Burgsymbol des Sagenwegs vor, der 2015 auf Initiative der Lindlar Touristik angelegt wurde. Er führt zunächst durch ein dichtes Waldgebiet um den Ortsteil Scheel herum, dem wir uns dann von Norden her wieder nähern.

Hier verlief über viele Jahrhunderte ein alter Handelsweg zwischen Leipzig und Köln, der schon während des Mittelalters als Pilgerweg nach Santiago de Compostela genutzt wurde. Zur Zwergenhöhle weist ein Holzschild nach links. Ein schmaler Pfad führt zwischen Gärten und Feldern auf einen Wald zu. Es geht bergauf

Gärten der Technik

Cross-Golf, Lama-Trekking und eine 110 m lange Doppelrutsche sind die Highlights von Metabolon. Der ungewöhnliche Freizeitpark am Entsorgungszentrum Leppe zeigt anschaulich innovative Wege zur Rückgewinnung von Rohstoffen auf. Mountain-Biker schätzen den ersten asphaltierten Pumptrack Deutschlands. www.bavweb.de/-metabolon

und wir stehen unvermittelt vor dem schmalen, dunklen Eingang einer alten Kalksteinhöhle, um die sich manche Sage rankt und die deshalb als Zwergenloch bekannt ist. Demnach lebten dort winzige Fabelwesen, die die Nähe zum Menschen nicht ertragen konnten. Weiter aufwärts ragen zwischen den Bäumen die Reste der Burg Neuenberg in die Höhe. Die Wand eines Burgturms ist noch erhalten. Ebenso fast die komplette Außenmauer, sodass wir den gesamten Burgplatz, den sich die Natur nun malerisch zurückerobert, überblicken. Vermutlich im 12. Jahrhundert erbaut, tauchte sie urkundlich erstmals 1433 auf und war im Besitz der Grafen von Berg. Die Schweden bereiteten der Festung im Dreißigjährigen Krieg ein jähes Ende. 1662 gab man sie schließlich vollends auf.

Wohnen im Schloss

Inmitten landschaftlichen Idylls gelegen, dient Schloss Gimborn heute als Hotel und Tagungszentrum. Die Zimmer sind eher einfach, das Ambiente aber fabelhaft. In den sanierten Nebengebäuden gibt es moderne Sauna- und Fitnessbereiche. Der Große Schlosssaal fungiert als repräsentativer Rahmen für Hochzeiten.
www.ibz-gimborn.de

Durch Wald, über Wiesen und Weiden gelangen wir zur höchsten Erhebung Lindlars, dem Steinberg, der uns schöne Aussichten bietet. Beim historischen Wegekreuz, das den St. Maternus-Pilgerweg zwischen Marienheide und Köln markiert, folgen wir nun der Straße ins Tal. Dabei passieren wir das markante schwarze Forsthaus Kümmel und das über 400 Jahre alte Uhu-Haus, einen versteckten Fachwerkbau, der als privates Ferienheim dient.

Bis ins Jahr 1273 reicht die Geschichte des Wasserschlosses Gimborn zurück, dessen hochherrschaftlicher Anblick uns im romantischen Tal des Gimmerbaches in seinen Bann zieht. Sein heutiges, märchenhaftes Aussehen mit Teich und Park geht auf den Beginn des 17. Jahrhunderts sowie auf spätere stilistische Umbauten zurück, die im 19. Jahrhundert abgeschlossen waren. Gleich nebenan befindet sich im Schlosshotel die dazugehörige Gastronomie.

Vorbei an der Dorfkirche St. Johannes Baptist gehen wir wieder in den Wald und laufen am Hang parallel zum Tal der Leppe, das wir in einem Seitental verlassen. Von einer Lichtung aus erreichen wir die Hofschaft Eibach mit der Ruine der Wasserburg Eibach, deren malerisch umrankte Mauerreste ihre einstige Erhabenheit erahnen lassen. 1352 erstmals urkundlich erwähnt, brannte das Gebäude kurz vor Weihnachten 1782 komplett ab, die Ruine wurde vor wenigen Jahren restauriert. Über die privat genutzte Scheeler Mühle haben wir unseren Startpunkt bald wieder erreicht.

Einst im Besitztum der Grafen von Berg, entführen die Reste der Burg Neuenberg schon seit 350 Jahren in mystische Sagenwelten.

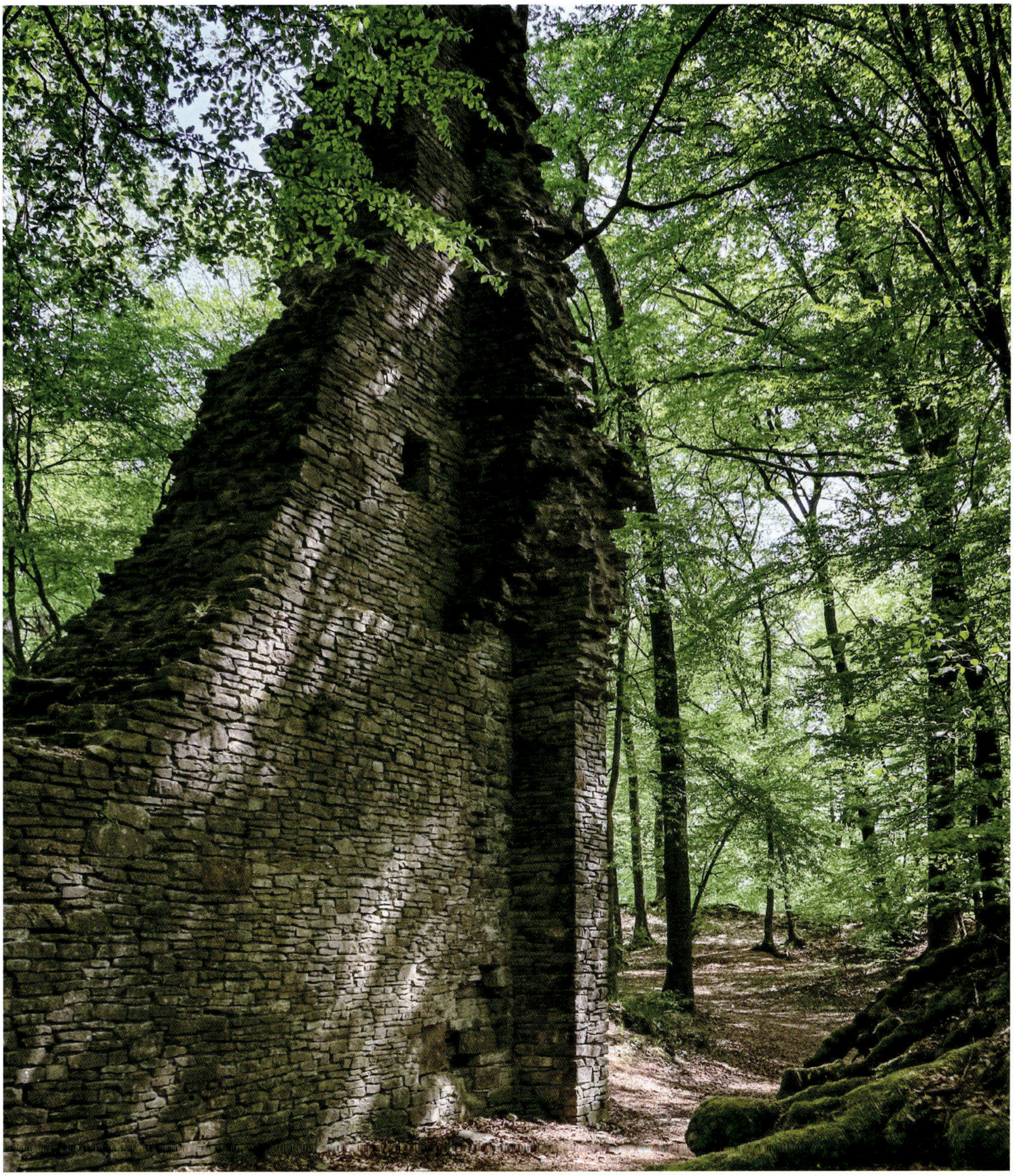

19 Der Steinhauerpfad in Lindlar

Steinreich

leicht | 6,6 km | 117 Hm | 2 Std

Tourencharakter
Waldpfade und Straßen

Ausgangs-/Endpunkt
Marktplatz, 51789 Lindlar

Geokoordinaten
N 51°01'07.9"–E 7°22'39.1"

Anfahrt
Auto: Autobahn A 4 bis Untereschbach, rechts auf die L 284 Richtung Lindlar, dann weiter auf die L 299, am großen Kreisverkehr im Zentrum die 3. Ausfahrt auf den großen Parkplatz. **Bahn/Bus:** mit Bus SB 40 von Köln Hauptbahnhof bis Lindlar Busbahnhof. Zug RB 25 bis Engelskirchen, weiter mit Bus 331 oder 332 bis Lindlar Busbahnhof.

Einkehr
Sehr gutes Restaurant im Hotel Zum Holländer an der Kölner Straße, www.hotel-zum-hollaender.de.

Karte
Wanderkarte Lindlar entdecken mit 10 Wanderrouten, 1:20 000

Information
Lindlar Touristik, Am Marktplatz 1, 51789 Lindlar, Tel. 02266 96407, www.lindlar-touristik.de

Diese kleine, gewanderte Zeitreise führt uns weit zurück in die Erdgeschichte, als das Bergische Land noch am Meer unter Palmen lag. Im hübschen Städtchen Lindlar dreht sich fast alles um die Förderung und Bearbeitung hochwertigen Gesteins.

Der recht kurze Rundweg beginnt am Lindlarer Marktplatz beim Steenkühler Brunnen, der 2002 aufgestellt wurde und an die mühevolle Frühzeit des Abbaus von Grauwacke erinnert. Das sandfarbene bis graue Gestein entstand durch Ablagerungen einer tropischen Meeresküste, die hier vor gut 390 Millionen Jahren lag. Schon im Mittelalter begann man mit dem Abbau des Steins, der vornehmlich zum Hausbau verwendet wurde, sehr schön sichtbar im Turm der Lindlarer St. Severin Kirche aus dem 12. Jahrhundert. Auch heute wird Grauwacke verarbeitet, z. B.

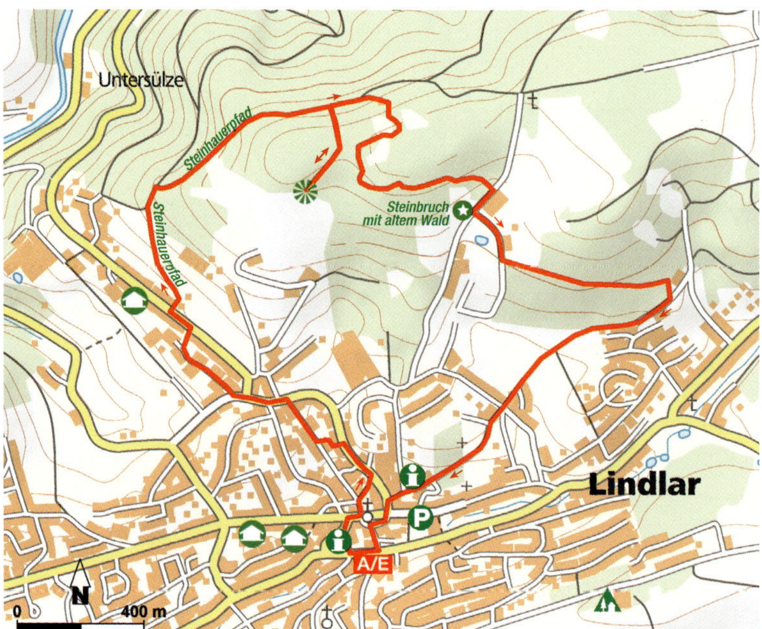

für Bodenplatten auf den Flughäfen von Frankfurt/Main oder Dubai.

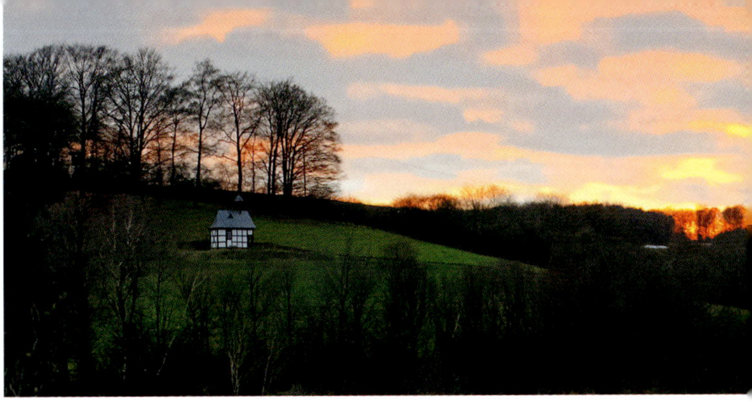

Heute noch genutzt wird der Steinbruch im Bergbaugebiet am Brungerst im Norden Lindlars, das wir auf unserer Wanderung entlang des Bergischen Streifzuges 8, des Steinhauerpfades mit den roten Wegmarkierungen, teilweise umrunden. Eine Info-Tafel erläutert die große wirtschaftliche Bedeutung des gefragten Gesteins für die Region. Wir passieren St. Severin, gehen durch eine kleine Parkanlage, bis wir das Ende der Bahnhofstraße erreichen. Die Eisenbahn gibt es seit den 1970er-Jahren nicht mehr, dafür aber noch das alte Bahnhofsgebäude, das zu einer Spedition gehört. Hier berichtet eine Info-Tafel über die Geschichte der Sülzbahn, die von Köln aus ab 1912 auch nach Lindlar fuhr.

Der Nachbau der kleinen Barock-Kapelle von Rösrath-Hellenthal liegt etwas abseits auf dem Gelände des Bergischen Freilichtmuseums.

Hinter dem Ort führt ein schmaler Pfad bergan. Auf der rechten Seite liegt schon der Rand eines Steinbruchs, wie unschwer an den Gesteinsresten zwischen den Bäumen zu erkennen ist. Ein Künstler hat einige davon mit Motiven versehen, die an skandinavische Runenzeichnungen erinnern. Gleich mehrfach gibt die Routenführung Gelegenheit, über den stillgelegten Steinbruch zu blicken. Verschlungen windet sich der Weg durch eine fast urwaldähnliche Landschaft, führt auf und ab zwischen Steinen und Wurzeln hindurch und vorbei an Mauerresten uralter Arbeiterhäuser.

Kunstvoll geschliffene Steine säumen manche Stelle am Wegesrand. Wir erreichen eine Straße am noch genutzten Steinbruch. Durch die Bäume fällt der Blick auf eine Gesteinswand, in der man versteinerte Wälder entdeckt hat. Die Wand kann auf geführten Wanderungen der Lindlar Touristik besucht werden, die auch die Suche nach Fossilien einschließen. Durch ein Waldstück und quer über den Lindlarer Friedhof kommen wir wieder zum Ausgangspunkt zurück.

Bergische Kulturgeschichte

Das Bergische Freilichtmuseum bewahrt die handwerklichen und landwirtschaftlichen Traditionen. Dazu wurden historische Gebäude aus der Region von Seilerei bis Schmiede und Gasthaus authentisch in typischer Hügellandschaft wieder aufgebaut. Sehr schön ist der weihnachtliche Markt am 2. Advent.
www.freilichtmuseum-lindlar.lvr.de

20 Bierweg Wiehl

Von der Quelle bis zum Fass

mittel	13,3 km	235 Hm	4 Std

Tourencharakter
Strecke auf Straßen und Waldwirtschaftswegen

Ausgangs-/Endpunkt
Wanderparkplatz Steinacker

Geokoordinaten
N 50°56'10.9"–E 7°31'11.1"

Anfahrt
Auto: Autobahn A 4 bis Bielstein, rechts auf die L 302 bis in den Ort, rechts auf die Weiershagener Straße und dann die Bielsteiner Straße, am Ort vorbei rechts auf die L 95 Bechstraße, nach 1,8 km hinter Steinacker links auf den Parkplatz am Friedhof. **Bahn/Bus:** von Köln mit der Regionalbahn 25 bis Dieringhausen, vom Bahnhof mit dem Bus 302 Richtung Waldbröl bis Bielstein Busbahnhof, von hier mit Bus 312 Richtung Waldbröl bis Haltestelle Bielstein-Steinacker.

Einkehr
Haus Kranenberg, Bielsteiner Str. 92, 51674 Wiehl/Bielstein, www.haus-kranenberg.de

Karte
Wanderkarte 4, Das Bergische, 1:25 000

Information
Wiehl-Touristik, Bahnhofstr. 1, 51674 Wiehl, Tel. 02262 99 195, www.wiehl.de

Gleich zwei Brauereien säumen den Bierweg über grüne Höhen, durch Wälder und das weitläufige Tal zwischen den Orten Steinacker und Bielstein an den Ufern des Flüsschens Wiehl. Damit bieten sich ideale Bedingungen zum Durstlöschen während der Wanderung.

Der Parkplatz an der Mühlener Straße am Ortsausgang von Steinacker ist der Ausgangspunkt unserer Wanderung, die auf der markierten Route 17 der Bergischen Streifzüge verläuft. Diese beschäftigt sich auf insgesamt sieben Info-Tafeln mit der Bierherstellung, dem Reinheitsgebot aus dem Jahr 1516 und den vielfältigen Möglichkeiten, aus Gerste, Hopfen und Wasser süffiges Kölsch, Pils oder Alt zu brauen.

Wir durchqueren ein langgezogenes Forstgebiet und erreichen am Rande des Weilers Faulmert Wiesen- und Weideflächen sowie den Bergischen Panoramasteig, der später nochmals für eine Weile unser Begleiter sein wird. Weit reicht der Blick über die Talsenke und die Dörfer Börnhausen und Mühlen. In Hengstenberg schwenken wir talwärts nach links an einem Waldstück entlang, das wir nach rechts durchqueren, bevor wir ins Dorf Linden kommen.

Fast an der Talsohle weist eine Info-Tafel auf die Quelle hin, die die Bielsteiner Erzquell Brauerei für ihre Produktion nutzt. Das

Bielsteiner Wohnzimmer

In der Traditionsgaststätte Haus Kranenberg mitten in Bielstein wurde 1900 das erste Bier gebraut und damit der Status des Bierdorfs begründet. Erlebnisgastronomie im klassischen Brauhaus-Ambiente des Bielsteiner »Wohnzimmers« lautet das Credo des Pächters Christian Kahl, der mit traditionell bergischer Küche begeistert. www.haus-kranenberg.de

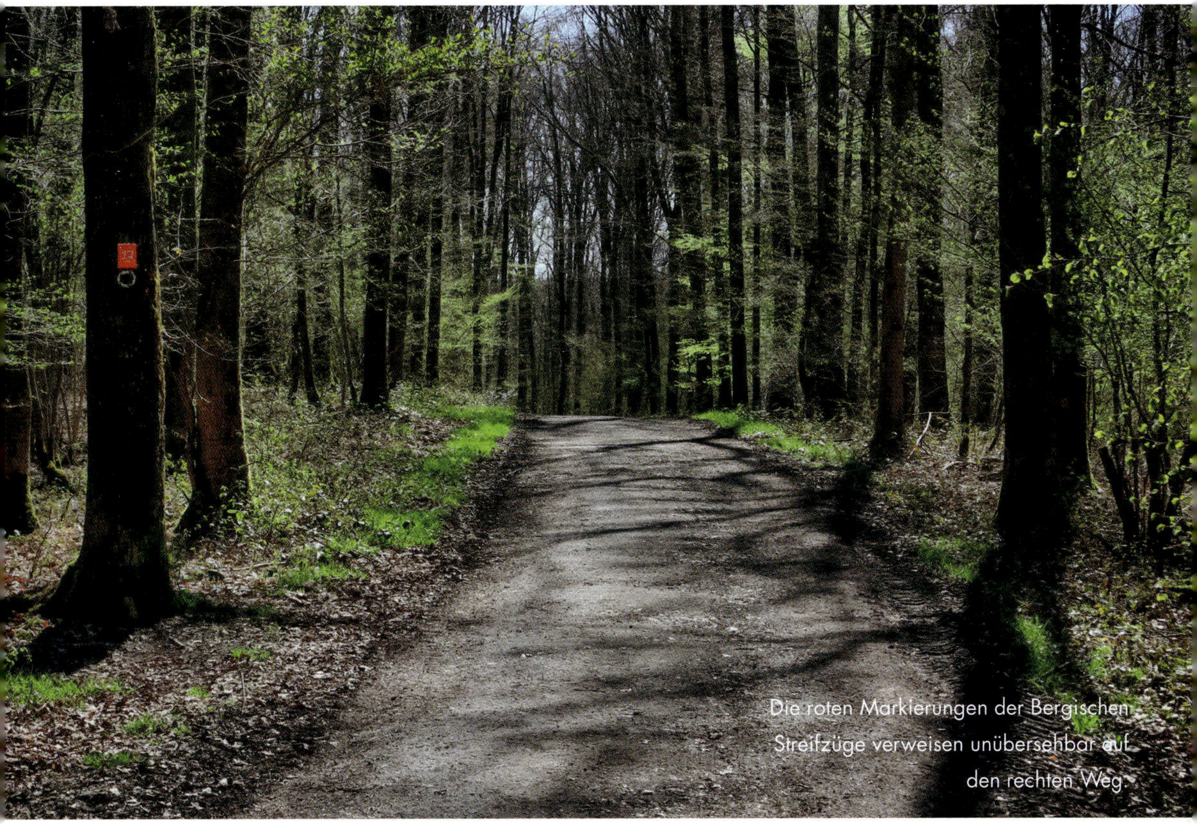

Die roten Markierungen der Bergischen Streifzüge verweisen unübersehbar auf den rechten Weg.

Wasser ist hier besonders weich und damit bestens geeignet für das Brauen von hellen Bieren. Wasser stellt mit über 90 % den weitaus bedeutungsvollsten Anteil eines jeden Bieres dar. Leicht saures Wasser wie das der Bechbachquelle in Linden ist dabei von Vorteil, da es die Enzyme im Malz am besten bei der Umwandlung von Stärke in Zucker unterstützt.

Der Verlauf des Bechbaches bestimmt unseren weiteren Weg, bis Bielstein vor uns liegt. Wir passieren die alte, nun privat genutzte Repschenrother Mühle von 1575, deren Mühlrad nicht von der vorbeifließenden Wiehl angetrieben wurde, sondern von einem extra dafür angelegten Mühlteich. Am Beginn der Bielsteiner Straße, die durch

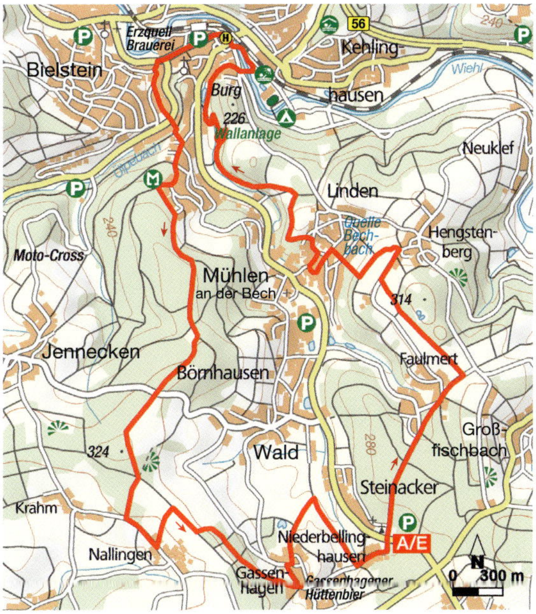

das lebhafte Ortszentrum führt, steht das hölzerne Fass, das Bielstein als Bierdorf ausweist.

Auf der anderen Seite befindet sich die Erzquell Brauerei. Sie wurde 1900 als Adler Brauerei gegründet und bescherte dem Industriellen Ernst Kind einen wirtschaftlich erfolgreichen Neuanfang, just an gleicher Stätte, an der zuvor seine unrentable Spinnerei und Reißerei angesiedelt war. Hochmodern präsentieren sich die Brauanlagen heute, die montags bis donnerstags auf Führungen besichtigt werden können. Dazu gehört natürlich auch die Verkostung der verschiedenen Biere.

Steter Tropfen

Zufällig 1860 bei Sprengungen im Kalksteinbruch entdeckt, kann die Tropfsteinhöhle von Wiehl seit 1927 besichtigt werden. In ihr herrscht eine gleichbleibende Temperatur von 8° Celsius. In einer der Grotten können sich Paare 30 m tief unter der Erde zwischen Stalaktiten und Stalagmiten standesamtlich trauen lassen.
www.waldhotel-wiehl.de

Im Dorf Damte lohnt ein Abstecher ins Heimat- und Kuhstallmuseum des Ernst Birkholz, der seit 1994 seine kulturhistorische Sammlung mit Dokumenten und Objekten aus der Region Ober-

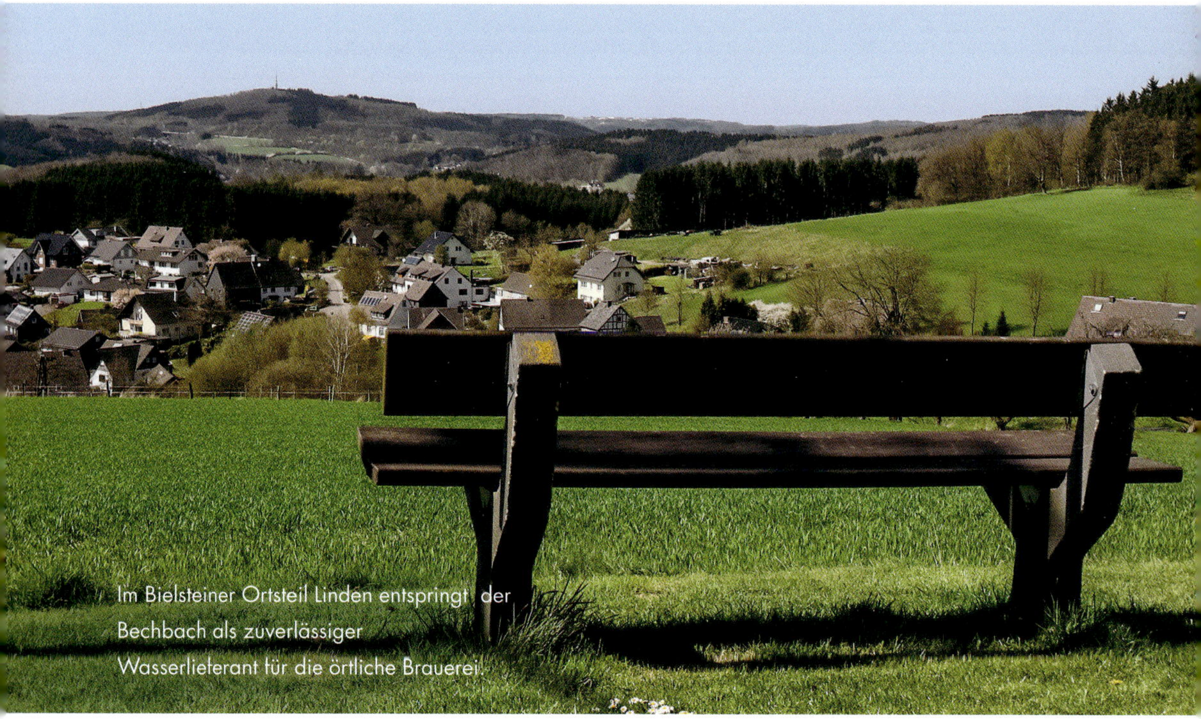

Im Bielsteiner Ortsteil Linden entspringt der Bechbach als zuverlässiger Wasserlieferant für die örtliche Brauerei.

berg nach Voranmeldung für Besucher zugänglich macht. Wieder tauchen wir in den schattigen Wald ein und passieren die Dörfchen Krahm und Nallingen. Unterwegs gibt es immer wieder nette Ausblicke in die hügelige, waldreiche Landschaft. Schließlich ist der kleine Weiler Gassenhagen erreicht und hier erwartet uns am kleinen Hopfengarten ein ganz besonderes kulinarisches Schmankerl, das Gassenhagener Hüttenbräu.

»Das erste Bier sah etwas dunkler aus, zwischen Alt und Pils, so wie Tee, Schwarzer Tee, aber es schmeckte.«

Beate Krimmel, Gattin des Hobby-Bierbrauers

Uwe Krimmel heißt hier der Braumeister, der 2004 aus einer Probierlaune heraus mit dem Brauen eigenen Bieres begann. Dem erfolgreichen Versuch folgten weitere, aus denen mittlerweile im heimischen Keller eine Produktion von bis zu 300 l Gerstensaft entstand. Dabei scheut sich Krimmel auch nicht vor kreativen Experimenten. Der Geschmack seines Hüttenbräus, der irgendwo zwischen Pils und Kölsch angesiedelt ist, gefällt. Man kann das Bier an Sommerwochenenden direkt im Biergarten verkosten, wobei sich eine Voranmeldung empfiehlt. Nur wenig später ist der Ausgangspunkt des Weges erreicht.

Das Wasser des Bechbachs ist leicht sauer und damit perfekt zur Bierherstellung geeignet.

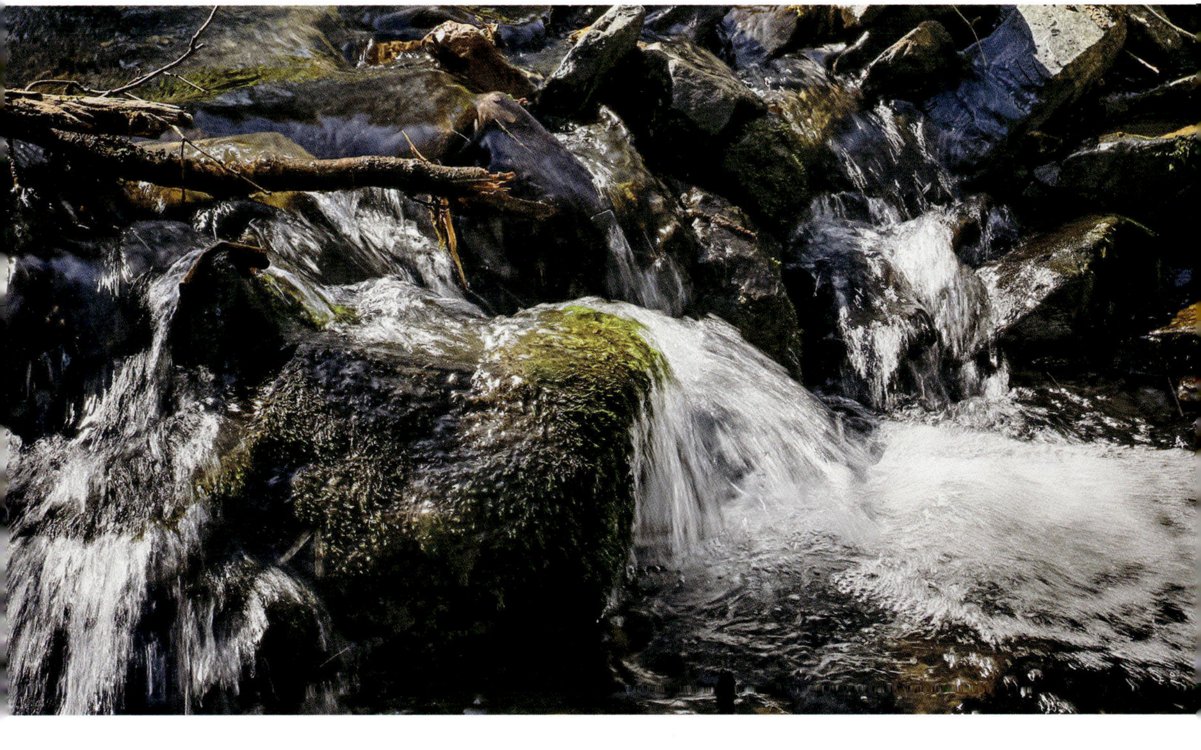

21 Klangpfad Nümbrecht

Die Stimmen der Natur im Homburger Ländchen

leicht | 10,6 km | 204 Hm | 3,25 Std

Tourencharakter
Waldpfade, Wirtschaftswege und wenig befahrene Straßen

Ausgangs-/Endpunkt
Parkplatz Schloss Homburg, Schloßstraße 1

Geokoordinaten
N 50°54'53.1"–E 7°32'20.9"

Anfahrt
Auto: Autobahn A 4 bis Gummersbach, auf die L 305 Richtung Wiehl/Nümbrecht, weiter auf die L 336, im Kreisverkehr in Wiehl rechts und im nächsten Kreisverkehr links auf die Homburger Straße L 320, nach 3,8 km links auf die Schloßstraße, nach 800 m rechts.
Bahn/Bus: mit dem RB 25 bis Dieringhausen, mit dem Bus 302 Richtung Waldbröl bis Haltestelle Nümbrecht, Holsteinsmühle und noch 300 m zu Fuß.

Einkehr
Holstein's Mühle, Holsteinsmühle 1, 51588 Nümbrecht

Karte
Wanderkarte 3, Das Bergische, 1:25 000

Information
Tourist-Information, Hauptstraße 16, 51588 Nümbrecht, Tel. 02293 302 302, www.nuembrecht.de

Verschiedene Geräuscherlebnisse in Feld und Wald begleiten unsere Wanderung, die uns inmitten lieblicher Landschaftseindrücke und lauschiger Dörfer auf ein Schloss und auf einen ikonischen Aussichtsturm führt.

Zu Füßen des eindrucksvollen Schlosses Homburg beginnen wir die Tour auf dem Bergischen Streifzug 21, dem Klangpfad, dem wir weitestgehend folgen. Weithin sichtbar überragt der zitronengelbe Schlossturm als regionales Wahrzeichen das nach seinem früheren Besitzer, dem Grafen von Sayn-Wittgenstein-Homburg, benannte »Homburger Ländchen«. Obwohl die erste urkundliche Erwähnung erst 1276 erfolgte, vermutet man, dass es schon im 11. Jahrhundert eine Befestigung auf dem Burgberg gab. Sein heutiges barockes Erscheinungsbild verdankt Schloss Homburg den letzten Umbauten im 17. Jahrhundert. Im Jahr

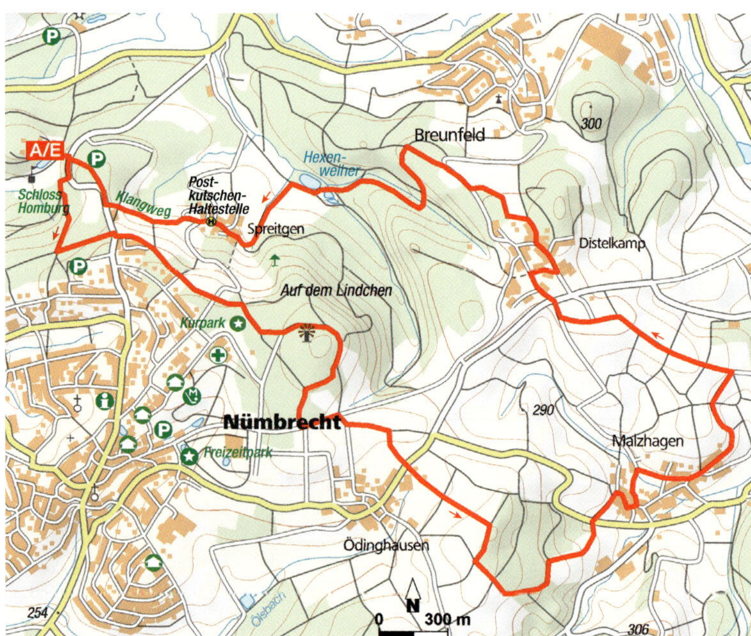

2014 wurde mit dem Foyer ein modernes Ausstellungs- und Konferenzzentrum geschaffen. Es fördert den kulturellen Dialog und ergänzt die Möglichkeiten, die das historische Museum im Schloss bietet. Man erweiterte zudem die ehemalige Zehntscheune, das »Rote Haus«, zur Biologischen Station mit Landschaftshaus und Grünem Klassenzimmer, einer interaktiven

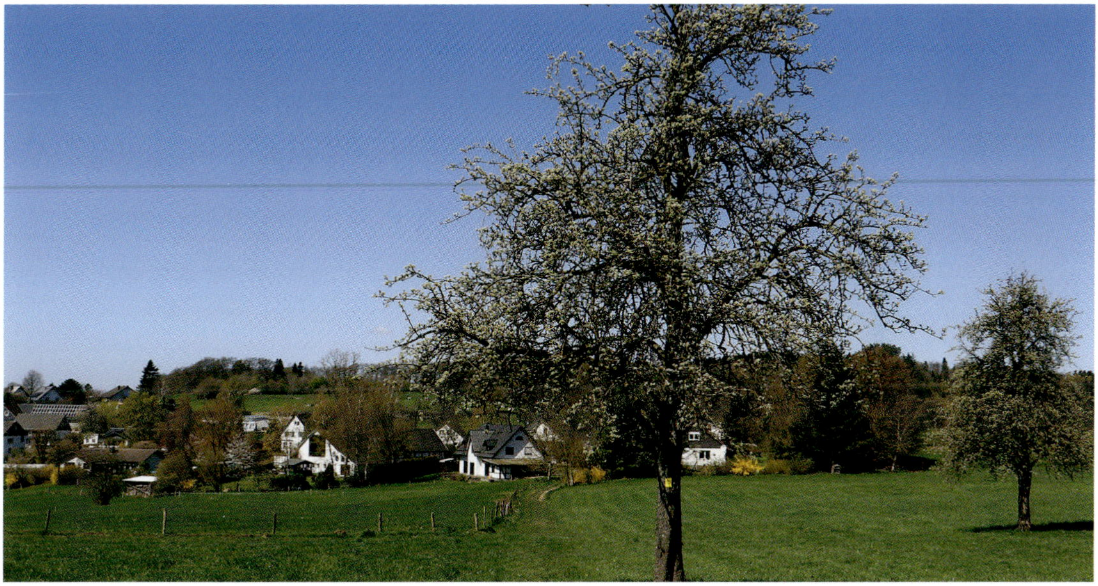

In Ödinghausen führt der Weg mitten über die Wiesen, nur markiert von einem einzelnen, alten Baum.

Natur- und Geologieausstellung. Zum Gebäudeensemble um Schloss Homburg gehört ferner die alte Sägemühle aus dem 19. Jahrhundert, die auch als Getreidemühle fungierte. Im Sommer kann man in der Museumsbäckerei Backwaren aus dem Steinofen erwerben.

Nach dem Schlossbesuch studieren wir die erste Info-Tafel, die uns allgemein mit der Welt von Schall, Tönen und Klang vertraut macht. So machen wir uns auf den Weg durch den Wald, folgen bergauf der roten Markierung des Bergischen Streifzuges und lauschen dabei den Geräuschen des Waldes, dem Vogelgezwitscher, dem Schnarren des Eichelhähers

Tafeln in der Mühle

Bis 1969 mahlte und sägte man in Holstein's Mühle im Homburger Bröltal, deren Geschichte bis ins 11. Jahrhundert zurückreicht, dann wurde sie zum Gasthaus umgebaut. Mahlwerke und Maschinen integrierte man liebevoll in die rustikale Gaststube. Auf einer heißen Eisenplatte serviertes Fleisch ist die Spezialität des Hauses.
www.holsteinsmuehle.de

und dem Klopfen des Spechtes am Baum. Es geht nach links weiter zur nächsten Tafel, die uns den komplexen Aufbau des menschlichen Ohres näherbringt. Wer sich traut, legt den Kopf in den Summstein und hört auf die Wirkung, die der hohle Steinkörper erzeugt. Wir überqueren die Straße und genießen die Aussichten des Höhenweges am Ortsrand Nümbrechts über Wälder, Weiden und Täler. Hühner gackern unsichtbar hinter einer Hecke, Schafe und Lämmer blöken in der Ferne.

Am Abzweig nach rechts wartet ein Baumxylophon auf den nächsten Spieler, der den erstaunlichen Klangkörper mit den unterschiedlich langen Hölzern zum Vibrieren bringt. Dunkle Töne erklingen und verhallen allmählich zwischen den Bäumen.

154 Stufen führen in 346 m Höhe über dem Meeresspiegel auf den Aussichtsturm Auf dem Lindchen. Die Mühsal des Aufstiegs belohnen einmal mehr wunderbare Blicke bis weit ins Land. Wo genau man hinschaut, erklären Tafeln am Geländer auf der obersten Plattform. Am Fuß des Turms gibt es eine Möglichkeit zur Einkehr im Turmstübchen.

Hinter Info-Tafel C folgen wir den gelben Schildern des Bergischen Panoramasteigs, der uns über Weiden zum Dorf Oedinghausen führt. Dort gehen wir querfeldein und passieren einen einzelnen Baum. Ein weißer Punkt markiert nun unseren Weg durch den Wald und in die beschauliche Idylle des Ortes Malzhagen. Wir lassen Bruch rechts liegen und kommen hinter den Pferdewiesen nach Distelkamp. Dahinter tauchen wir wieder in den Wald ein, der uns in langen, aber engen Kurven in das Tal des Spreitger Baches leitet.

Am verwunschenen Hexenweiher treffen wir wieder auf den Weg 21. Es geht bergauf in die Hofschaft Spreitgen, in der es eine Haltestelle für Postkutschen gibt, die während des Sommers mit Hufgetrappel von Nümbrecht aus verkehren. Deutschlands einzige Postillionin versieht dabei auf dem Kutschbock ihren ehrenvollen Dienst. Im Wäldchen an der Schloßstraße gibt uns das weiße Dreieck den Weg zurück zum Schloss vor.

Umstrittenes Wahrzeichen

Als der Säulenbrunnen des Bildhauers Michael Schwarze zur Landesgartenschau 1974 im Nümbrechter Kurpark eingerichtet wurde, gab es heftige Diskussionen um die vermeintlichen anatomischen Studien. Doch die tiefe Symbolik der Figuren und Darstellungen, die für Freiheitsdrang, Schönheit, Fruchtbarkeit, Fortschritt und Schaffenskraft stehen, überzeugte letztlich.

Rechte Seite: Schloss Homburg gilt als eines der markanten Wahrzeichen des Bergischen Landes. Im Sommer ist es Schauplatz vielfältiger kultureller Veranstaltungen.

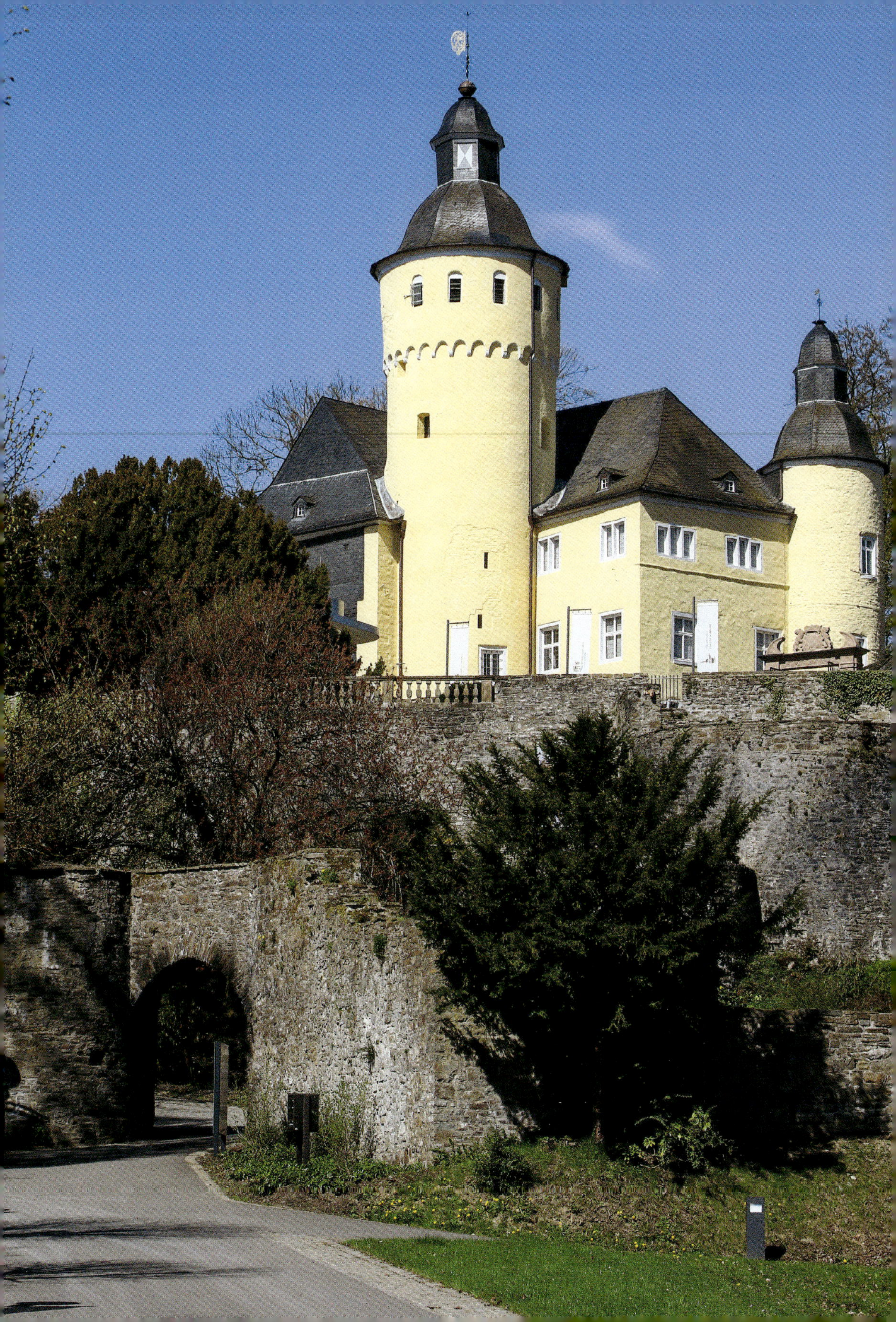

22 Waldmythenweg Waldbröl

Geheimnisse des Waldes

mittel | 12,8 km | 145 Hm | 4 Std

Tourencharakter
Waldpfade, Wirtschaftswege und wenig befahrene Straßen

Ausgangs-/Endpunkt
Vierbuchermühle, 51545 Waldbröl

Geokoordinaten
N 50°50'29.6"–E 7°38'08.4"

Anfahrt
Auto: Autobahn A 4 bis Reichshof, dann links auf die B 256 Richtung Waldbröl, am Ortsanfang von Waldbröl im Kreisverkehr 3. Ausfahrt auf die L 324, nach 800 m rechts auf die Siegener Straße, nach 600 m links auf die Westerwaldstraße, nach 2,1 km rechts auf die Schnörringer Straße, nach 550 m links, dann noch 1,8 km bis Vierbuchermühle.
Bahn/Bus: mit dem RB 25 bis Dieringhausen Bahnhof, dann Bus 302 bis Waldbröl Busbahnhof, weiter mit Bus 342 nach Windeck, Schladern bis Waldbröl, Spurkenbach-Panarbora und dort in den Weg einsteigen.

Karte
Wanderkarte 5, Das Bergische, 1:25 000

Information
Wir für Waldbröl GmbH
Hochstraße 11, 51545 Waldbröl, Tel. 02291 909 9808
www.wir-fuer-waldbroel.de

Wälder und Weiden bestimmen den Charakter der oberbergischen Landschaft rund um das 1131 erstmals erwähnte Waldbröl. Wir streifen auf unserer Wanderung durch Laub- und Nadelwald und streben im Panarbora-Park in die Wipfel und sogar noch höher hinaus.

Der kleine Waldbröler Ortsteil Vierbuchermühle liegt verträumt und idyllisch im waldreichen Tal des Schnörringer Baches. Im Jahr 1576 fand die Hofschaft um die Vierbucher Mühle erstmals Erwähnung als Besitzstand der Grafen von Homburg. Die kleinen und etwas größeren Mühlräder, die hier heute klappern, haben jedoch keinen wirtschaftlichen Nutzen mehr. Sie drehen sich vielmehr zur Augenweide der Ausflügler und der Angler am Fischweiher. Im Restaurant des Hotels Haus am Mühlenberg wird bestens für das leibliche Wohl gesorgt.

Trödel mit Tradition

Im Jahr 1851 durften die Bauern der Region erstmals ihr Vieh auf dem dafür eingerichteten Waldbröler Viehmarkt verkaufen. Darauf geht der Krammarkt zurück, der zunächst keine Bedeutung hatte, jetzt aber die Hauptrolle spielt. So finden sich an jedem zweiten Donnerstagvormittag über 200 Händler in Waldbröl ein.
www.wir-fuer-waldbroel.de

Alljährlich Ende September findet auf dem Platz vor dem Gasthaus ein Oktoberfest-Wochenende statt, bei dem auch eine bergische Variante der Highland Games ausgerichtet wird, mit Mannschaftsspielen um Kraft und Geschicklichkeit. Hier nimmt unser Weg auf dem Bergischen Streifzug 23 mit den roten Markierungen seinen Ausgang. Thematisch beschäftigt er sich mit dem

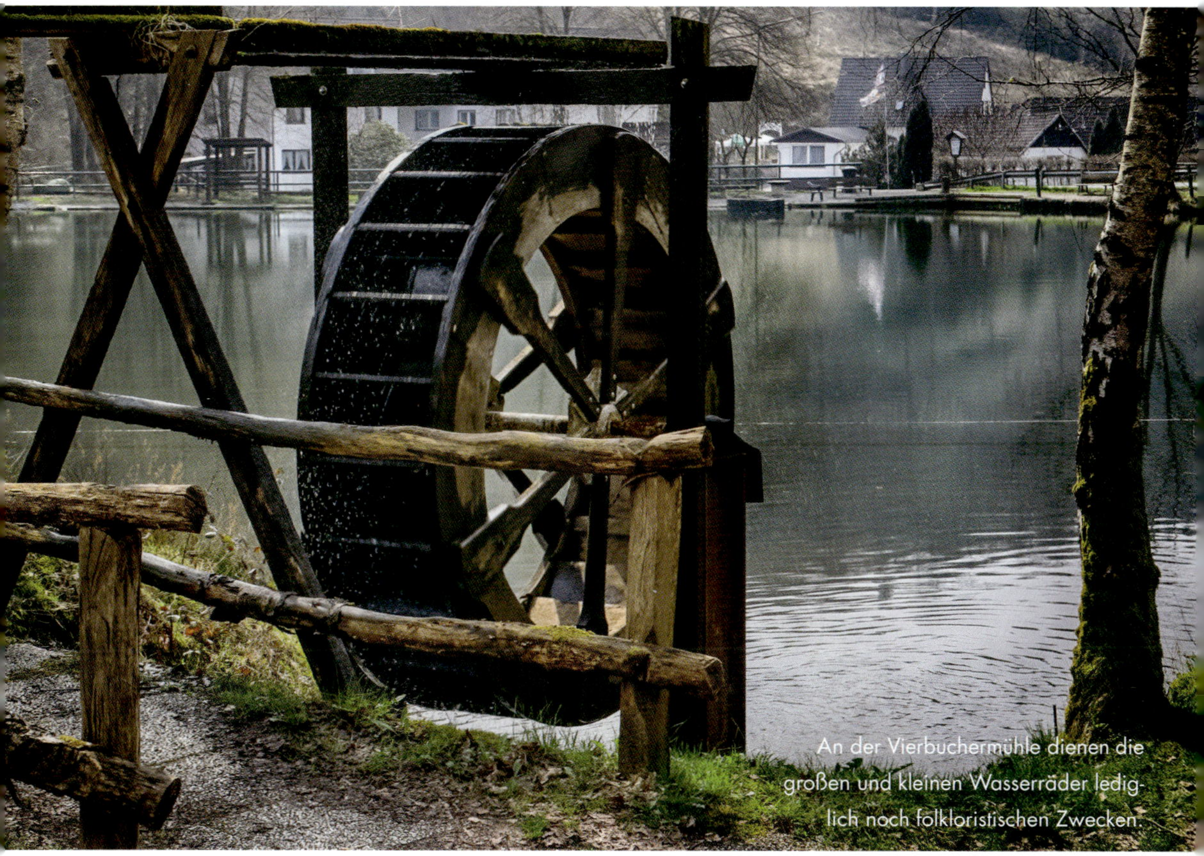

An der Vierbuchermühle dienen die großen und kleinen Wasserräder lediglich noch folkloristischen Zwecken.

lebendigen Mythos des Waldes, der mit seiner Undurchdringlichkeit selbst für den modernen Menschen noch mancherlei Geheimnisse birgt.

Nicht ohne Grund spielt er in vielen Sagen und Märchen, in Geschichten und Legenden eine gewichtige Rolle, wie uns die diversen Info-Tafeln des Bergischen Wanderlandes entlang des Weges vermitteln. An acht Audio-Stationen bringen uns reale wie fiktive Waldbewohner von Robin Hood über Elfen bis zu Druiden ihre ganz persönlichen Ansichten zu Gehör. Mittels einer Kurbel kommt die Akustik in Gang und mischt sich mit den oft leisen, mitunter aber auch sehr lauten Tönen des Waldes.

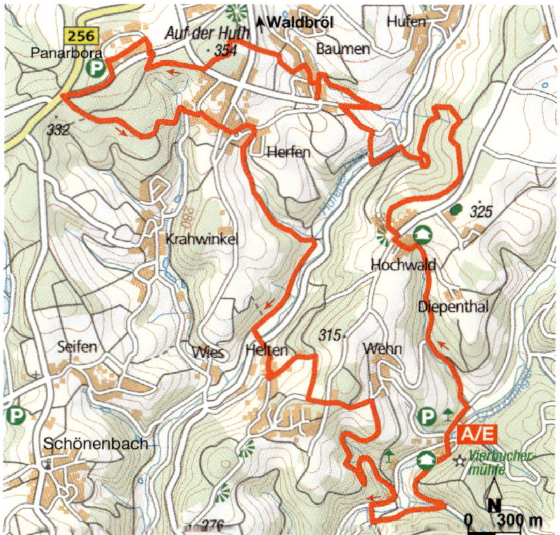

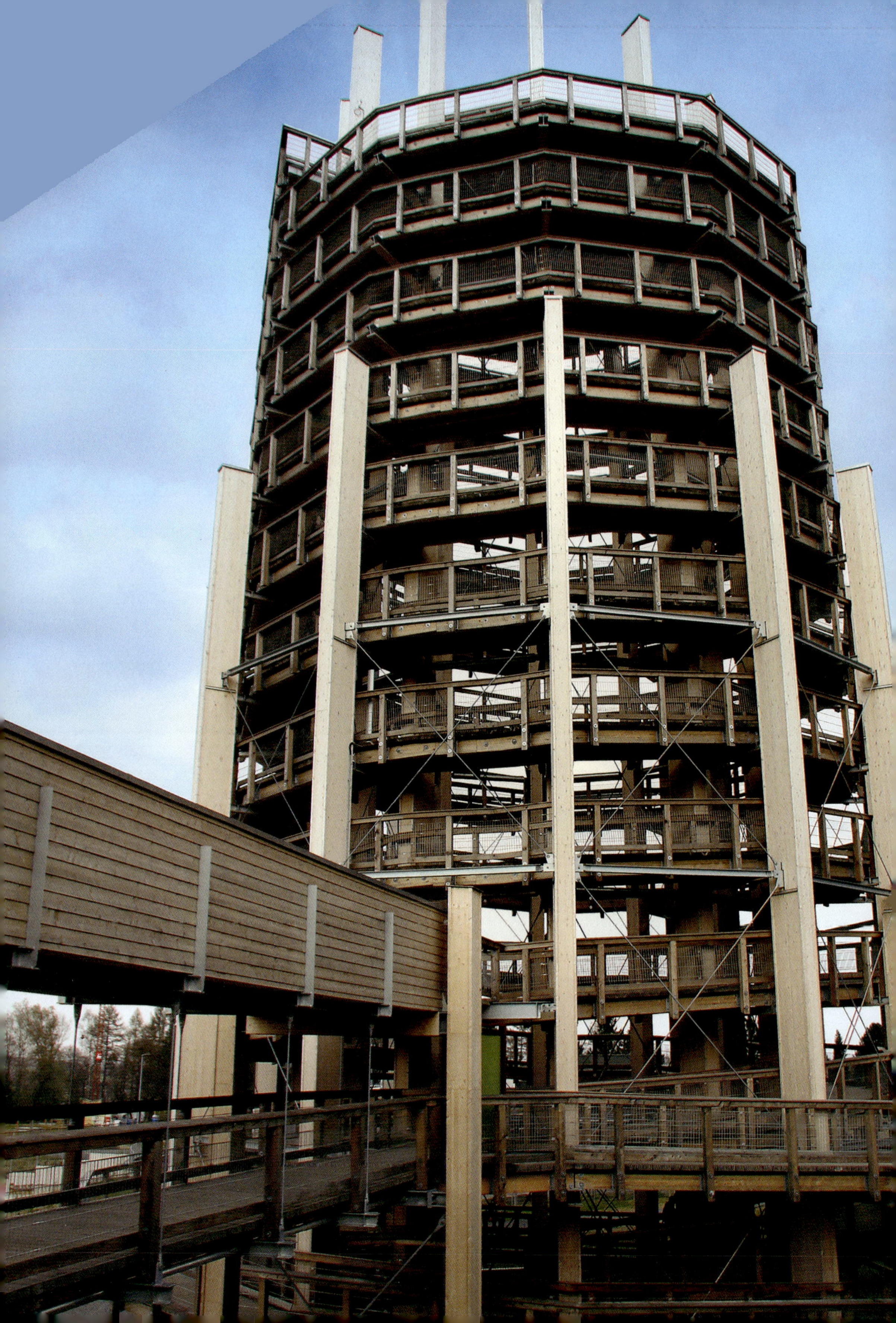

Linke Seite: Aus luftiger Höhe von gut 40 m bietet der Panarbora-Aussichtsturm faszinierende Ausblicke weit über das Bergische Land.

Wir gehen zunächst auf einem Forstweg bergan und erreichen das Dörfchen Hochwald, das uns eine schöne Aussicht über Wiesen und Wälder bietet. Danach empfängt uns ein dichter Nadelwald. Das Wechselspiel von Licht und Schatten zwischen den Stämmen und Ästen erzeugt eigentümliche Bilder, untermalt von Vogelgezwitscher und leisem Rascheln auf dem dichten, dunklen Waldboden.

Im Pochetal lichtet sich das Dunkel wieder. Baumener und Hufener Bach fließen hier fröhlich plätschernd zusammen. Über den Streuobstwiesen mit altem Baumbestand gibt die Feldlerche ein Solokonzert. Wir passieren den Weiler Baumen und erreichen am Rande von Herfen den nächsten Forst, der an den Naturerlebnispark Panarbora angrenzt. Seit Herbst 2015 gibt es hier einen 40 m hohen, hölzernen Aussichtsturm, der exzellenten Weitblick beschert. Interessant ist auch ein Spaziergang über den Baumwipfelpfad, der unsere Wanderung um gut 1,6 km verlängert, uns aber ungewohnte Einblicke auf Höhe der Baumkronen vermittelt. Selbst das Rauschen der Bäume im Wind klingt hier anders. Auf dem Panarbora-Gelände lädt ein modernes Restaurant zur Einkehr, darüber hinaus stehen Spielplätze, ein Sinnesparcours und ein von Hecken gesäumter Irrgarten zur Erkundung bereit. Übernachtungsmöglichkeiten bieten die Jugendherberge und sogar einige Baumhäuser.

Eines der schönsten Dörfer

Vermutlich schon um 900 gegründet, findet das bezaubernde Dörfchen Wilkenroth nördlich von Waldbröl erstmals 1436 urkundliche Erwähnung. Seit 1973 ist es beim Landeswettbewerb »Unser Dorf soll schöner werden« nahezu permanent in der Spitzengruppe zu finden und immer einen Besuch wert. www.wilkenroth.de

»Der Wald und die Natur auf diesem Wanderweg ist so vielfältig und abwechslungsreich, es gibt so viele magische Orte, Orte der Stille, Orte zum Verweilen ...«

Anja Braun und Olaf Wirths, Wegpaten des Bergischen Streifzuges 23

Nach dem Exkurs tauchen wir wieder in den Wald ein, passieren Herfener Dorfidyll und sind entlang der Obstwiesen und durch ein Waldstück bald im Pochetal angelangt. Dort folgen wir durch die Auwiesen dem Verlauf des Hufener Baches, den wir überqueren, dann wandern wir aufwärts durch das Dorf Heiten. Hinter den Pferdeställen geht es zwischen Weiden stetig bergan, bis der nächste Wald erreicht ist, den wir auf gewundenen Pfaden durchmessen. Schließlich kommen wir zum Schnörringer Bach, dessen Ufer wir wieder zurück nach Vierbuchermühle folgen.

23 Auf dem Morsbacher Baumweg

Hoch hinaus

leicht | 6,5 km | 165 Hm | 2 Std

Tourencharakter
Strecke im Ort und auf Waldwegen

Ausgangs-/Endpunkt
Parkplatz Am Rathaus

Geokoordinaten
N 50°51'50" –E 7°43'46"

Anfahrt
Auto: Autobahn A 4 bis Morsbach, der Beschilderung Morsbach folgen, im Kreisverkehr die 2. Ausfahrt nehmen und direkt rechts abbiegen auf den Parkplatz am Rathaus.
Bahn/Bus: von Köln mit der RE 9 in Richtung Siegen bis Bahnhof Wissen, dann Bus 347 bis zum Busbahnhof Morsbach direkt am Rathaus (sonntags Taxibus).

Einkehr
Im Ort gibt es verschiedene gastronomische Angebote von Eiscafé bis Restaurant, empfehlenswert ist das Restaurant Rolandsburg, Bahnhofstraße 51, www.restaurant-rolandsburg.de.

Karte
Wanderkarte 3, Das Bergische, 1:25 000

Information
Gemeinde Morsbach, Bahnhofstr. 2, 51597 Morsbach, Tel. 02294 6990, www.morsbach.de

Die Vielfalt des Waldes rund um das Städtchen Morsbach steht im Fokus der Wanderung, die zudem tolle Aussichten zu bieten hat. Im Schatten der romanischen Basilika und zwischen den hübschen Fachwerkhäusern der Oberstadt locken originelle Wasserspiele zur Besichtigung.

Der Parkplatz am Rathaus ist der Startpunkt der Tour, die uns auf den acht Info-Tafeln des Bergischen Streifzuges 24 mit Wissenswertem rund um das Thema Baum und Holz versorgt. Die Maus des Westdeutschen Rundfunks richtet sich dabei mittels einfacher Fragestellungen, Quizaufgaben und kurzweiliger Rätsel an den wandernden Nachwuchs. Dass aber eine Buche etwa 20 000 Blätter trägt, das wissen auch die meisten Großen erst nach der Lektüre der Texte.

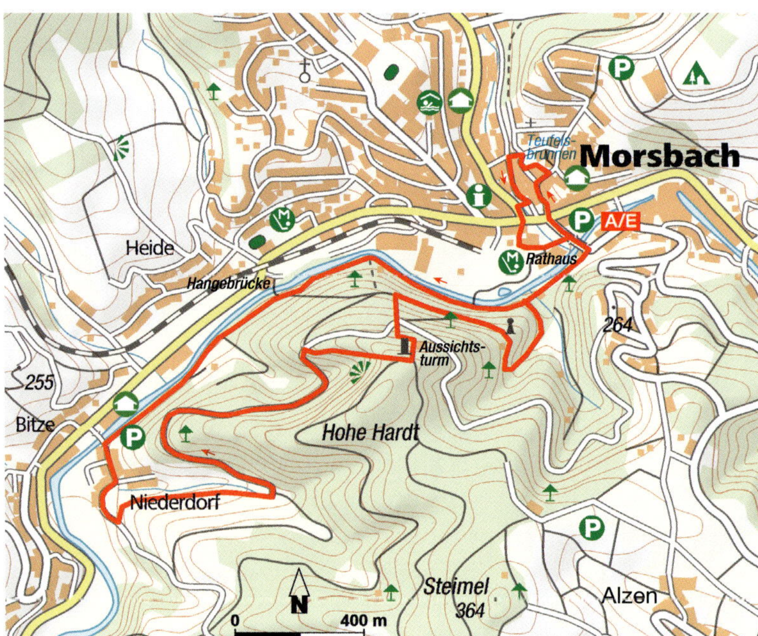

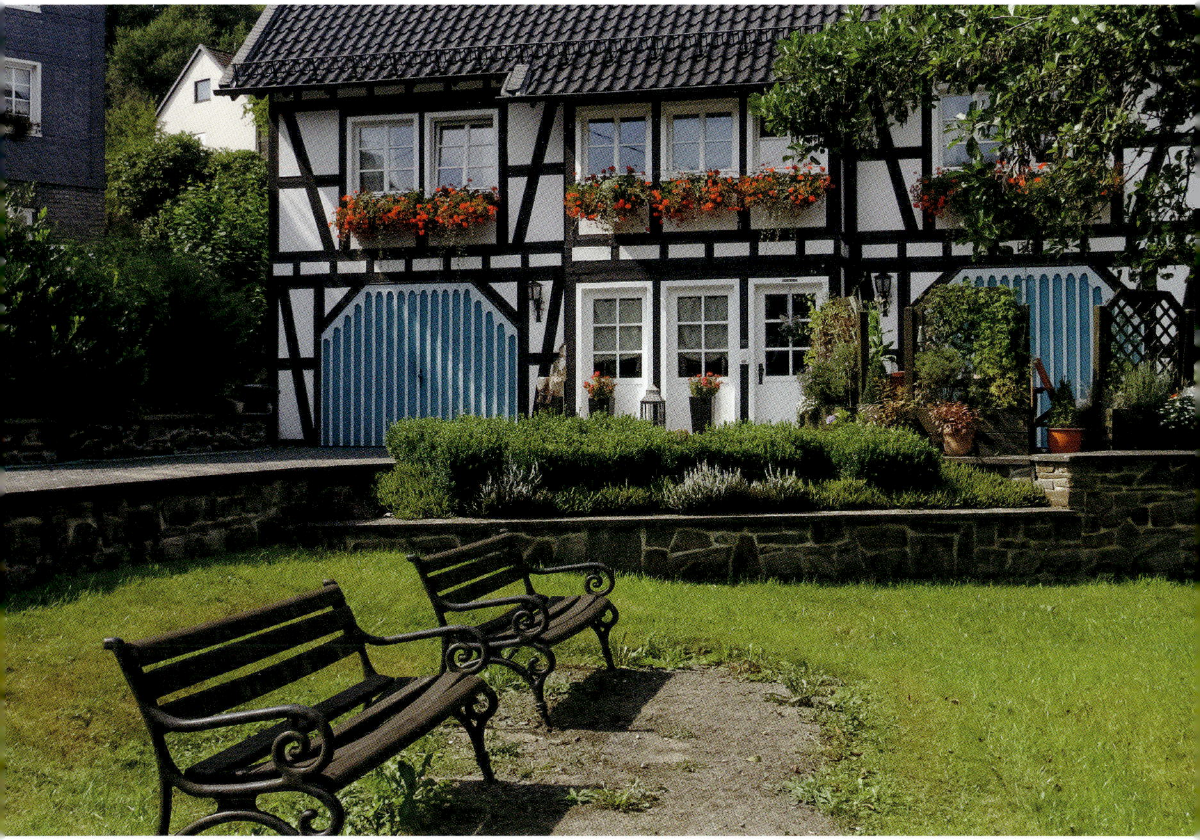

Holpe fand urkundlich bereits 1391 Erwähnung.

Wir passieren zunächst den ehemaligen Kurpark neben dem Rathaus, in dem ein exotischer Ginkgobaum steht. Er gehört zu einer der ältesten Baumarten der Welt, die bereits den Dinosauriern bekannt war. Ein kleines Brückchen bringt uns über den Wisser Bach, dessen Verlauf wir am Waldrand entlang folgen und dessen beruhigendes Plätschern die Nähe und die urbane Geräuschkulisse des Ortes vergessen macht.

Hinter einer langen Linkskurve reizt eine Hängebrücke zum Darüberlaufen. Dabei wird sie zur Freude der Kinder in leichte Schwingungen versetzt. Ein offizielles Schild der Stadtoberen mahnt jedoch zur Vor-

Bergischer Südpol

Einige schöne Fachwerkhäuser aus dem 18. und 19. Jahrhundert gruppieren sich um die beiden Kirchen des 500-Einwohner-Dörfchens Holpe in der südlichsten Ecke des Oberbergischen Kreises. Es zeichnet sich vor allem durch die gut erhaltene, historische Ortsstruktur aus, die von beschaulichen Grünflächen durchzogen und sehenswert ist.

sicht und zur maximalen Benutzung durch drei Personen gleichzeitig. Links des Weges zieht sich ein Fichtenwald den Hang hinauf. Eine Info-Tafel erzählt von der Fichte als traditionellem Weihnachtsbaum, von ihrem unvergleichlichen Duft und ihrer Eigenschaft, die Landschaft im Frühsommer mit ihren Blütenpollen zu vergilben. Im Weiler Niederdorf erfahren wir, dass man Lindenbäume gerne in der Ortsmitte pflanzte und darunter ebenso Recht gesprochen wie Kaffee getrunken wurde. Es geht nun stetig auf einem Feldweg aufwärts. Im Tal stehen frisch geschnittene Kopfweidenbäume, die vielen Vögeln und Kleintieren einen Lebensraum bieten. Wir erreichen wieder den Wald und zweigen nach rechts ab, wenn der Aussichtsturm Hohe Hardt zwischen den Bäumen zu erkennen ist.

Kapellen im Kreis

Der Glaube spielt in den bodenständigen Dörfern rund um Morsbach schon seit dem Mittelalter eine gewichtige Rolle. Ausdruck dafür sind die vielen kleinen Kapellen, die wie in einem Kranz um den Ort liegen und auf einer Wanderung abgelaufen werden können. Zu den Weilern mit den kleinen Sakralbauten gehört auch einer namens Rom.

Es lohnt, die 170 Stufen der Wendeltreppe zu bewältigen, die in luftige 30 m Höhe führen. Von dem 1962 errichteten Jähhardt-Turm, von den Morsbachern gern als Eiffelturm bezeichnet, bietet sich eine fantastische Aussicht auf Morsbach und das oberbergische Umland bis zum Westerwald und dem Siebengebirge. Am Fuße des Turms versucht man wieder Wacholder heimisch zu machen. Auf einem schmalen Pfad geht es nun hinab zum Ehrenmal für die Gefallenen im Ersten Weltkrieg, das in den 1920er-Jahren in Form eines Festungsturms gebaut wurde.

Abwärts durch den Wald queren wir wieder den Wisser Bach und erreichen das überwiegend aus dem frühen 19. Jahrhundert stammende malerische Oberdorf Morsbachs. Die nachweisbare Geschichte des Ortes reicht bis in die Zeit um 850 zurück, wobei die romanische Basilika St. Gertrud als ältestes Gebäude der Stadt auf etwa 1230 datiert wird und damit älter ist als der Dom zu Köln. Den Innenraum säumen beidseits mächtige Emporen.

Auf dem Weg zur Kirche bringt uns der ungewöhnliche Brunnen vor dem Wirtshaus »Zur Republik« zum Schmunzeln: Da sitzt doch tatsächlich ein kleines, feixendes Teufelchen auf einer Steinmauer. Vor seinem feisten Bäuchlein baumelt keck ein Fotoapparat. Zwischen weiteren komischen Figuren saust ein kurzer

Wasserstrahl scheinbar zufällig hin und her. Bevor wir zu unserem Ausgangspunkt am Rathaus zurückkehren, passieren wir noch den Rähn-Willem-Brunnen, der an das Morsbacher Original des »Regen-Wilhelm« erinnert. In der zweiten Hälfte des 19. Jahrhunderts wurde der Mann immer nur mit Regenschirm gesehen.

Der Turm der katholischen Kirche St. Mariä Heimsuchung überragt das Fachwerkidyll Holpes.

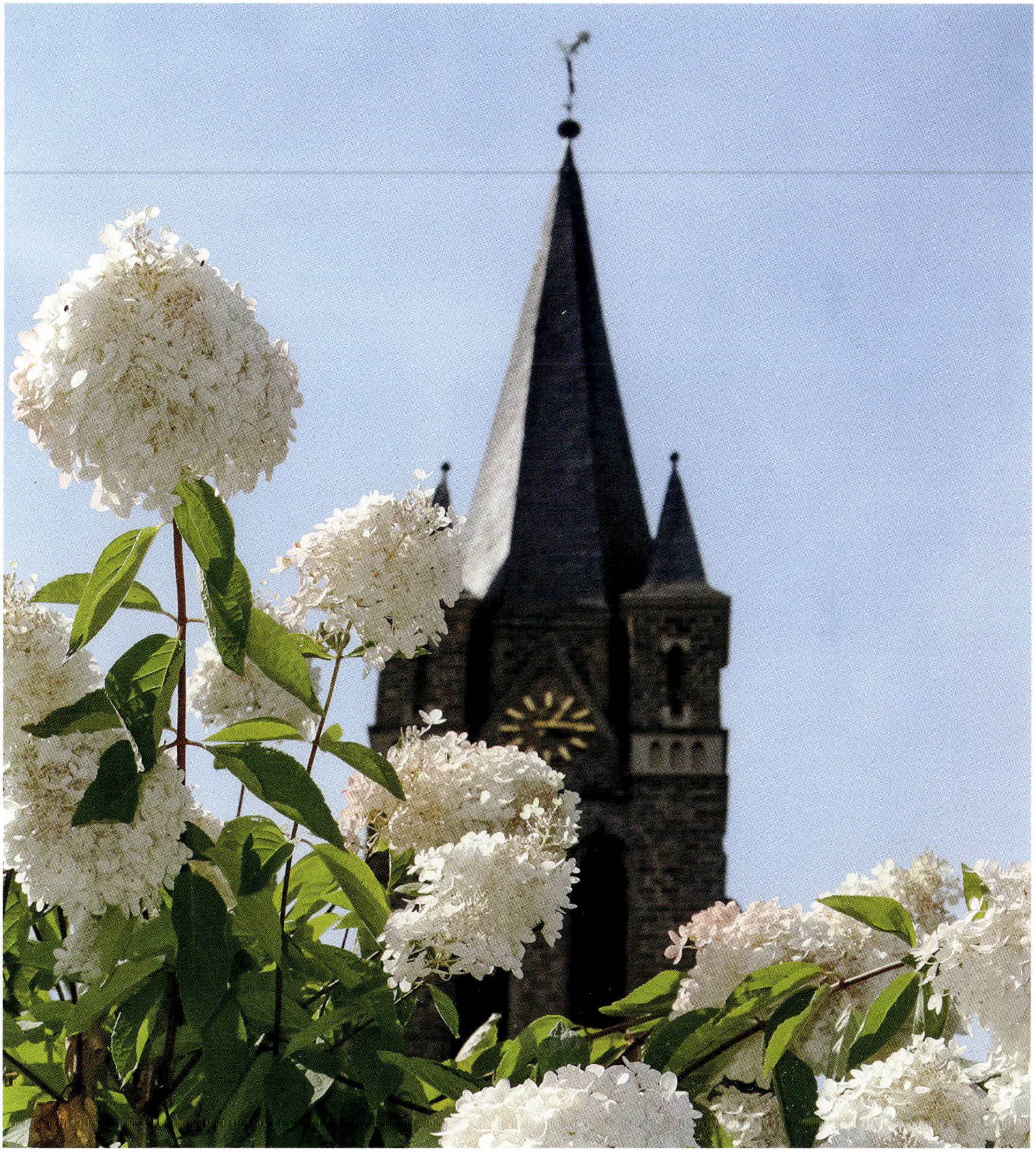

24 In und um Bergneustadt

Eintauchen in die Vergangenheit

mittel | 12,3 km | 261 Hm | 4 Std

Tourencharakter
Strecke überwiegend auf Straßen und Wirtschaftswegen, wenige Waldpfade

Ausgangs-/Endpunkt
Parkplatz Bonte Kerke, Wiedenest

Geokoordinaten
N51°01'18.0"–E7°40'51.5"

Anfahrt
Auto: Autobahn A 4 bis Bergneustadt, auf die B 55 Richtung Zentrum, am ersten Kreisverkehr zweite Ausfahrt, am nächsten Kreisverkehr erste Ausfahrt auf die B 55 Richtung Olpe, nach 800 m Parkplatz.
Bahn/Bus: ab Köln RE 25 bis Dieringhausen, Bus 302 oder 310 Richtung Gummersbach, bis Niederseßmar, Linie 301 bis Graf-Eberhard-Platz, Routenstart am Heimatmuseum.

Einkehr
Jägerhof, Hauptstraße 47, 51702 Bergneustadt

Karte
Wanderkarte 1, Das Bergische, 1:25 000

Information
Tourist-Information Heimatmuseum Bergneustadt, Wallstraße 1, 51702 Bergneustadt, Tel. 02261 43184, www.heimatmuseum-bergneustadt.de

Das Städtchen Bergneustadt hatte über die Jahrhunderte in schöner, aber ungewollter Regelmäßigkeit mit verheerenden Zerstörungen vor allem durch Feuer zu tun. Die Bürger bauten es stets wieder auf und jenes besondere Erbe macht unsere Route so interessant.

Als Ausgangspunkt dient der Parkplatz an der Bonte Kerke von Wiedenest. Täglich von 9–18 Uhr geöffnet, muss man wie auch in den anderen vier bunten Kirchen in der Region unbedingt nach oben schauen und kann an Decke und Wänden des Sakralbaus aus dem 12. Jahrhundert zauberhafte Fresken bewundern. Sie zeigen in Form von Bilderbogen religiöse Motive, um allen Menschen deren Inhalte verständlich zu machen, so die Christuspassion und das Jüngste Gericht. Entstanden sind die Bilder um 1470. Hinter der äußerlich bescheiden wirkenden evangelischen

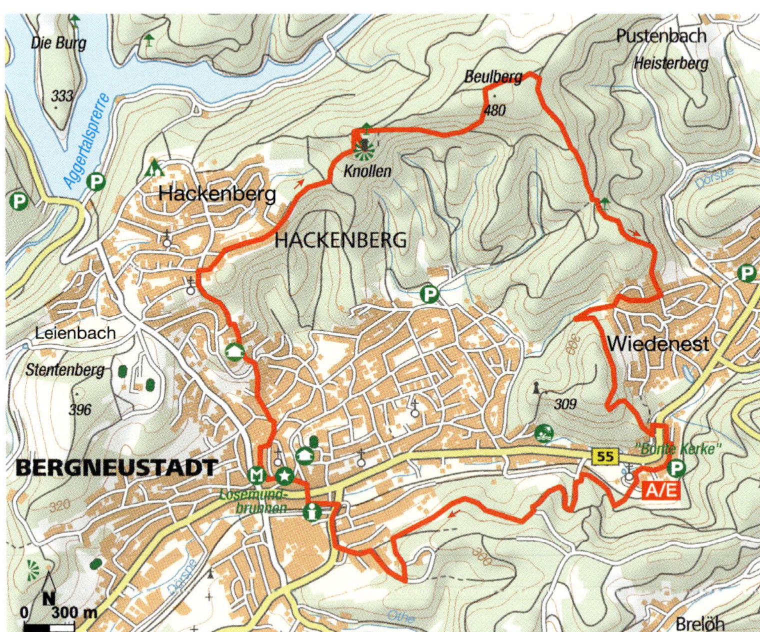

Kreuzkirche gibt es einen kleinen historischen Brunnen, an dem sich jedermann Wasser abzapfen kann.
Wir passieren bergauf die stillgelegte Bahntrasse der Aggertalbahn zwischen Siegburg und Olpe, die Ende 1979 den Personenzugverkehr einstellte. Schienen und Schwellen sind verschwunden, dafür wurde auf der Strecke ein Rad- und Wanderweg angelegt. Für uns geht es aufwärts und in langen Kurven entlang eines Höhenwegs, dabei folgen wir der Markierung des Bergischen Streifzuges 11. Stellenweise offenbaren sich nette Ausblicke über das in einem weiten Talkessel gelegene Bergneustadt. Mit etwas Glück kann man auf dem Weg sogar am helllichten Tag ein Reh beim Äsen beobachten.
Am Abzweig zum Schullandheim wenden wir uns Richtung Stadtmitte. Dort fällt das große weiße ehemalige Industriegebäude mit dem Schriftzug Leop. Krawinkel auf. In der alten Textilfabrik sitzt seit 1999 die Stadt-

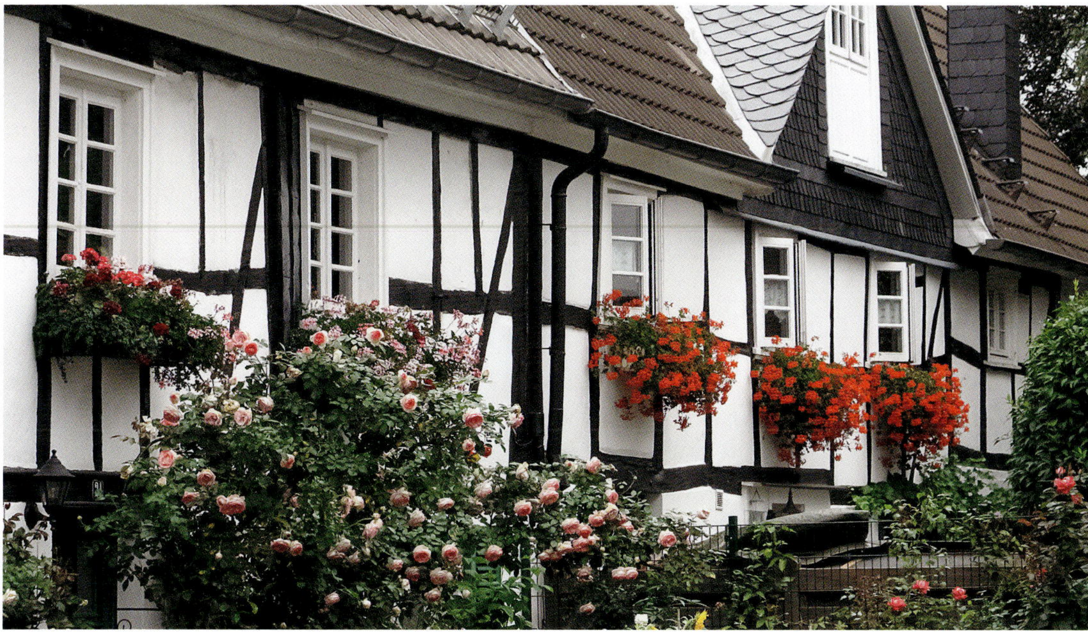

Im alten, ehemals von einer Stadtmauer umgebenen Ortskern Bergneustadts dominieren verwunschene Gärten und malerisches Fachwerk.

Klein aber fein

Sicher eines der kleinsten Theater Deutschlands ist das Schauspielhaus Bergneustadt an der Kölner Straße, das maximal 42 Zuschauer aufnehmen kann. Dank der rührigen Initiative des Eigentümers gibt es stets ein höchst ambitioniertes Bühnenprogramm in der knapp 20 000-Einwohner-Stadt. www.schauspielhaus-bergneustadt.de

verwaltung. Wir überqueren den Rathausplatz mit dem Brunnen und Figurenensemble offensichtlich nachdenkender Menschen von 2011 und finden am Kreisverkehr den fantasievollen Nachbau eines Stadtturms, das Deutsche Eck, ebenfalls von 2011.

Reste der eigentlichen Bergneustädter Stadtmauer sieht man aber erst im Keller des malerischen Heimatmuseums, das in einem typisch bergischen Fachwerkhaus residiert und auch als Standesamt fungiert oder als illustrer Veranstaltungsort. Die sorgfältig aufbereiteten authentischen Wohnstuben, Ladeneinrichtungen und Handwerksbetriebe bilden dafür einen stimmungsvollen Rahmen. Gesellschaften treffen sich gern in der heimeligen Küche, in der im Rauchfang Schinken und Würste aromatisch duften. Die Industriegeschichte spielt auch eine Rolle. So zeigt eine Vitrine fototechnische Schätze der Firma Ising, die 1956 das erste Handy auf den Markt brachte, einen handlichen Diabetrachter, dem allerdings kein großer Verkaufserfolg beschieden war.

Das älteste Gebäude in der Altstadt ist die Evangelische Kirche von 1698. Alle anderen Bauten sind trotz ihres homogenen Erscheinungsbildes jünger. Brände und Feuer zerstörten im Laufe der Jahrhunderte das komplette Areal gleich mehrfach. Auf dem Weg liegt das kleine, sehr urige Restaurant Jägerhof. Draußen hängt keine Speisekarte, doch abends ist immer geöffnet und es wird Rustikales serviert.

Es geht nun stetig nach oben. Wir kommen, nach wie vor der Route 11 folgend, am Hotel Phönix vorbei, das 1956 als NRW-Feuerwehrerholungsheim gebaut wurde und heute 4-Sterne-Niveau bietet. Hinter dem Ortsteil Hackenberg wird es richtig steil und wir erklimmen den Knollen, den 451 m hohen Hausberg Bergneustadts, auf dem man 1982 einen wiederum 26,55 m hohen Aussichtsturm errichtete. Wer noch Kraft hat, sollte die 154 Stufen hinaufgehen, der Ausblick ist famos. Auf der weiteren Route durch den Wald bieten sich einige Weitsichten bis hinüber zur Aggertalsperre. Am Ortsrand von Wiedenest ist bald wieder unser Startpunkt erreicht.

Feurige Kopfbedeckung

Ein wahres Kleinod unter den Exponaten des Heimatmuseums stellt die Feuerwehrhelmsammlung dar, die in gläsernen Vitrinen Helme aus aller Welt präsentiert. Zu den ausgestellten Objekten eines privaten Sammlers gehört auch ein Originalhelm der Feuerwehrlegende Red Adair. www.heimatmuseum-bergneustadt.de

Rechte Seite: Die Fresken in der Wiedenester Kreuzkirche aus der Zeit um 1470 wirken wie historische Comicstrips.

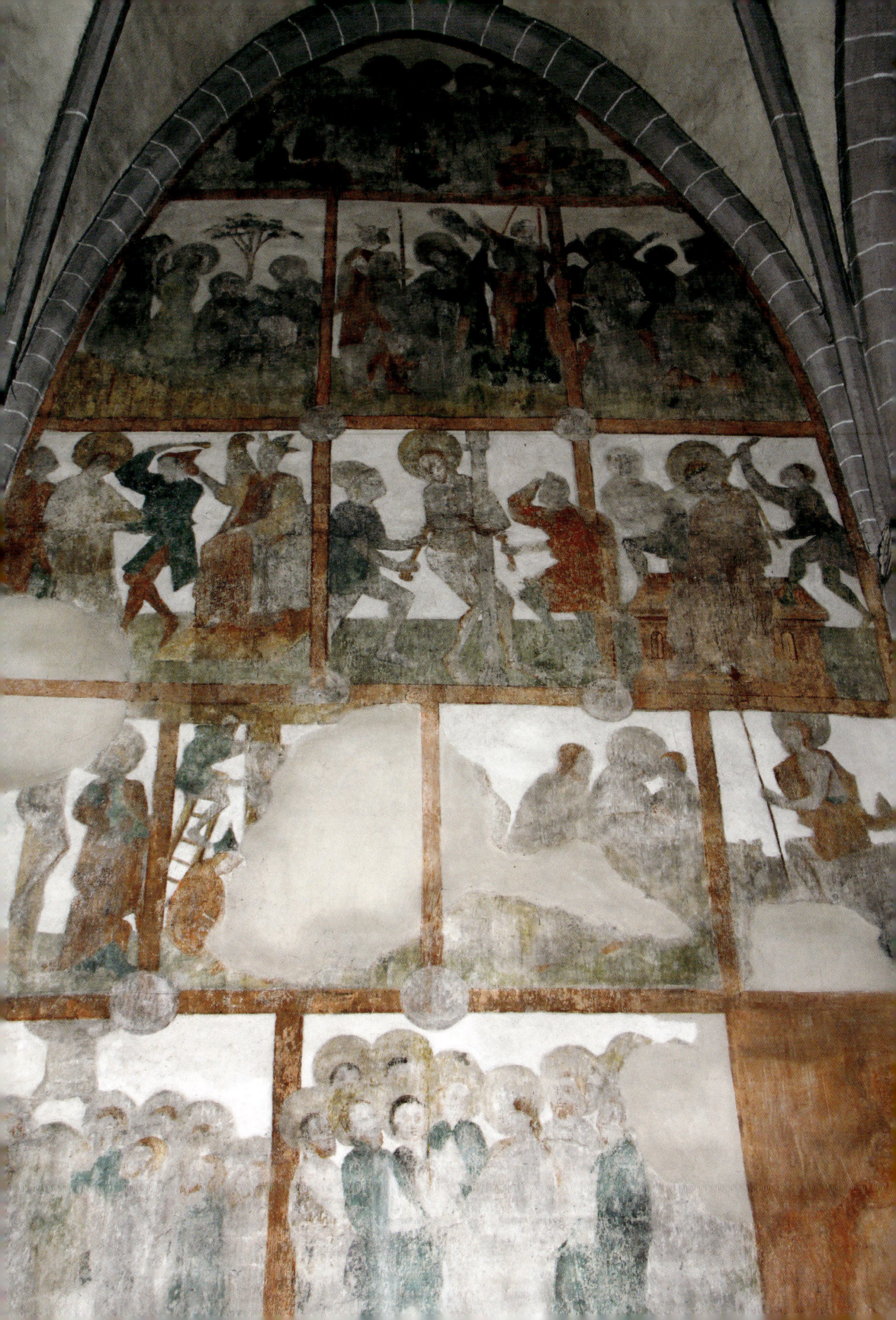

25 Wacholderweg Reichshof-Eckenhagen

In der Bergischen Heide

mittel | 8,5 km | 243 Hm | 3 Std

Tourencharakter
Strecke auf Straßen und Waldwirtschaftswegen

Ausgangs-/Endpunkt
Wanderparkplatz Landwehrstraße

Geokoordinaten
N 50°59'24.3"–E 7°42'01.9"

Anfahrt
Auto: Autobahn A 4 bis Eckenhagen, rechts bis in den Ort, in der Linkskurve von der Hauptstraße nach rechts auf die Barbarossastraße, dann auf die Landwehrstraße bis zum Ende. **Bahn/Bus:** von Köln mit der Regionalbahn 25 bis nach Gummersbach, vom Bahnhof mit dem Bus 303 Richtung Waldbröl bis Reichshof, Eckenhagen. Einstieg in die Tour ab Barbarossastraße.

Einkehr
Schorsch's Panoramahütte, Blockhausstraße, 51580 Reichshof-Eckenhagen, nur an den Wochenenden

Karte
Wanderkarte 3, Das Bergische, 1:25 000

Information
Kurverwaltung Reichshof, Reichshofstraße 30, 51580 Reichshof-Eckenhagen, Tel. 02265 9070, www.ferienland-reichshof.de

Die Wälder der Gemeinde Reichshof führen uns zum höchsten Punkt der Region mit kleinem Skigebiet und tollem Ausblick und zurück durch ein einzigartiges Heidegebiet. Im heilklimatischen Kurort Eckenhagen faszinieren der idyllische Tierpark und das landwirtschaftliche Museum.

Am Wanderparkplatz Landwehrstraße am Ortsrand von Eckenhagen nimmt die Tour ihren Ausgang. Dort informiert zunächst eine Tafel über den Bergischen Streifzug 12, der uns mit der roten Markierung überwiegend den Weg vorgibt. Wir erfahren Allgemeines über den Wacholder, um den sich mancher Mythos rankt und der vor 200 Jahren im Bergischen noch weit verbreitet war, nun aber fast gänzlich verschwunden ist. Seine heilenden Kräfte sind den Menschen schon seit ewigen Zeiten bekannt und ver-

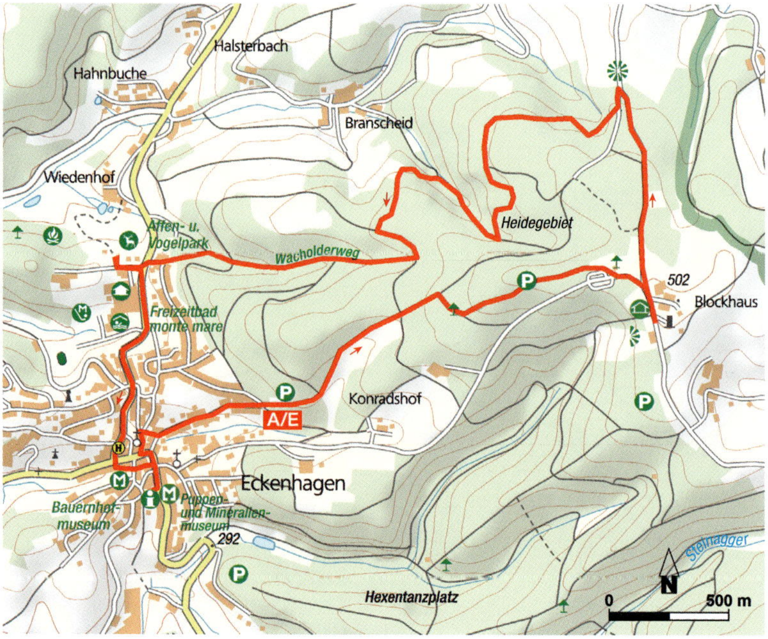

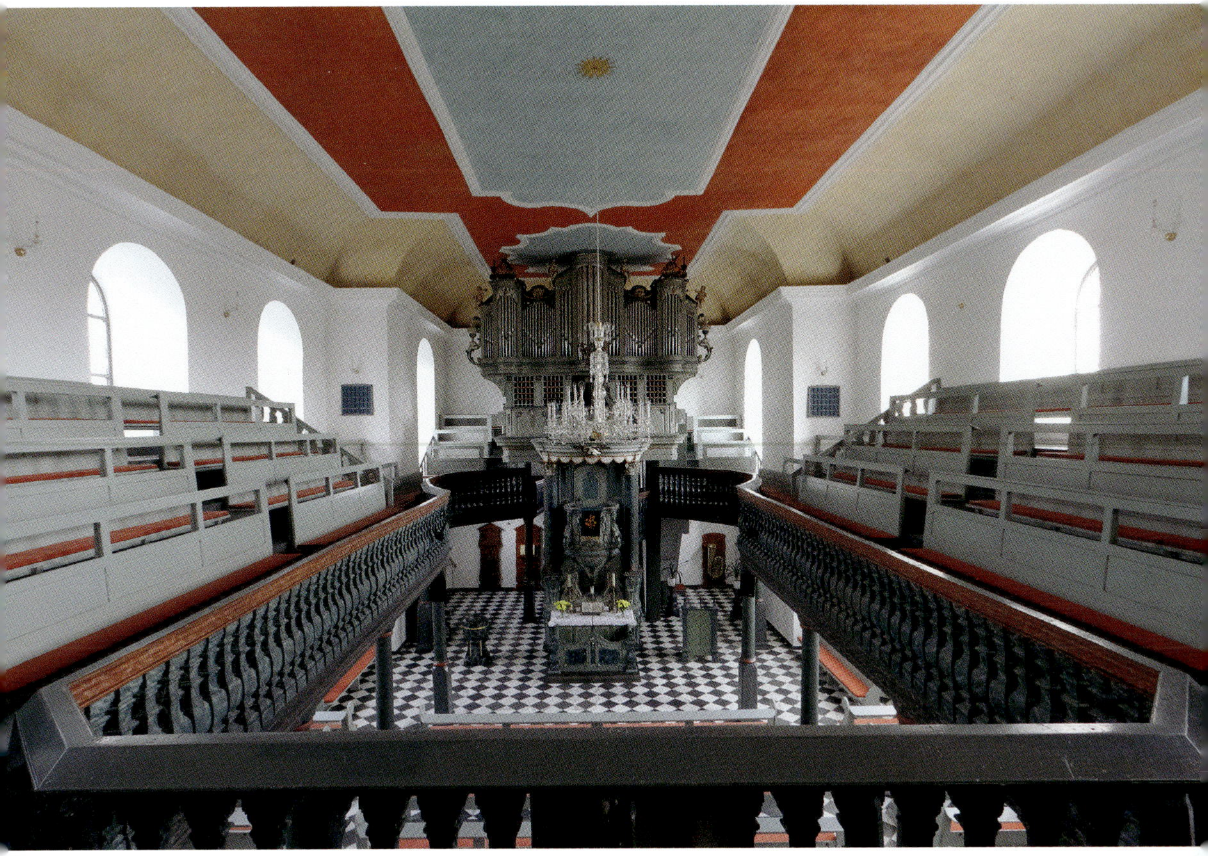

Spätbarock und Rokoko dominieren das Innere der Evangelischen Kirche von Eckenhagen mit der historisch bedeutsamen Orgel.

traut. Man erbat sich einst durch Speisenopfer am Wacholderbaum eine baldige Genesung seines erkrankten Kindes.
Durch den Wald, vorbei an einer ausgedehnten Lichtung, wandern wir stetig bergauf und erreichen den nächsten Informationspunkt, der uns den Wacholder als wahre Baumapotheke vorstellt. Schon Hippokrates von Kos empfahl um 400 v. Chr. die äußerliche Behandlung mit Wacholderbeeren. Die Heilkundigen Hildegard von Bingen im 11. Jahrhundert und Sebastian Kneipp im 19. Jahrhundert gehörten ebenso zu den Verfechtern der medizinischen Effekte des Wa-

Puppen und Steine

Über 800 Puppen laden in der Kurverwaltung Reichshof zu einem Blick in die Kulturen der Länder der Erde. Schätze der privaten Sammlung sind die Puppen der Schauspielerin und späteren Fürstin Grace Kelly oder der Schah-Gattin Farah Diba. Gleich nebenan ist eine private Kollektion kostbarer Mineralien zu sehen, z.T. aus den Gruben der Region.

cholders, der nachweislich keimtötend wirkt. An dieser Tafel verlassen wir Weg 12 und folgen stattdessen der Beschilderung nach rechts in den Wald zum Blockhaus. Am nächsten Abzweig links sind wir bald auf einer Hochfläche angelangt, die mit einer Höhe von 502 m den höchsten Punkt der Region markiert. Schilder weisen zur Loipe, zum Rodelhang und zum Ski- und Rodelverleih. Gute Schneebedingungen sind zum Leidwesen der Anlagenbetreiber nicht jeden Winter gegeben. Die dekorative Seilbahngondel vor Schorsch's Panoramahütte dient allerdings auch bei Schnee nur als nette Sitzgelegenheit.

Von hier oben bietet sich eine grandiose Fernsicht, die bei klarem Wetter bis zum Siebengebirge und auch weit ins Sauerland reicht. Auf den Wiesen und Weiden an der Liftanlage am Gastronomiebetrieb Blockhaus, der meist am Wochenende geöffnet ist, tummeln sich derweil knuffige Alpakas.

Wir laufen auf dem Wirtschaftsweg A 9 nordwärts, überblicken dabei Felder und Wälder und nehmen den nächsten Abzweig nach links in den Wald, wo wir wieder auf die roten Markierungen treffen und diesen weiter folgen. Und dann eröffnet sich recht unvermittelt zur Linken die angekündigte Heidefläche. Das Branscheider Wacholdergebiet wurde 1940 zu seiner Bewahrung unter Schutz gestellt.

Reichlich skurril muten die Formen der Wacholdergehölze an. Im Zwielicht können sie geradezu dämonische Züge bekommen, was ihren mystischen und geheimnisumwobenen Ruf begründet. Vereinzelte Birken ragen hervor und reichlich Heidekraut bedeckt den Boden, der alljährlich ab Mitte August ein prachtvolles Farbspektakel präsentiert. Damit dieses ungewöhnliche Landschaftsbild erhalten bleibt, kommen einmal

Alles Barock

Der Westturm der Barockkirche Eckenhagens stammt aus dem Jahr 1167, seine Haube von 1795. In dieser Zeit wurde das Gotteshaus im Stil des Barock und Rokoko neu errichtet. Altar, Kanzel und Orgel sind nach bergischer Art übereinanderplatziert, barocke Rundungen säumen das Geländer der Empore. Die Orgel von 1794 ist die älteste spielbare im Rheinland.

Die Burg von Reichshof

Vom 16. bis zum 18. Jahrhundert wurde die Burg Denklingen im gleichnamigen Reichshofer Ortsteil als Wasserburg auf den Grundmauern eines vorherigen Schlosses (um 1400) der Grafen von Berg errichtet, das Torhaus ist seit der Renovierung 1987 wieder geöffnet. Jeweils zu Pfingsten findet hier ein sehenswerter Töpfermarkt statt. www.hvv-denklingen.de

im Jahr Schafe und Ziegen, um Wildwuchs durch Gräser und andere Gehölze zu unterbinden.
Der Weg führt nun weiter durch den Wald und am nächsten Abzweig hinter der Info-Tafel E folgen wir nicht mehr der Route 12, sondern weiter dem talwärts strebenden kleinen Bächlein zu unserer Linken. Am übernächsten Abzweig gehen wir links und erreichen den Ortsrand von Eckenhagen. Über die Hahnbucher Straße gelangen wir zum Affen- und Vogelpark Eckenhagen, der 1981 eröffnet wurde. Er stellt heimische wie exotische Vogelarten und viele andere Kleintiere auf einem drei Kilometer langen, gewundenen Rundweg vor. Teilweise ist man hautnah mit den Tieren in Kontakt, es gibt einen Streichelzoo, eine Indoor-Spielhalle, ein Café und eine Bergbahn.
Dem Straßenverlauf weiter folgend, passieren wir das montemare-Schwimmbad mit der beliebten Sauna-Landschaft und den Eckenhagener Kurpark. An der Hauptstraße liegt in einigen alten Fachwerkhäusern das hübsche, frei zugängliche Bauernhofmuseum, das das lokale bäuerliche Leben der vergangenen 200 Jahre authentisch widerspiegelt. Das historische Backhaus, der »Backes«, kommt noch regelmäßig mehrmals im Jahr bei den Eckenhagener Backtagen zum Einsatz. Eingelegten Kohl gibt es beim traditionellen Kappesfest Mitte November. Sonntags kann das Bauernhaus auch von innen besichtigt werden.
Vorbei am urigen Restaurant Lindenstübchen und der Evangelischen Kirche, durchqueren wir den malerischen Altstadtkern aus dem frühen 19. Jahrhundert um Bergstraße und Barbarossastraße und erreichen über die Landwehrstraße schließlich wieder den Ausgangspunkt unserer Wanderung.

Die Wälder um Eckenhagen reizen nicht nur wegen ihrer mystischen Heidegebiete.

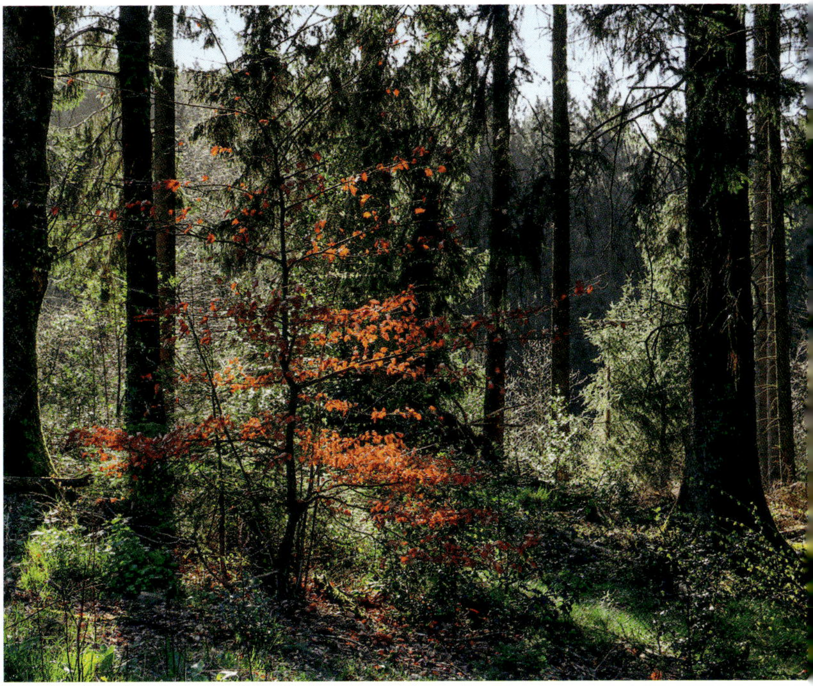

26 Auf dem Fuhrmannsweg von Marienheide

Vom Bücherdorf zum Pilgerweg

mittel | 15,1 km | 195 Hm | 4,5 Std

Tourencharakter
Wenige Waldpfade, überwiegend Wirtschaftswege und Straßen

Ausgangs-/Endpunkt
Graf-Albert-Straße 51, 51709 Marienheide

Geokoordinaten
N 51°03'58.9"–E 7°34'46.9"

Anfahrt
Auto: Autobahn A 45 bis Meinerzhagen, nach rechts auf die L 539, gleich links auf die B 54 Zum Schnüffel, geradeaus Richtung Marienheide, weiter auf der L 306 Marienheider Straße, am Kreisverkehr am Ortseingang Müllenbach die dritte Ausfahrt, dann noch 850 m auf der Graf-Albert-Straße bis zum Parkplatz.
Bahn/Bus: RB 25 bis Bahnhof Marienheide, weiter mit Bus 336 Richtung Gummersbach Bahnhof bis Marienheide, Müllenbach, von hier direkt zur Bunten Kirche gehen.

Karte
Wanderkarte Bergisches Land 1, Das Bergische, 1:25 000

Information
Marienheide Touristik, Hauptstraße 20, 51709 Marienheide, Tel. 02264 40440, www.marienheide.de

Über alte Handelswege, auf denen einst Pferde zur Beförderung von Post, Menschen und jeglichen anderen Lasten eingesetzt wurden, führt unsere Wanderung durch die Gemeinde Marienheide zu zwei besonderen Kirchen und rund um eine malerische Talsperre.

Mitten im bergisch-märkischen Bücherdorf Müllenbach beginnt der Rundweg, der sich in weiten Teilen am Bergischen Streifzug 9 orientiert. Die roten Markierungen weisen uns den Weg. Rund um das Heimatmuseum Haus der Geschichten des Schriftstellerpaares Böseke etablierte sich seit 2007 ein kleines Mekka der Literatur aus Antiquariaten und einem Bücherhaus, die jeweils an den ersten beiden Wochenenden im Monat geöffnet sind. Zunächst statten wir der Wehrkirche aus dem 12. Jahrhundert einen Besuch ab. Das gedrungene weiße Gotteshaus konnte zu Vertei-

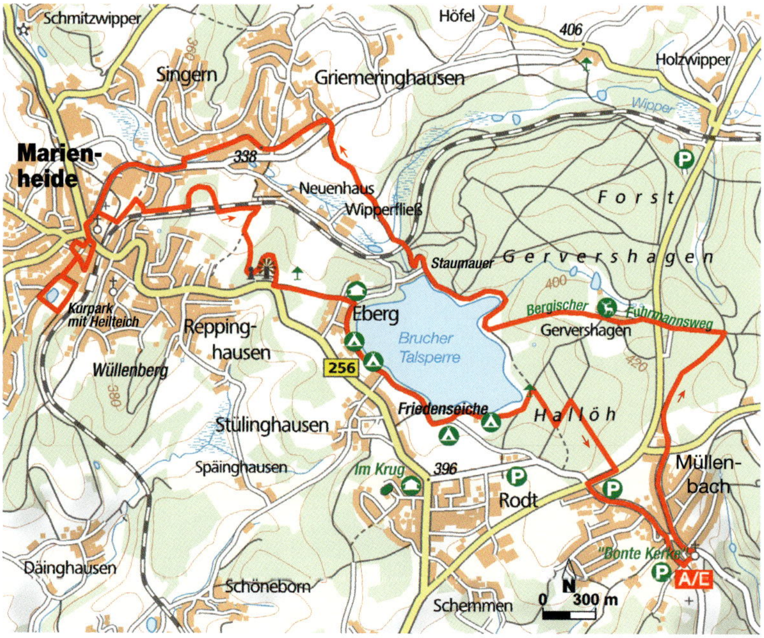

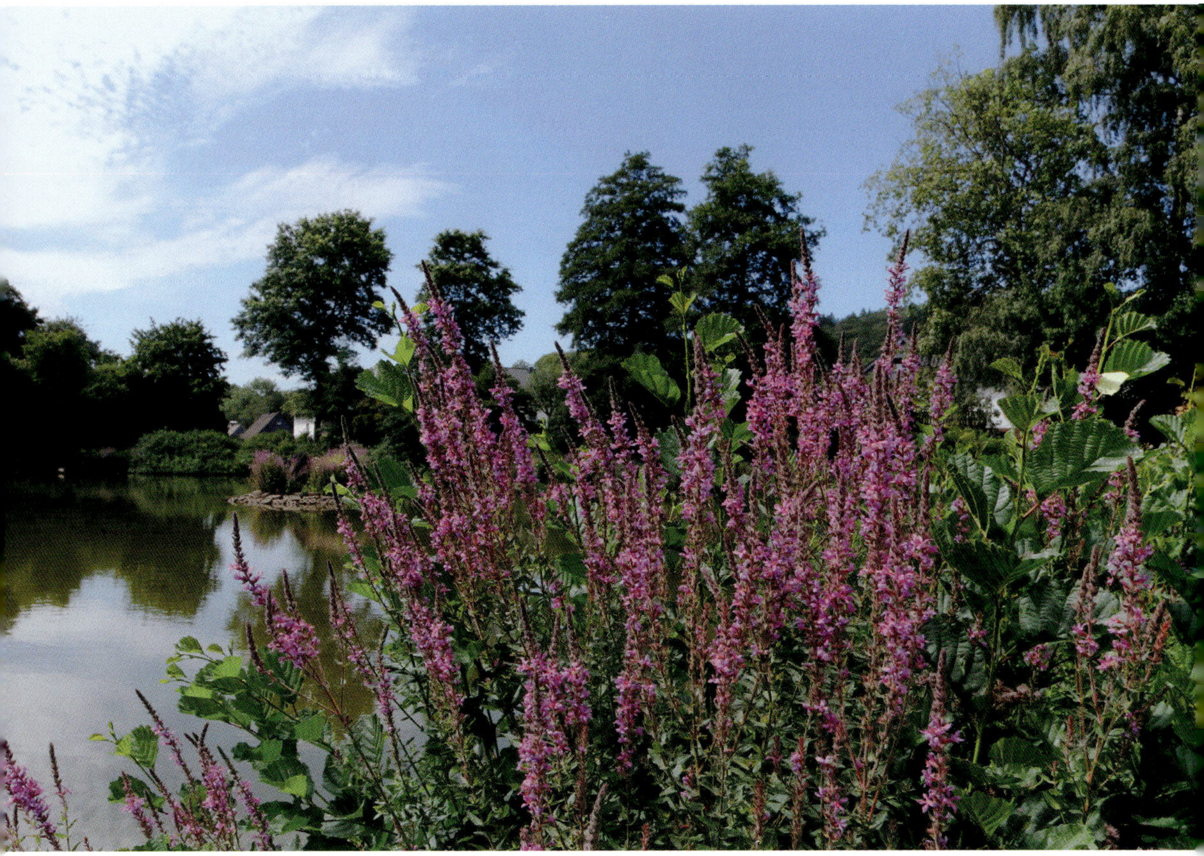

digungszwecken genutzt werden und entspricht noch weitgehend seinem ursprünglichen Äußeren. Wegen seiner Wandmalereien aus dem 14. Jahrhundert gehört es zu den Bonte Kerken, den Bunten Kirchen im Bergischen Land.
Wir verlassen Müllenbach geradewegs in nördlicher Richtung, biegen im Wald nach links ab und passieren das schon 1273 erwähnte Gut Gervershagen. Am Ende des Hohlweges ist bereits das Ufer der Brucher Talsperre zu sehen. Die dortige Info-Tafel berichtet von den schwierigen Zeiten des Postkutschenverkehrs, der unter den schlechten Wegen zu leiden hatte und nur mühsam vorwärtskam. An der Audiostation hat ein alter Fuhrmann das Wort. Der Stausee wurde vor gut 100 Jahren zur Hochwasserregulierung gebaut und dient heute insbesondere als Naherholungs- und Freizeitgebiet.
Auf mehr als 1000 Jahre Geschichte blickt der historische Fernhandelsweg zwischen Köln und Leipzig, die Heidenstraße, zu-

Bis in die 1960er-Jahre war Marienheide ein anerkannter heilklimatischer Luftkurort, wovon die Parkanlage um den Heilteich noch immer Zeugnis ablegt.

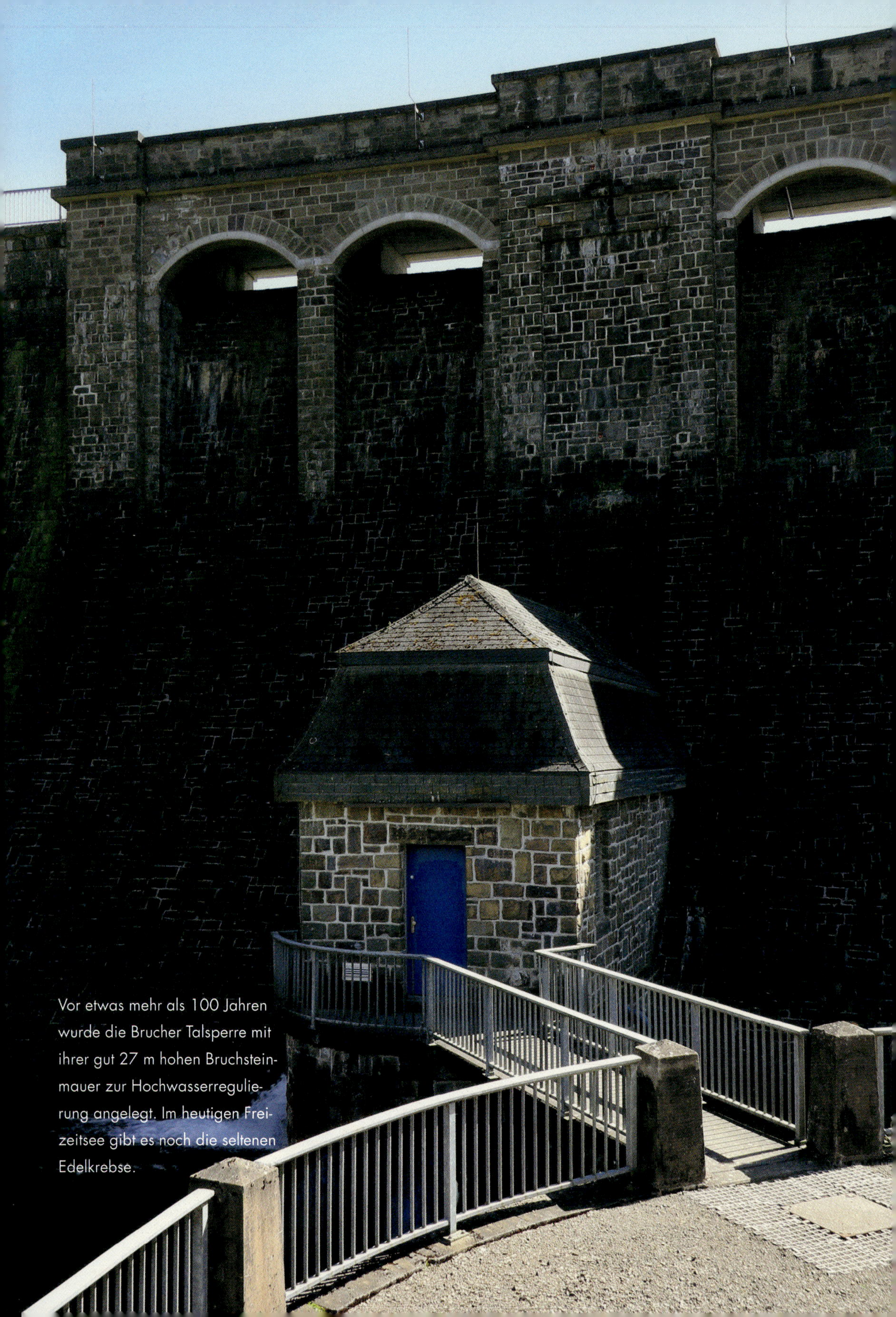

Vor etwas mehr als 100 Jahren wurde die Brucher Talsperre mit ihrer gut 27 m hohen Bruchsteinmauer zur Hochwasserregulierung angelegt. Im heutigen Freizeitsee gibt es noch die seltenen Edelkrebse.

rück. Auf ihr wurden Waren aller Art transportiert bis hin zum in dieser Region abgebauten Eisenerz, wie wir von der nächsten Info-Tafel am Ufer erfahren. Vor der Staumauer biegen wir rechts ab und folgen der Wegmarkierung X3. Durch das als »Eulenbecke« bezeichnete Tal des Wipperbaches, die Quelle der Wupper ist nicht mehr weit, gelangen wir nach Griemeringhausen und treffen auf den Pilgerweg, dem wir bis zum Zentrum von Marienheide folgen.

Anfang Juli, zum Tag der Heimsuchung Marias, ist die Wallfahrtskirche St. Mariä Heimsuchung (ursprünglich 15. Jh.) Ziel zahlreicher Pilger. Der Sakralbau im Stil der Spätgotik erhielt sein jetziges Aussehen zum Ende des 19. Jahrhunderts. Hier treffen wir erneut auf den Bergischen Streifzug. Wir werfen kurz einen Blick auf den idyllischen Heilteich im früheren Kurpark des ehemaligen Luftkurortes, bevor wir über einen Waldweg und vorbei am Waldhotel Marienheide wieder zur Brucher Talsperre kommen. Tretboote, Kanus und Segelboote tummeln sich auf dem silbrig glänzenden Wasser. Zahlreiche Bänke laden zum Verweilen, einige Gastronomiebetriebe zur Einkehr. Wir durchqueren dichten Fichtenwald und Müllenbach ist bald erreicht. Im Dorf erinnert noch die Fuhrmannskneipe in einem verschieferten Gasthaus an die Zeiten knarrender Wagenräder und grantelnder Kutscher.

Unten: Das Sommer- und das Erntedankfest gehören zu den wichtigsten Veranstaltungen während des Jahres im Heimatmuseum Haus Dahl.

Bauernhaus mit Tradition

Man nimmt an, dass das zweigeschossige Haus Dahl das älteste Bauernhaus im Oberbergischen ist. Erbaut wurde es 1585 in einem ähnlichen Stil wie ein norddeutscher Haubarg. Mensch und Tier lebten gemeinsam unter einem Dach. Das Heimatmuseum im Inneren des Gebäudes erzählt vom traditionellen bäuerlichen Leben.
www.museum-haus-dahl.de

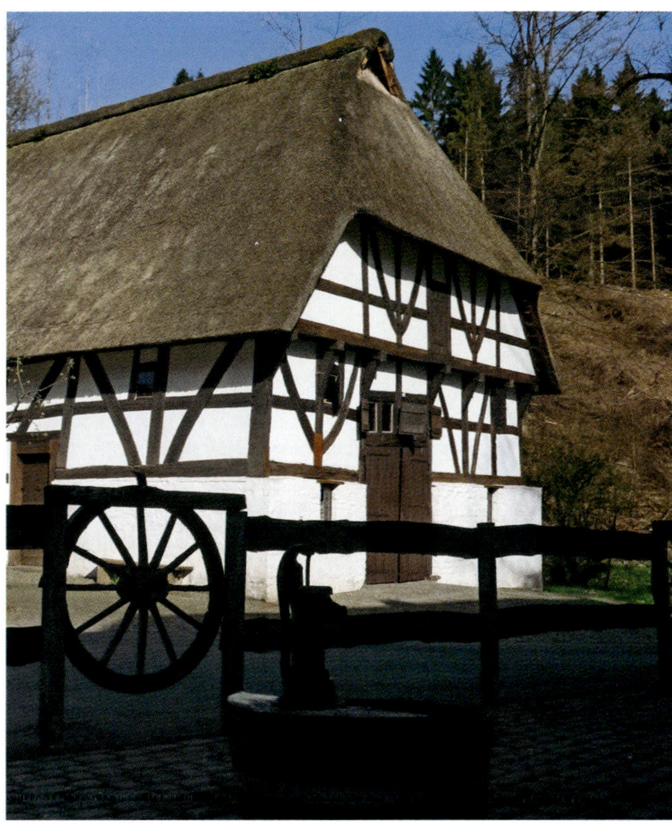

27 Energieweg Gummersbach

Strom und Wärme ohne Ende aus Bergischen Ressourcen

leicht | 12,6 km | 199 Hm | 3,5 Std

Tourencharakter
Strecke überwiegend auf Wald- und Wirtschaftswegen

Ausgangs-/Endpunkt
Parkplatz Aggertalsperre

Geokoordinaten
N51°02'11.2"–E7°38'03.4"

Anfahrt
Auto: Autobahn A 4 bis Bergneustadt, auf die B 55 Richtung Zentrum, erste Ausfahrt in Richtung Gummersbach, geradeaus durch Derschlag, Klosterstraße bis Dümmlinghausen, am Kreisverkehr rechts auf die Hagener Straße L 237, an der Staumauer geradeaus zum Parkplatz. **Bahn/Bus:** von Gummersbach-Bahnhof mit Bus 301 bis Bergneustadt, am Graf-Eberhard-Platz/Zentrum umsteigen in den Bus 314 bis Hackenberg-Sonnenkamp, Fußweg zum Wanderparkplatz.

Einkehr
Rengser Mühle, Niederrengse, 51702 Bergneustadt

Karte
Wanderkarte 1, Das Bergische, 1:25 000

Information
Tourismus Gummersbach, Rathausplatz 1, 51643 Gummersbach, Tel. 02261 87404, www.gummersbach.de

Wald, Wasser, Wind und Sonne, natürliche und stets vorhandene Energieressourcen, begleiten unseren beschaulichen Weg an den Ufern der Aggertalsperre. Er führt uns bis hinauf ins Dorf Lieberhausen mit seiner ikonischen Bunten Kirche.

Schon in den 1920er-Jahren nutzte man die Kraft des von der Staumauer der Aggertalsperre herabstürzenden Wassers zur effektiven Erzeugung von Strom. Spiegelblank, beinahe eigenartig ruhig und still liegt die eindrucksvolle Wasserfläche der Talsperre vor uns, wenn wir unsere Tour am Wanderparkplatz am östlichen Punkt der 230 m langen Staumauer beginnen. Gleich zwei Info-Tafeln des Bergischen Streifzuges 10 erläutern die grundlegenden Fakten und Eigenschaften natürlich vorgefundener Energiequellen. So erfahren wir, dass man Wasserkraft ein-

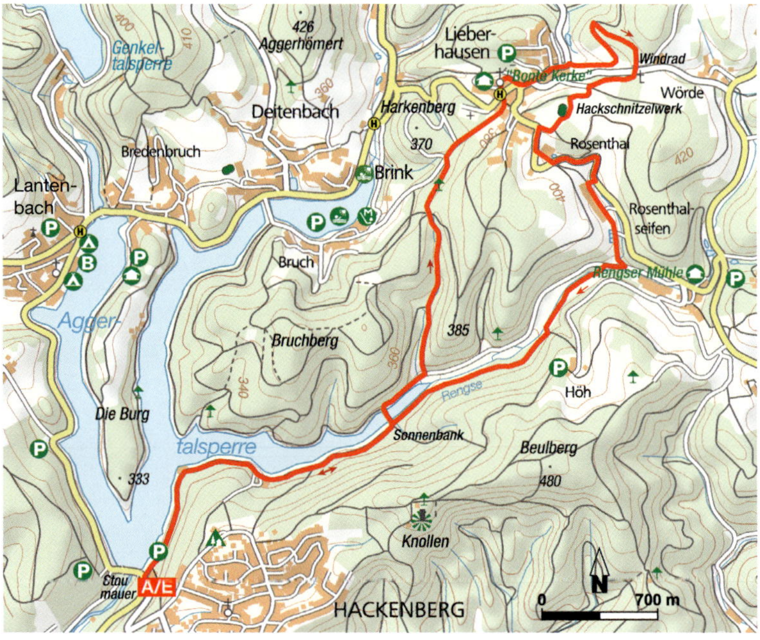

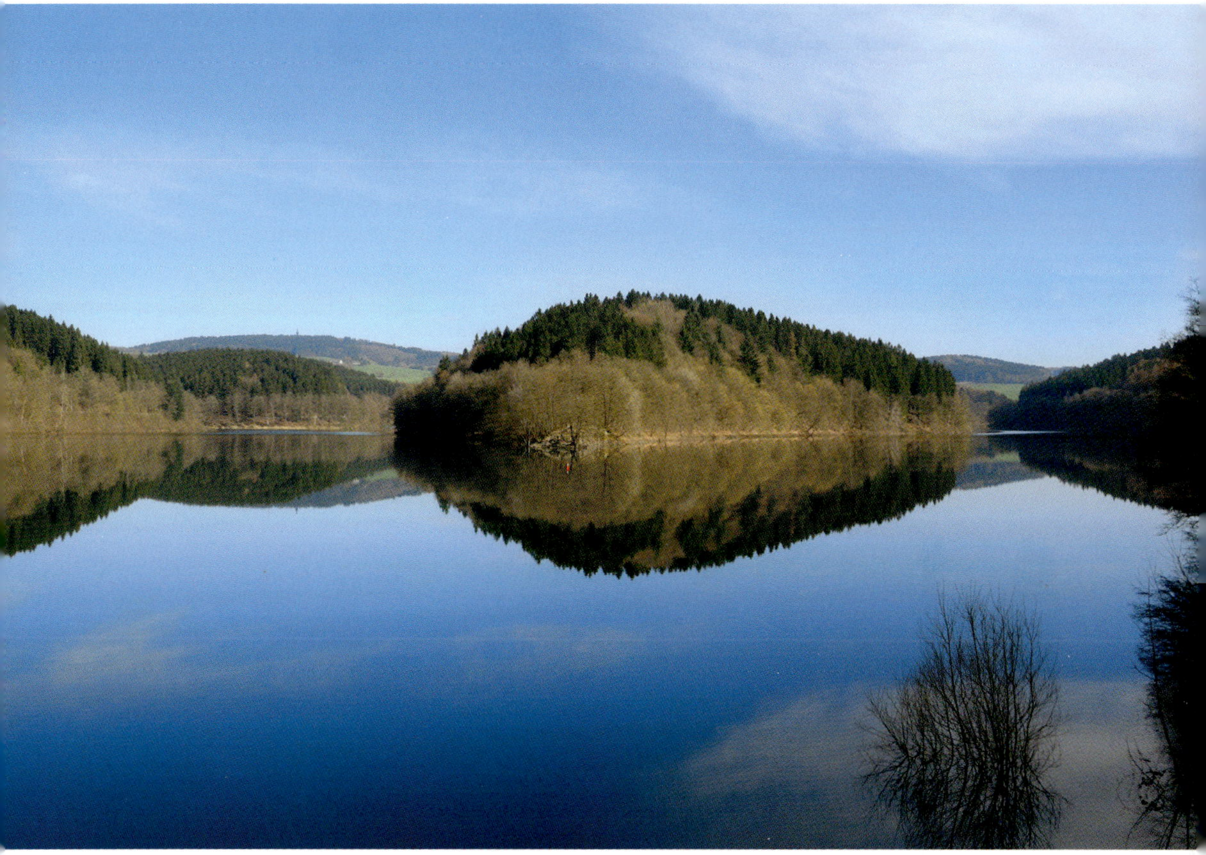

Die Aggertalsperre ist ein wichtiger Energielieferant im Oberbergischen Kreis.

mal als »weiße Kohle« bezeichnet hat. Der wilde Lauf der Agger wurde gebändigt und mittels Einsatz von Turbinen zur Stromproduktion genutzt.

Welche Kraft in der beschaulichen Seenlandschaft liegt, bleibt dem Wanderer indes verborgen. Er genießt vielmehr die Schönheit des Ausblickes durch die bewaldeten Hänge auf das Wasser, das im Sommer zum El Dorado des Wassersports wird, vom Kanu- übers Tretbootfahren bis hin zum Segeln und Tauchen. Welche Aufgabe der Wald in früheren Zeiten hatte, erfährt man auf der nächsten

Himmlisch bergisch

Aus einer 1542 erstmals erwähnten Nagelfabrik an der Rengse entstand 1869 eine Mühle mit angeschlossener Gastronomie, die mittlerweile in der fünften Generation als Familienbetrieb geführt wird. Spezialität der Rengser Mühle sind die hauseigenen Eierkuchen und als Krönung der Bergischen Kaffeetafel das flambierte Kräuter-Mühlenpfännchen, ein milder Kräuterschnaps.
www.rengser-muehle.de

Tafel, die sich mit Holz als Brennstoff auseinandersetzt. Allerdings kam es oft vor, dass der Wald abgeholzt wurde und der Ofen damit buchstäblich aus war. Es bedarf also einer vernünftigen Forstwirtschaft.

Als Nächstes lernen wir am Wegesrand etwas über die kleine rote Waldameise, die hier zu Hause ist. Sie baut ihre teils monumentalen Domizile rund um Baumstümpfe und räumt in ihrer Umgebung fleißig auf, was ihr den Beinamen »Waldpolizei« bescherte. Zum Heizen ihrer Burg aus vornehmlich Tannennadeln nutzen die Ameisen die Kraft der Sonne und unterstützen dies im Frühjahr noch, wenn sich die emsigen Insekten bescheinen lassen und die vom Körper gespeicherte Wärme ins Innere ihres Hauses tragen.

Einsichten

Das Innere der Staumauer der Aggertalsperre, das man schon bei seiner Erbauung vor gut 90 Jahren als technische Meisterleistung feierte, kann bei Führungen, nur für Gruppen, inspiziert werden. Es offenbart sich Erstaunliches rund um den Einsatz von Gussbeton, der trotz relativ dünner Wände eine hohe Stabilität gewährleistet.
www.aggerverband.de

Wir können das Phänomen der Sonneneinstrahlung und Wärmespeicherung auf einer Sonnenbank ausprobieren, die uns bei der Querung des Rengse-Arms der Talsperre – die Rengse markiert hier einen Teil der Aggertalsperre – dazu einlädt. Das Holz der Bank, eine Metallplatte und ein Felsstück heizen sich bei intensiver Bestrahlung unterschiedlich stark auf, was man ganz leicht fühlen kann.

Am Ufer entlang schwenken wir links bergauf in den Wald und folgen der Route 10, bis wir aus der Höhe die Weiler Bruch und Deitenbach an der Stauvorstufe des Aggerbaches sehen. Ein Teil davon ist als sommerliches Freizeitbad eingerichtet. Eine Tafel weist auf einen alten Kohlemeiler hin, der vor 100 Jahren zur Herstellung von Holzkohle verwendet wurde.

Mit Lieberhausen erreichen wir knapp die Halbzeit unseres Weges und kehren ein im urigen Landgasthof Reinhold unmittelbar am Kirchplatz und im Schatten der wohl bekanntesten der fünf Bonte Kerken im Bergischen Land. Beim Eintreten in das von innen gedrungen wirkende, mittelalterliche Kirchenbauwerk fallen sofort die zahlreichen Deckenfresken mit überwiegend religiösen, zum Teil auch recht skurrilen Motiven auf, die den Kirchen zu ihrem Beinamen verhalfen. Die Bilder hatten einen didaktischen Auftrag: Sie sollten denjenigen, die weder lesen

Rechte Seite: In ihrem Innern präsentiert sich die Bonte Kerke von Lieberhausen wie ein religiöses Bilderbuch mit weltlichem Einschlag.

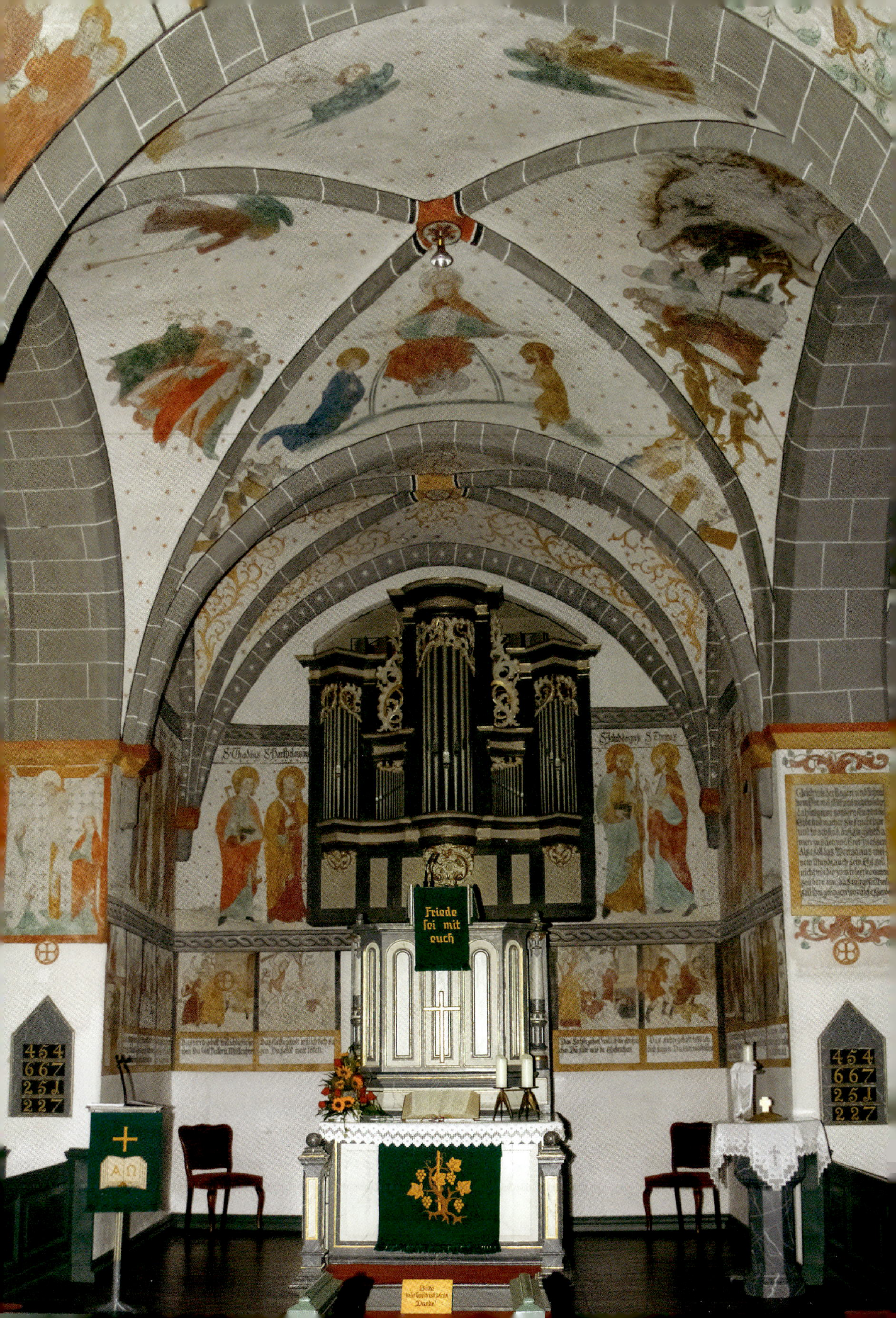
Friede
sei mit
euch
454
667
251
227
454
667
251
227

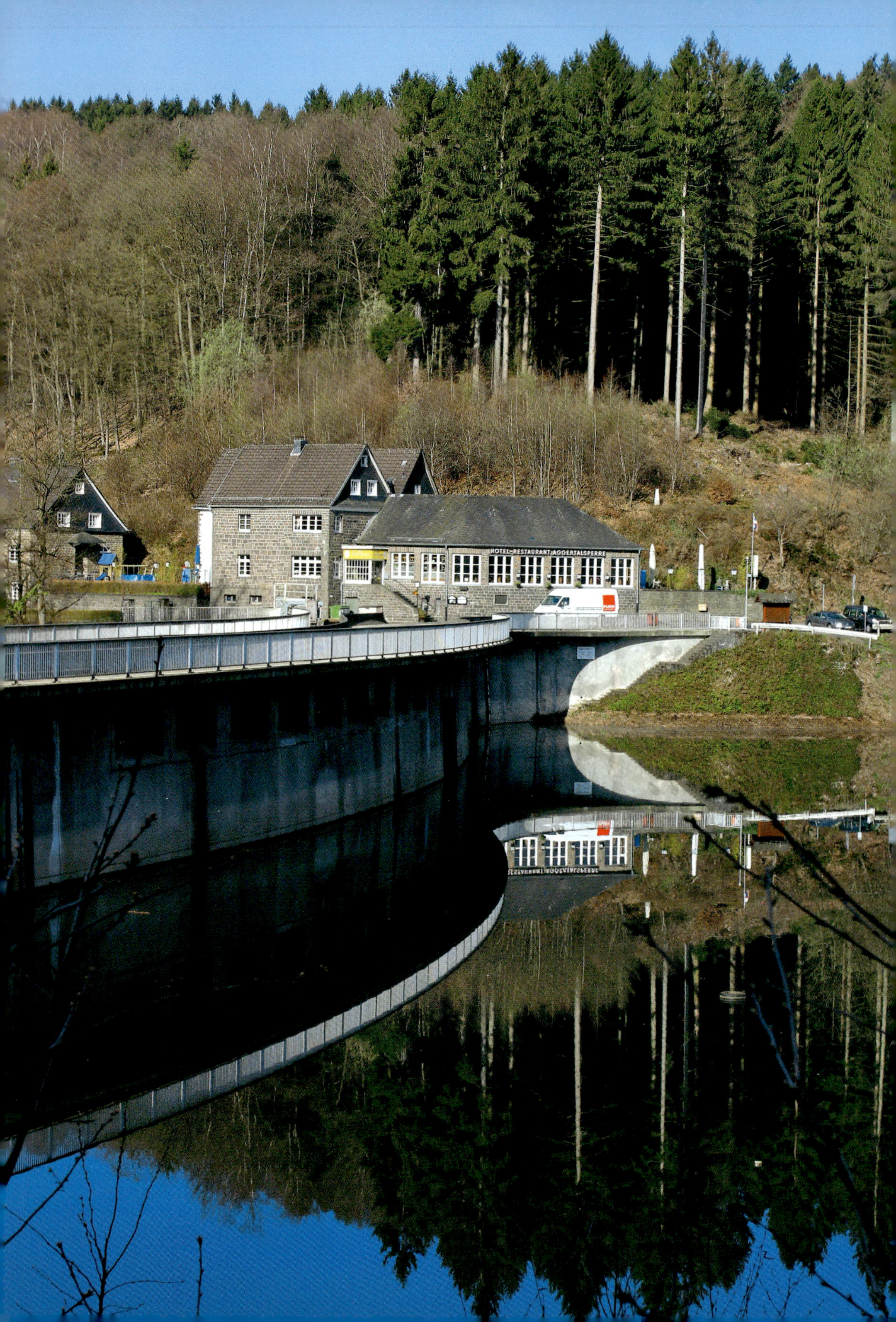
HOTEL-RESTAURANT AGGERTALSPERRE

noch schreiben konnten, entsprechende Glaubensinhalte vermitteln. Interessanterweise überdauerten die fast comicartigen Fresken die Reformation, es kamen später sogar noch weitere Motive hinzu.

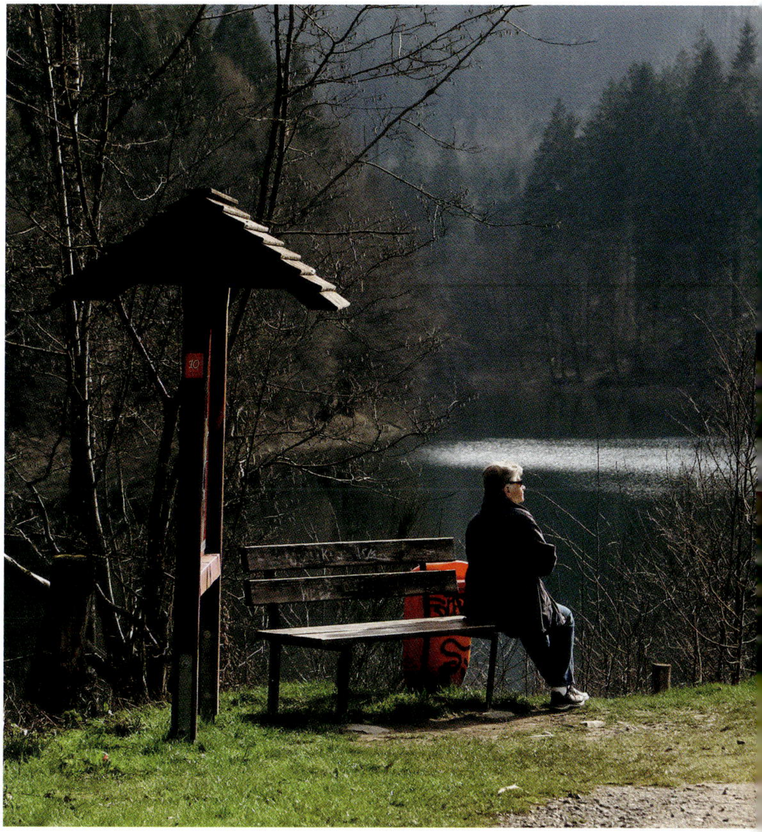

Ein kleiner Kasten mit einer Kurbel zieht auf dem Kirchplatz besonders die Aufmerksamkeit des Nachwuchses auf sich. Hier kann man nämlich überprüfen, wie viel Energie man selbst erzeugt, wenn man an der Kurbel dreht. Wir verbrauchen aber zunächst noch etwas Energie, wandern bergauf, erfreuen uns an der Aussicht und erreichen dann ein 38,5 m langes Rotorblatt eines großen Windrades, das hier symbolisch für die Stromerzeugung mittels des Windes ausgestellt ist. Zwei langsam rotierende Räder lassen sich auf einem Bergrücken in der Nähe erspähen, der Anteil der Windenergie ist im Bergischen Land verglichen mit anderen Regionen in Deutschland noch relativ gering.

Über einen Forstweg erreichen wir eine Hochfläche, an der es auffällig nach geschnittenem Holz riecht. Holzhackschnitzel werden hier verarbeitet, die die Wärmeenergieversorgung Lieberhausens garantieren. Am ökologisch ausgerichteten Gutshof Rosenthal gleich darunter ist ein Blockheizkraftwerk, das ebendiese Aufgaben erfüllt. Hier sind aber die Pferde und die Maultiere auf den Weiden, die Schafe und die frei umherlaufenden Hühner der größere Blickfang. Hinter Rosenthalseifen folgen wir nun dem geräuschvollen Lauf der Rengse bis zur Mündung in die Aggertalsperre, gehen dort nochmals zur Sonnenbank – vielleicht wird Holz ja doch wärmer als Metall – und spazieren schließlich gemütlich am Talsperrenufer entlang zurück zum Ausgangspunkt.

An den Info-Tafeln der Bergischen Streifzüge gibt es Gelegenheit, das Wissen zu erweitern und eine verdiente Verschnaufpause einzulegen.

Linke Seite: Eine mächtige Staumauer bändigte den wilden Lauf der Agger und setzt deren enorme Kraft mittels Turbinentechnik in Strom um.

28 Von der Wipper zur Wupper

Die älteste Stadt des Bergischen Landes

leicht | 11 km | 153 Hm | 3 Std

Tourencharakter
Strecke überwiegend auf Straßen und Feldwegen

Ausgangs-/Endpunkt
Wanderparkplatz Ohler Wiesen

Geokoordinaten
N51°07'14.3"–E7°24'06.7"

Anfahrt
Auto: Autobahn A 4 bis Ausfahrt Moitzfeld, durch Moitzfeld, Herkenrath und Spitze bis zur B 506, nach rechts Richtung Bechen und Wipperfürth, in Wipperfürth links und weiter geradeaus auf die Ortsumgehung B 237, zweite Ausfahrt rechts Richtung Zentrum, dann direkt links auf die Ohler Wiesen. **Bahn/Bus:** von Köln mit der S 11 nach Bergisch Gladbach, von dort mit dem Bus 426 bis Busbahnhof Wipperfürth, von da direkter Zugang zur Route.

Einkehr
Diverse Möglichkeiten in Wipperfürth

Karte
Wanderkarte 2, Das Bergische, 1:25 000

Information
Tourismus Hansestadt Wipperfürth, Marktplatz 15, 51688 Wipperfürth, Tel. 02267 643 03, www.tourismus.wipperfuerth.de

Schon im Jahr 1131 wird das Städtchen Wipperfürth urkundlich erwähnt, was es zum idealen Ausgangspunkt für eine Wanderung und Zeitreise in die Historie des Bergischen Landes macht. Dabei spielt neben dem allgegenwärtigen Wasser auch die wirtschaftliche Entwicklung eine Rolle.

Am Parkplatz Ohler Wiesen, den wir als Startpunkt unserer Route wählen, macht die hier nur wenige Meter breite Wupper einen eleganten Bogen, um gleich darauf die Fabrikationsstätte des Lampenherstellers Radium, gegründet 1904, zu passieren, welche der Fluss einst mit Wasserkraft versorgte. Eine Info-Tafel skizziert den Verlauf des Bergischen Streifzuges 3 und stimmt auf den stark heimatkundlichen und kulturgeschichtlichen Charakter des Weges ein. Zunächst geht es dabei um den Fluss, die

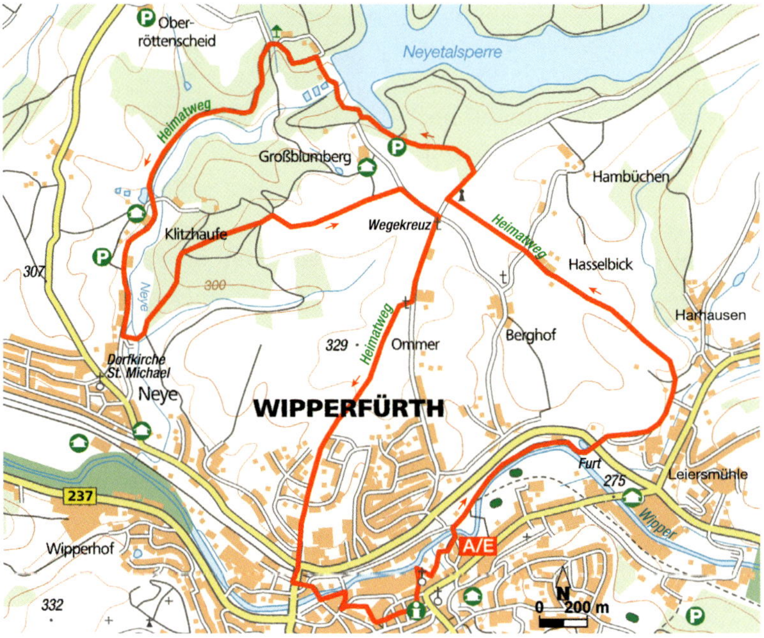

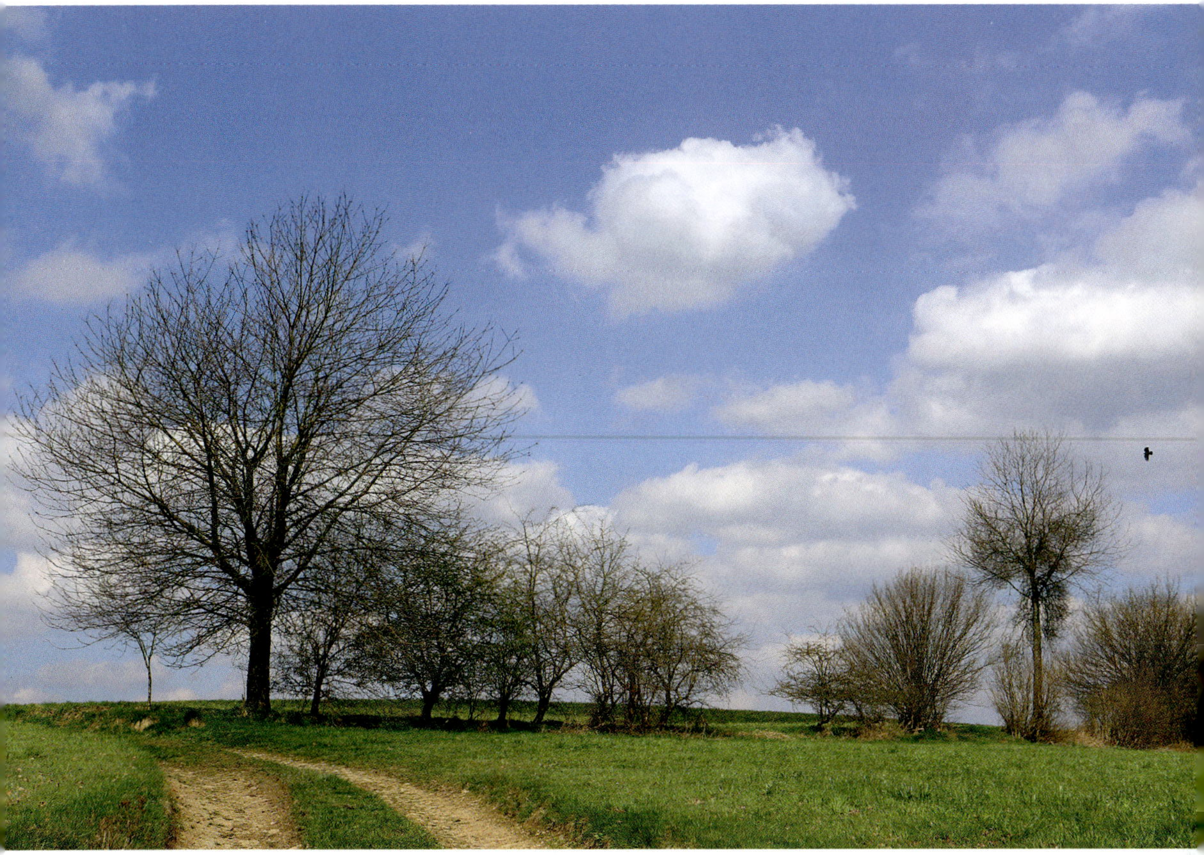

Lebensader der Region, die mit ihren Mühlen nicht nur die aufkeimende Industrie in Schwung brachte, sondern auch die Produktion von Lebensmitteln begünstigte. Just bis zu dieser Stelle heißt sie noch Wipper und markiert den letzten Abschnitt des Quellflusses.

Über die Höhen bei Voßkuhle führt der Heimatweg bis zum Wegekreuz und zur Neye-Talsperre.

Wir folgen der orangeroten Wegmarkierung mit der weißen 3 zwischen Wipperufer und der B 237. Dabei passieren wir zuerst die ehemalige Bahnstrecke der Wippertalbahn nach Marienheide, die jetzt als Radweg genutzt wird, und lassen die markante Brücke rechts liegen. An der nächsten Info-Tafel verlassen wir den Lauf der Wipper, aber nicht bevor wir die nachgebaute Furt aus massiven Steinen ausprobiert haben, auf Schusters Rappen forsch hüpfend oder auch vorsichtig tastend. Der Name Wipperfürth leitet sich nach der Überlieferung von der Siedlung an einer Furt ab.

»Wo die Wupper wild woget auf steinigem Weg, an Klippen und Klüften sich windet der Steg«

Aus dem Bergischen Heimatlied

Ohne größere Anstrengung erklimmen wir die Höhen über der Stadt, die von Wiesen, Weiden und kleinen Hofanlagen bestimmt sind. Sie bieten einen wunderbaren Ausblick über die Mittelgebirgslandschaft im Grenzbereich zwischen Bergischem

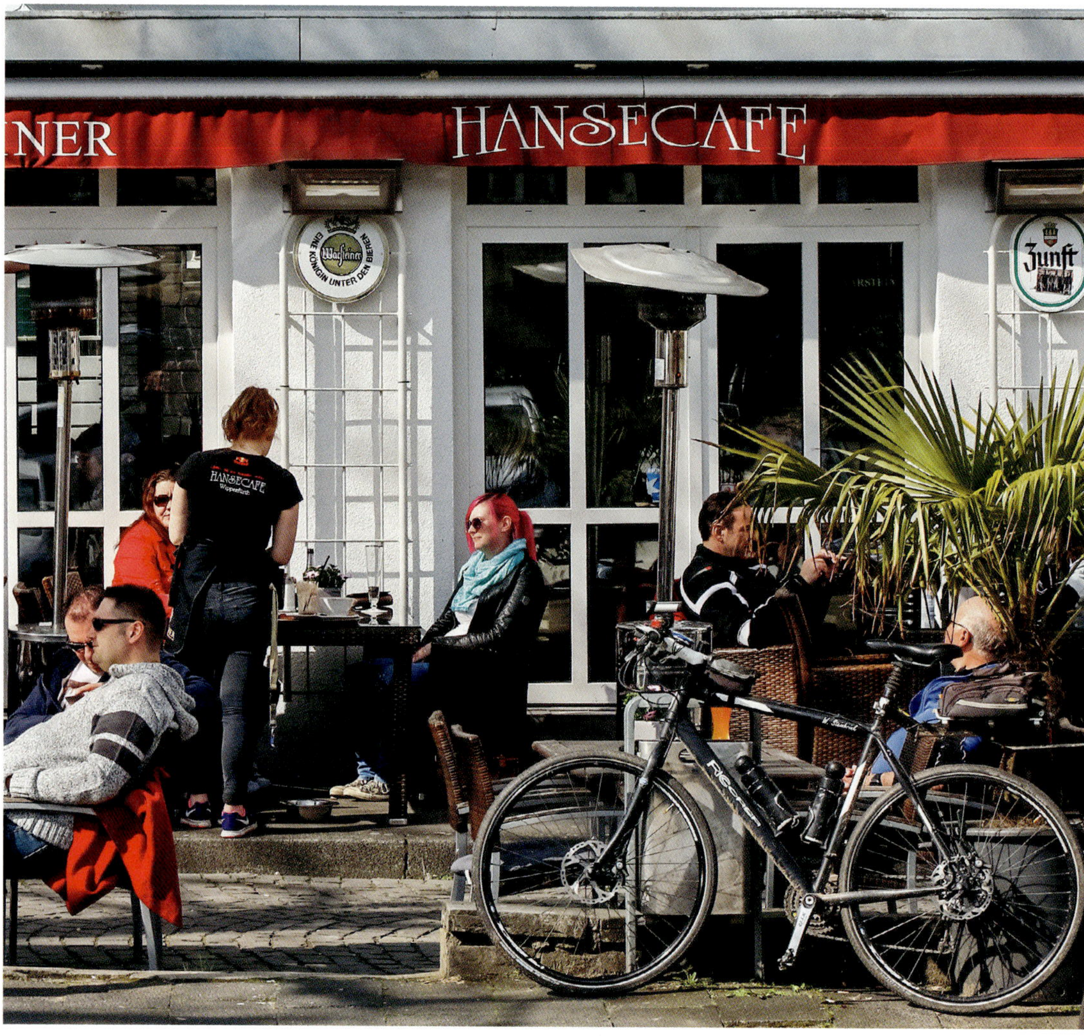

Rund um den Wipperfürther Marktplatz locken gastronomische Betriebe zur Einkehr und weisen gleichzeitig auf die hanseatische Vergangenheit hin.

Land und Sauerland. Hinter der Straße Hasselbick führt der Weg auf einen Pfad zwischen Weidezäunen bis zur Straße Hambüchen, die wir am nächsten Waldweg wieder verlassen.
Durch den Forst streben wir der Neyetalsperre entgegen, die schon durch das Blätterkleid der Bäume zu erahnen ist. Am Anfang des 1909 als Trinkwasserspeicher für Remscheid fertiggestellten Stausees mit den beiden ikonischen Türmen an der Stau-

mauer wartet die nächste Info-Tafel mit einem echten Schmankerl auf. Gleich drei unterschiedliche Versionen des Bergischen Heimatliedes kann man sich hier anhören. Also ordentlich an der Kurbel gedreht, damit Willy Schneider auch in Gänze das Lied zum Besten geben kann.

Vor der Mauer liegt der See, der seit 2004 lediglich noch für Brauchwasser genutzt wird, in unberührter Schönheit, während dahinter die weiten Auen des Neye-Baches ein breites bewaldetes Tal bilden, in dem ein Springbrunnen vor sich hin plätschert. Wir folgen dem Bach und erreichen das Fleckchen Klitzhaufe. Die Neye zur Linken geht es am Fischteich Neyetal über ein kleines Brückchen aufwärts in Richtung Wald. Es lohnt sich, einen Blick auf die ungewöhnliche Dorfkirche St. Michael aus den 1950er-Jahren mit ihren großen Glasfronten zu werfen.

Unser Weg führt uns erneut durch Wald auf die Höhen und trifft am Wegekreuz von 1891 auf die Straße Sonnenschein. Diese gehen wir ein Stück, bis ein Feldweg abzweigt und wir durch eine neue Wohnsiedlung das Stadtgebiet erreichen. Nun geht es in den sehenswerten Innenstadtbereich Wipperfürths, das schon 1225 Stadtrechte erhielt und ab 1275 Münzen prägen durfte, so 1328 den ersten deutschen Groschen. Dies bescherte der Stadt großen wirtschaftlichen Einfluss, der sogar die Mitgliedschaft in der Hanse mit sich brachte. Offiziell trägt Wipperfürth seit 2012 die Bezeichnung Hansestadt im Namen.

Untere Straße, Marktstraße und Hochstraße verlaufen schon seit dem 14. Jahrhundert fast parallel zueinander auf den Markt zu. Nach mehreren Stadtbränden stammen die meisten typisch bergischen Bürgerhäuser im Stadtkern vom Ende des 18. Jahrhunderts. Am Markt befinden sich das Rathaus, errichtet 1911, die Evangelische Kirche von 1877 und das Münzschlägerdenkmal aus dem Jahr 2003 direkt vor der Sparkasse. Die Klosterkirche von 1674, die St. Nikolauskirche, die in ihren Grundzügen bis auf das Jahr 1143 zurückreicht, und das Veranstaltungszentrum Alte Drahtzieherei lohnen ebenfalls einen Besuch, bevor wir zum Ausgangspunkt zurückkehren.

Very british

Die umtriebigen Wipperfürther Kaufleute, namentlich die Familie vom Walde, besaßen 1343 die Krone des hochverschuldeten englischen Königs Eduard III. als Schuldpfand. Des Königshauptes Zier gelangte jedoch nur bis in die Hände des Kölner Erzbischofs und wurde, bevor sie Wipperfürth erreichte, wieder ausgelöst.

29 Wasserweg Hückeswagen

Wissenswertes rund ums Wasser

leicht | 8,5 km | 145 Hm | 2,5 Std

Tourencharakter
Strecke überwiegend auf Straßen und Feldwegen, wenige Waldpfade

Ausgangs-/Endpunkt
Wanderparkplatz am Mühlenweg

Geokoordinaten
N51°09'19.4"–E7°20'22.3"

Anfahrt
Auto: Autobahn A 1 bis Wermelskirchen, dann auf die B 51 in Richtung Hückeswagen nach Bergisch Born, hier nach rechts auf die B 237 bis Hückeswagen, dritte Ausfahrt am großen Kreisverkehr ist der Mühlenweg. **Bahn/Bus:** von Köln mit RB 25 nach Marienheide, von hier Bus 336 in Richtung Lennep bis Haltestelle Hückeswagen, Bahnhofstraße, zu Fuß bis Kreisverkehr und Mühlenweg.

Einkehr:
Einige Eiscafés und Restaurants in der Marktstraße, der Islandstraße und am Bahnhofsvorplatz.

Karte
Wanderkarte 1, Das Bergische, 1:25 000

Information
Tourismus Hückeswagen, Bahnhofsplatz 14, 42499 Hückeswagen, Tel. 02192 88 806, www.hueckeswagen.de

Gut 15 Jahre bevor der Bau der Wuppertalsperre 1989 abgeschlossen war, begann man mit der Anlage der Wupper-Vorsperre am Rande der Schlossstadt Hückeswagen, die mit einer zauberhaften, typisch bergischen Altstadt glänzt und am Ende der Tour besucht wird.

Die erste Info-Tafel des Bergischen Streifzuges 2 befindet sich gleich am Startpunkt, dem Parkplatz Mühlenweg unmittelbar am Wupperufer. Die Maus des Westdeutschen Rundfunks (WDR) weist darauf hin, dass Klein und Groß einiges lernen können, über Talsperren, über Trinkwasser, über Bäche und Flüsse. Unsere einfache Route um die beschauliche Wasserfläche der Vorsperre ist problemlos auch mit dem Kinderwagen zu bewältigen. Wir überqueren die blaue Brücke und beobachten den Angler, der die Entschleunigung von Bord seines Ruderbootes

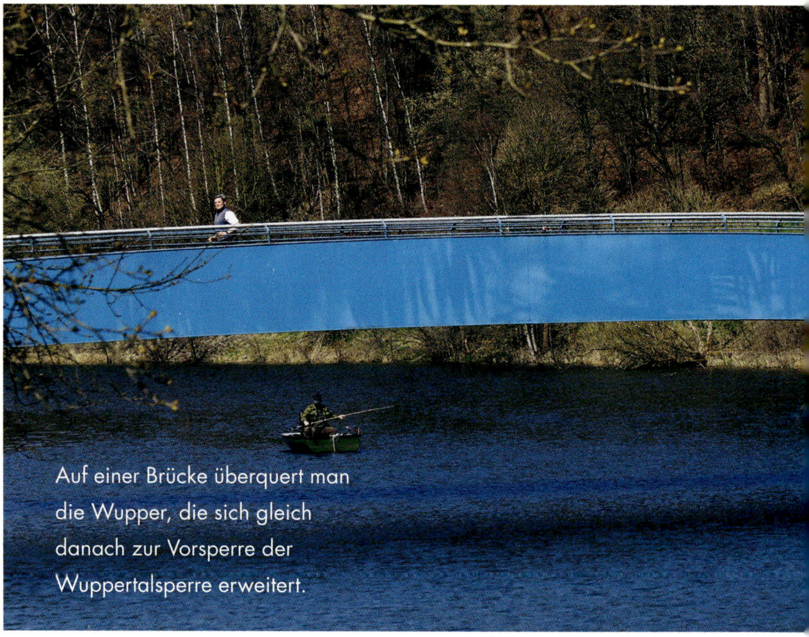

Auf einer Brücke überquert man die Wupper, die sich gleich danach zur Vorsperre der Wuppertalsperre erweitert.

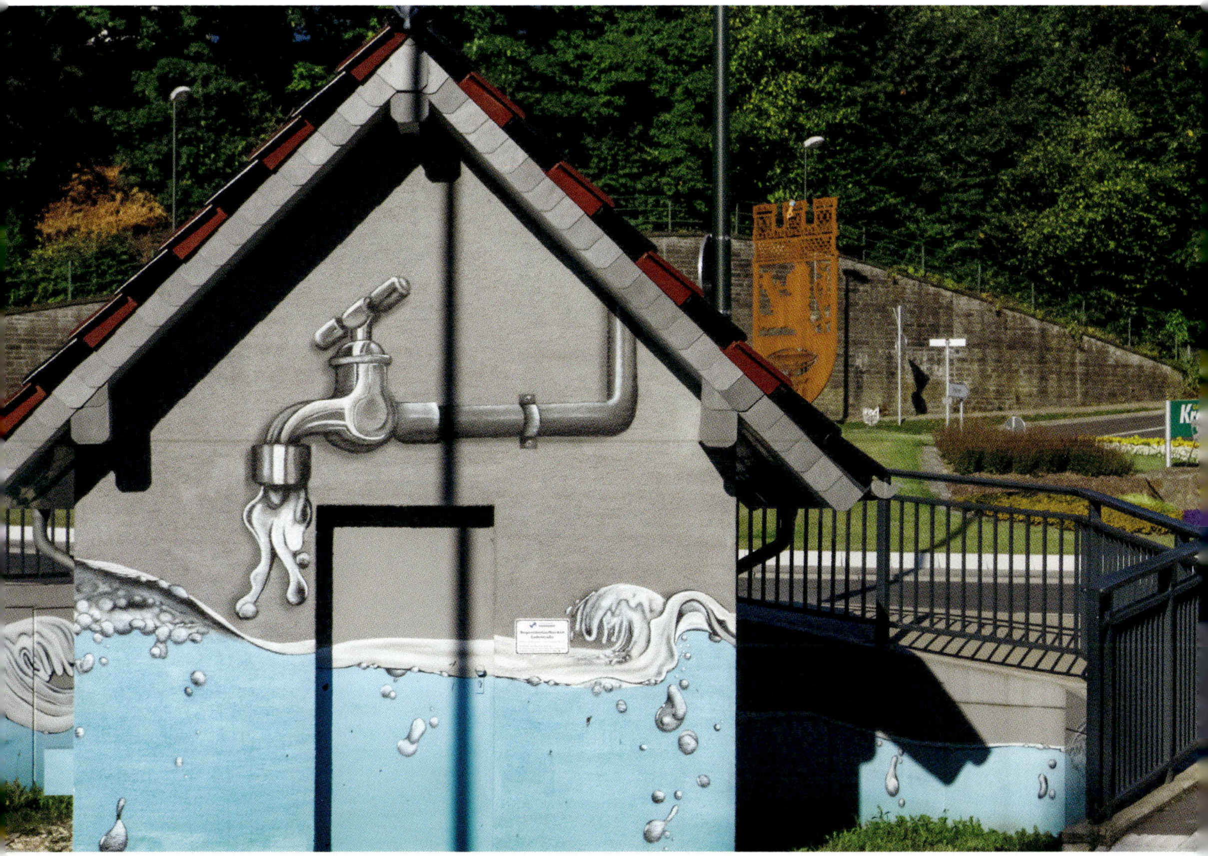

aus genießt, und die Kinder, die mit angelegten Schwimmwesten und unter väterlicher Aufsicht ihr Schlauchboot-Kanu zu Wasser lassen. Noch ist die Oberfläche blank wie ein Spiegel, doch wenn der Wind sachte darüberstreicht, kräuseln sich kleine Wellen darauf und das Bild verschwimmt. Gleich mehrere Bänke säumen die Route. Sie laden ein zum Verweilen, zum Genießen von Ruhe und Freiheit.

Kurz bevor wir das 105 m lange Stauwehr erreichen und dort auf die gegenüberliegende Seite wechseln, findet sich am Hang eines von insgesamt 116 Kunstwerken des Projektes Gesamtkunstwerk Wupper. Das Objekt »Licht« des Engelskir-

Gleich drei Talsperren in unmittelbarer Nähe bescheren Hückeswagen einen hohen Freizeitwert.

Ab auf die Bäume

Ein spannendes Aktivitätsprogramm hält der GHW Klettergarten am Sportzentrum bereit. Es reicht vom Hochseilgarten für jedermann ab 120 cm Körpergröße zwischen den Bäumen im Brunsbachtal bis zu Outdoortouren mit dem Segway. Hier müssen die Fahrer mindestens 15 Jahre alt sein. www.ghw-bergisch-land.de

cheners Jürgen Liersam thront auf einem Felsen und reflektiert in seiner Gestaltung die wichtigsten Schätze des Bergischen Landes: Holz, Stahl und Wasser.

Am anderen Ufer erwarten uns ein überdachter Rastplatz und weitere Info-Tafeln, die auch die Tier- und Pflanzenwelt mit einbeziehen. Da machen schon die Blässhühner mit ihren quäkenden Rufen auf sich aufmerksam, während sie das Wasser durchpflügen. Wir erfahren, warum es für das Leben in der gesamten Region so wichtig war, den Fluss der Wupper als Brauchwasserspeicher, zum Hochwasserschutz und nicht zuletzt zur Energiegewinnung auf diese Weise aufzuhalten.

Der Weg führt am Ufer entlang wieder zurück zum Ausgangspunkt, was sich für nur bedingt geländegängige Kinderwagen anbietet. Wir biegen aber rechts vom Uferweg ab und folgen der gelben Markierung des Bergischen Panoramasteiges aufwärts durch ein kleines Bachtal in den Wald. Nach Unterquerung der nun als Fahrradweg genutzten ehemaligen Bahntrasse gelangen wir auf eine Hochfläche mit hübschen Aussichten, bevor wir den Ortsrand Hückeswagens erreichen und unterhalb des Schlossbergs auskommen.

Im einst gräflichen Schloss, dem die Stadt ihren Beinamen verdankt, residiert heute die Stadtverwaltung. Erstmals 1138 urkundlich erwähnt, stammt das Gebäude in seinem heutigen Aussehen aus der Mitte des 19. Jahrhunderts. In der ehemaligen Schlosskirche findet sich das lokalhistorische Museum. Die Pauluskirche von 1787 bietet den optischen Abschluss der Marktstraße, die zu den schönsten Altstadt-Ensembles aus dem frühen 19. Jahrhundert im Bergischen gehört. Durch den Ort, vorbei am alten Bahnhof, der nun ebenfalls Verwaltungssitz ist, geht es zurück zum Startpunkt.

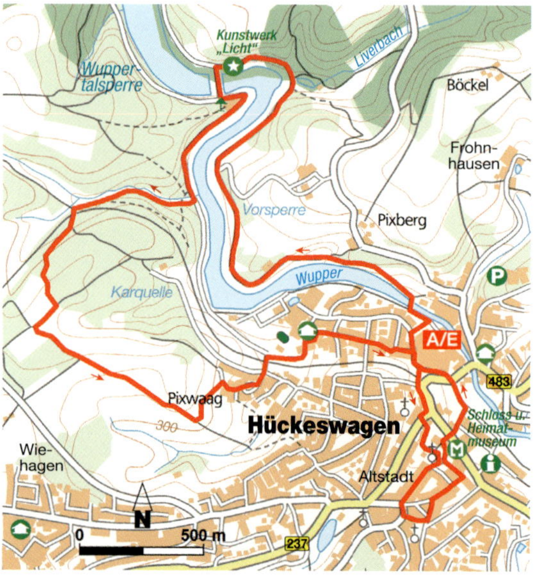

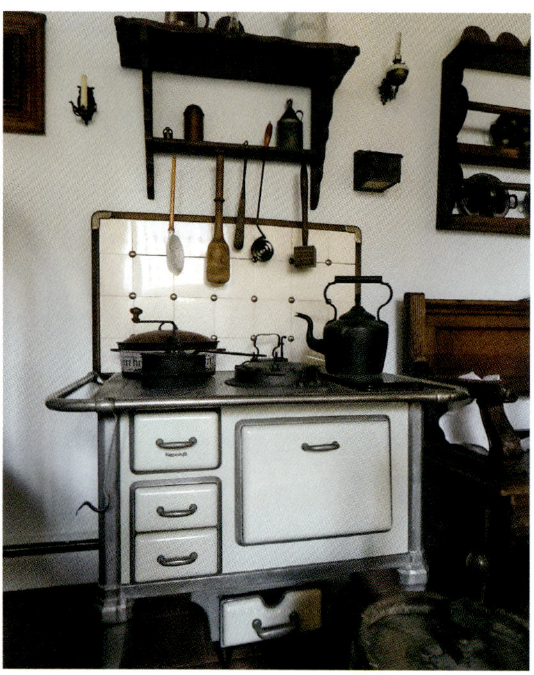

Unten: Das lokalhistorische Museum in der ehemaligen Schlosskirche gibt Einblicke in das Leben unserer Vorfahren.

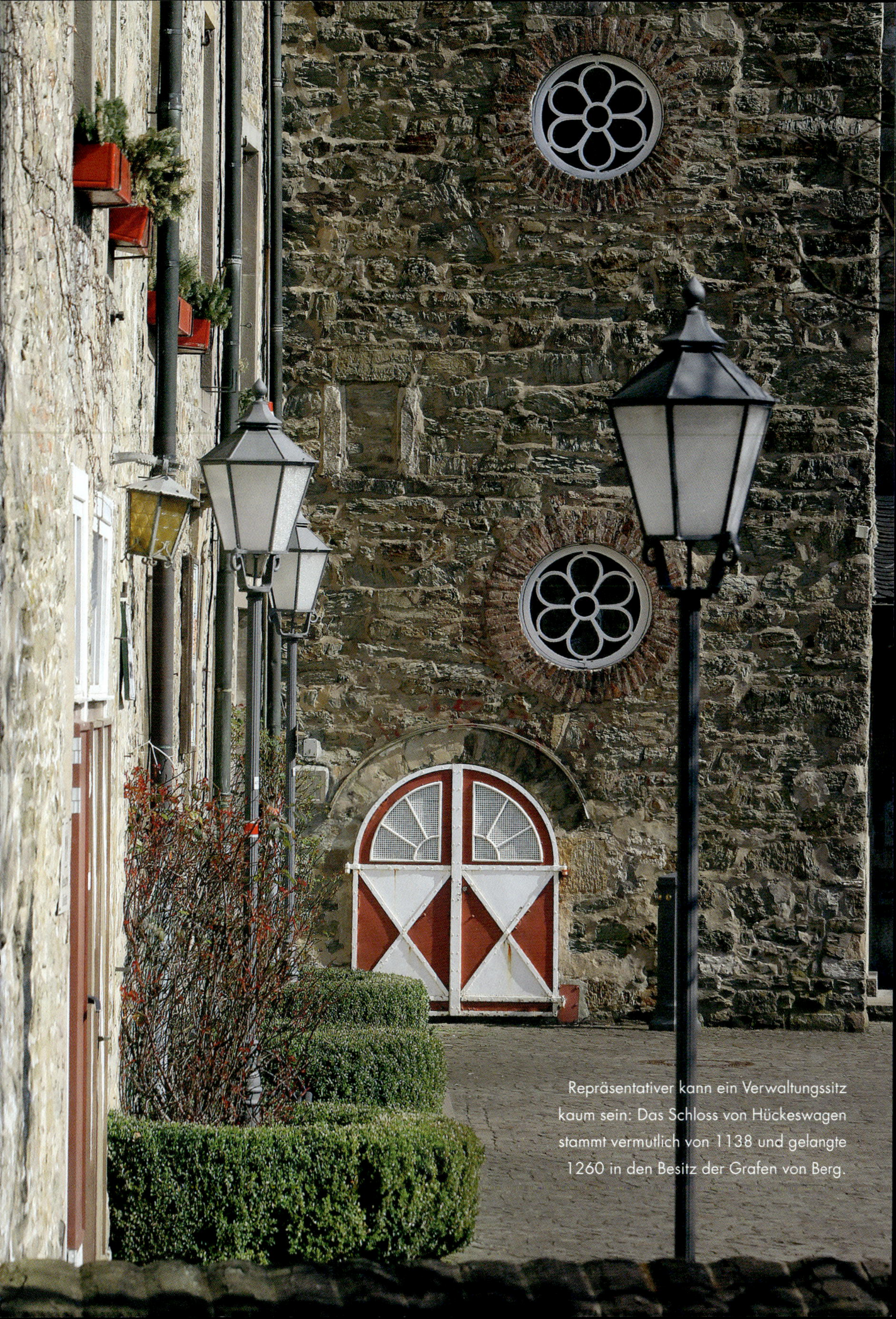

Repräsentativer kann ein Verwaltungssitz kaum sein: Das Schloss von Hückeswagen stammt vermutlich von 1138 und gelangte 1260 in den Besitz der Grafen von Berg.

30 Auf dem Tuchmacherweg in Radevormwald

Wiege der Bergischen Tuchindustrie

mittel | 10,5 km | 153 Hm | 3,5 Std

Tourencharakter
Waldpfade, Wirtschaftswege und Straßen

Ausgangs-/Endpunkt
Parkplatz Uelfebad, Im Hagen 1, Radevormwald

Geokoordinaten
N 51°12'34.1"–E 7°20'30.4"

Anfahrt
Auto: Autobahn A 1 bis Remscheid, dann links auf die B 229 Lenneper Straße bis Herbeck, hinter der Sparkasse links auf die Leimholer Straße bis ins Tal, dort rechts auf die Uelfe-Wuppertal-Straße, nach ca. 500 m links auf den Parkplatz am Uelfebad. **Bahn/Bus:** mit dem RB 48 oder RE 7 bis Wuppertal-Oberbarmen, Bus 626 Richtung Radevormwald-Bahnhof, bis Haltestelle Dahlerau-Bahnhof, von hier zum Wülfing Museum laufen und die Tour von dort aus beginnen.

Einkehr
Restaurant Uelfetal, Uelfebad 1, 42477 Radevormwald

Karte
Wanderkarte 1, Das Bergische, 1:25 000

Information
Tourismusförderung Radevormwald, Hohenfuhrstraße 6, 42477 Radevormwald, Tel. 02195 6892 213, www.tourismus-radevormwald.de

Von traditionsreichen Badeplätzen begibt sich diese Wanderung auf die Spuren der einst erfolgreichen Textilindustrie an der Wupper, die ganze Dörfer prägte, und streift die Historie des regionalen Bahnverkehrs.

Der Startpunkt unseres Rundweges, der sich in weiten Teilen an den Bergischen Streifzug 1 anlehnt, ist der Parkplatz am Uelfebad am westlichen Ortsrand von Radevormwald, der höchstgelegenen Stadt des Bergischen Landes. Im Juni 1927 wurde der Stauteich der Uelfe, rechter Nebenfluss der Wupper, als Naturfreibad und Badeanstalt eröffnet und erfreute sich großer Beliebtheit. Davon zeugen die alten, an Schautafeln angebrachten Schwarz-Weiß-Fotos.
Heute baden nur noch Enten und die Köder der Angler im stillen Wasser. Ferngesteuerte Modellboote drehen ihre Runden unter

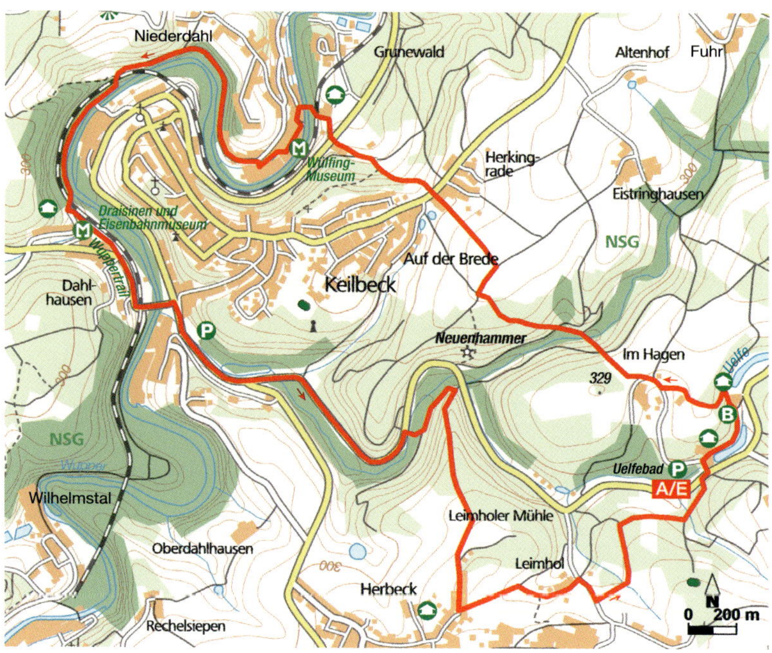

den Augen von Ausflüglern und Spaziergängern. Seit 2009 überspannt eine hölzerne Brücke mit einem charakteristischen Pavillon die Wasserfläche. Wir gehen am Ufer direkt auf die Unterste Mühle zu, eine ehemalige Getreidemühle, deren Ursprünge bis

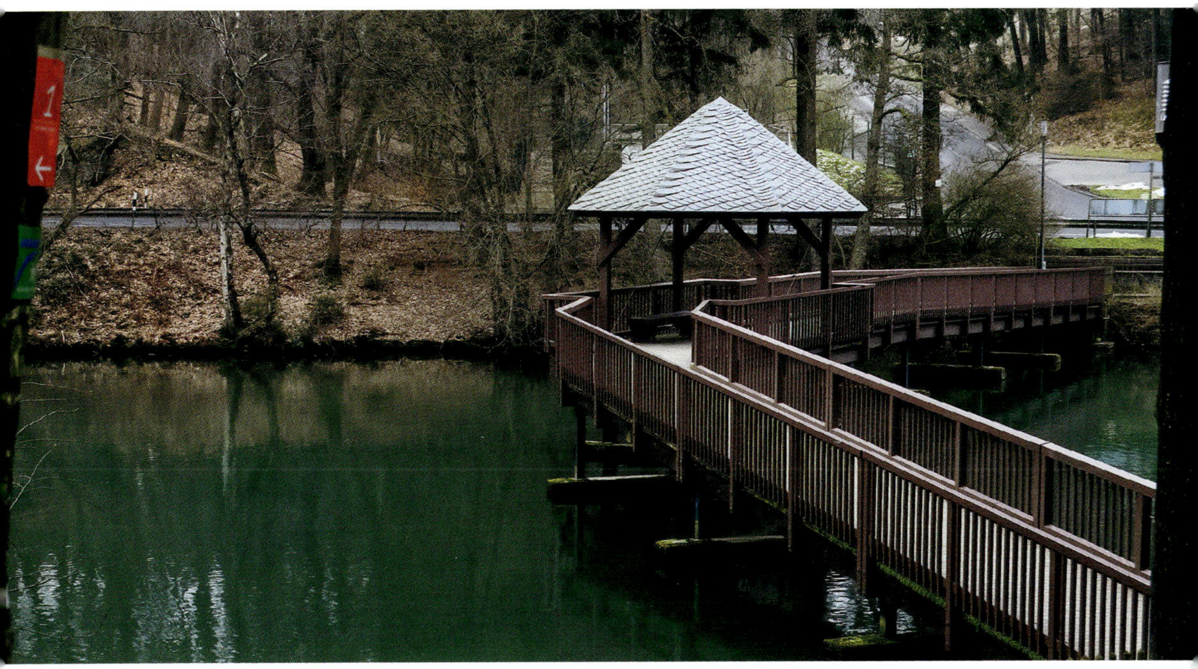

Über das frühere Naturschwimmbad Uelfebad spannt sich heute ein moderner Steg mit Pavillon zur Rast.

in das frühe 17. Jahrhundert zurückreichen. Vor der Mühle führt uns die rote Markierung bergan durch den Wald. Wir passieren Wiesen und Felder und den Weiler Hagen, bevor wir das waldreiche Tal des Eistringhauser Baches erreichen. Dahinter öffnet sich der Blick über das Dorf Herkingrade ins Tal der Wupper. Am Ufer des kräftig mäandrierenden Flusses liegt die Wupperortschaft Dahlerau. Zu Beginn des 19. Jahrhunderts nahm hier die Textilfirma Wülfing die Produktion von Tuch und Stoffen auf und erlebte einen regelrechten Boom. Die Verarbeitung von Seide und Baumwolle für Stoffe gehörte zu den bedeutendsten Industrien der Region.

Guter Geschmack am Freibad

Direkt am Ufer des Uelfebad-Teiches, dem ehemaligen Naturschwimmbad, etablierte sich das Restaurant Uelfetal als kulinarisch hochwertiges Ausflugsziel in idyllischer Lage mit Biergarten und Sonnenterrasse. Besonders beliebt sind neben den bergischen Spezialitäten die Themen-Büffets von Meeresfrüchten bis zur Gans.
www.uelfebad.de

Rund um die Fabrik entstand an der Wupper eine homogene Arbeitersiedlung mit eigenem Bahnhof, die noch heute den Charakter des Ortes bestimmt. 1996 liefen die letzten Stoffe vom Band, schon ein Jahr darauf begann die museale Aufarbeitung der eindrucksvollen Industriegeschichte. Das Wülfing-Museum nimmt einen Teil der ehemaligen Fabrikanlagen ein, Prunkstücke darin sind eine mächtige Dampfmaschine, die bis 1961 zuverlässig Energie lieferte, und das Laufwasserkraftwerk.

Auf Achse

Ein ganz spezielles Wochenendvergnügen bietet die Draisinenfahrt auf den Gleisen der alten Wuppertalbahn. Bis zu fünf Personen haben auf den urigen Schienenfahrrädern Platz und können damit vom Bahnhof Dahlhausen aus entlang der Wupper bis Radevormwald-Wilhelmsthal oder in Gegenrichtung bis Beyenburg strampeln.
www.wuppertrail.de

Wir wandern am westlichen Wupperufer stromaufwärts und erfahren von einer der Info-Tafeln des Tuchmacherweges, dass die breite Wegführung zwischen dem bewaldeten Hang und der Wupper als »Kinderwagenchaussee« für die Söhne und Töchter der Textilarbeiter in die lokale Geschichte eingegangen ist. Die enge Verbindung von Wohnen, Leben und Arbeiten konnte somit perfekt umgesetzt werden. Während die Industrie lediglich noch als architektonisches Denkmal übrig blieb, hat sich am Freizeitverhalten der Einwohner von Dahlerau nichts geändert.

Nachdem wir die eingleisige Bahnstrecke unterquert haben, liegt im Scheitelpunkt der nächsten Wupperschleife Vogelsmühle ein weiterer, stark von Textilindustrie geprägter Ort mit alten Fabrikgebäuden. Hinter den Bahnschranken finden sich im Bahnhof Dahlhausen eine ganze Reihe alter Bahnfahrzeuge, Lokomotiven und Waggons, die auf ihre Restaurierung warten. Die Station war einstmals Haltepunkt der Wuppertal-Bahn von 1886 zwischen Lennep und Oberbarmen, die 1979 den Betrieb einstellte.

Hinter der Eisenbahnbrücke verlassen wir den Weg Nr. 1, überqueren die Wupper und folgen dem Lauf der Uelfe am Rande eines Auwaldes. Ein Stück geht es am Straßenrand entlang, bevor Weg A 5 über den Bach weiter durch den Wald führt. Vor der Neuenhammer Mühle von 1780 biegen wir scharf rechts ab und erreichen das Dorf Herbeck. Über den Weg Leimhol kommen wir wieder in den Wald, der uns nach einigem Auf und Ab am Ende einer Lichtung zurück zum Ausgangspunkt bringt.

Rechte Seite: Beim Waldspaziergang trifft man im Bergischen Land immer wieder auf kleine Bäche und Quellen mit eiskaltem, klarem Wasser, die sich freudig ihren Weg bahnen.

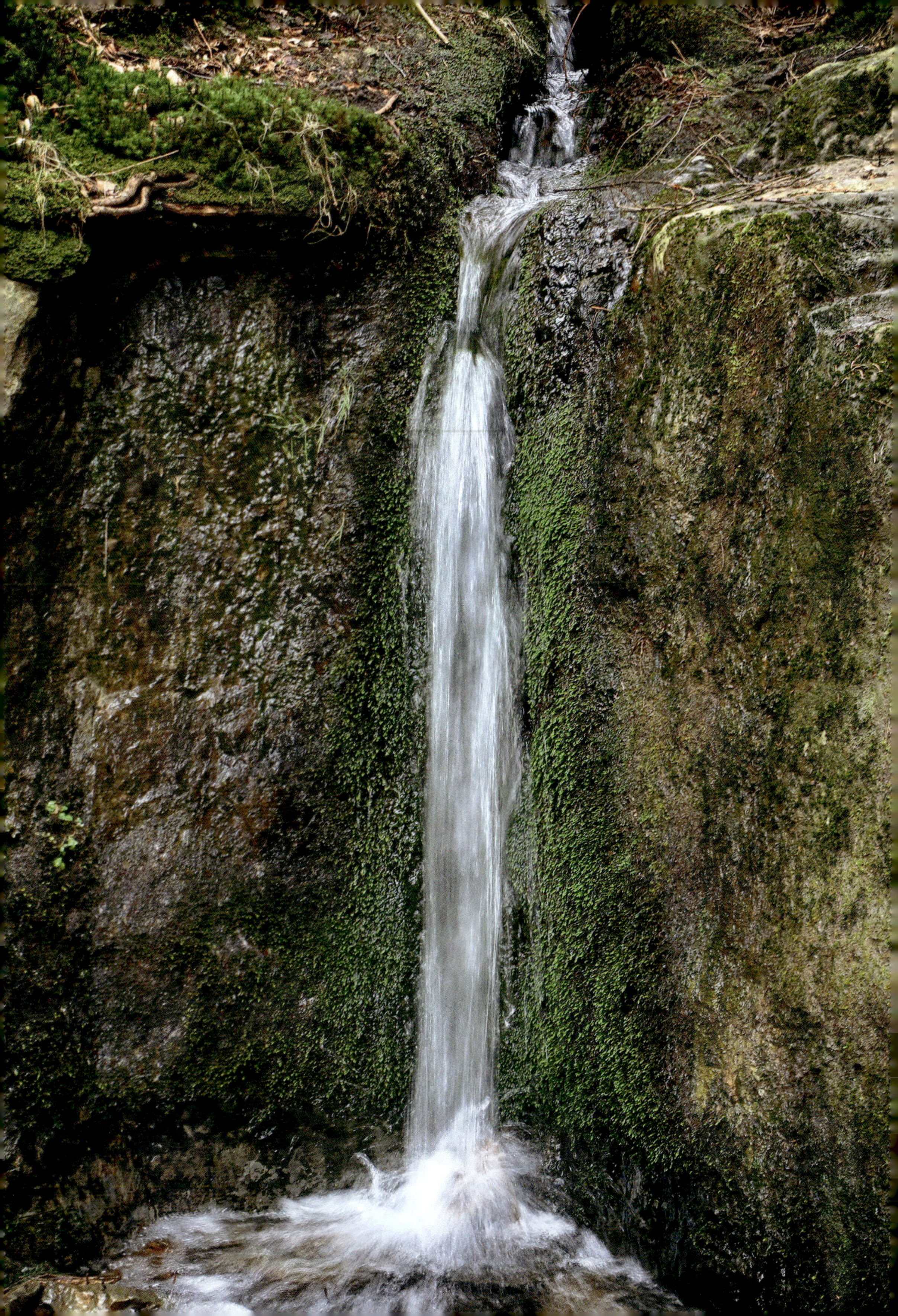

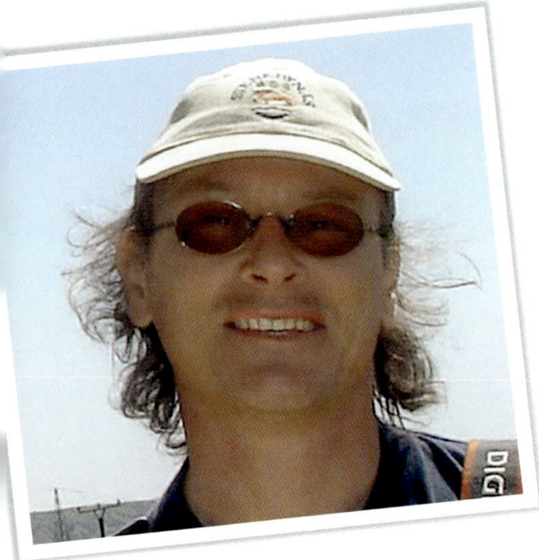

Zugabe

Das erste Mal *ist immer etwas Besonderes. Dies ist zwar nicht mein erster Reiseführer, aber der erste, der sich auf derart intensive Weise mit dem Thema Wandern auseinandersetzt. Es war darüber hinaus ein besonderes Erlebnis, die eigene Heimat auf Schusters Rappen zu erkunden. So nah war ich ihr zuvor niemals gekommen, obwohl ich sie bereits – so meinte ich – recht gut kannte.*

Das Wandern eröffnete mir eine neue Dimension. *Ich erfuhr viele neue Dinge z.B. über die Tradition der Mühlen in der Region. Die meisten gibt es zwar nicht mehr, aber das neue Wissen über ihre Verwurzelung in der Geschichte des Bergischen, in Kultur und Handwerk, war eine spannende Erfahrung. Dem Plätschern kleiner Bäche von der Quelle bis zur Mündung durch die erwachende Natur zu folgen, erzeugte schließlich geradezu philosophische Gedankengänge. Und auch die Wupper als Lebensader des Bergischen Landes erscheint in gänzlich neuem Licht.*

Apropos Licht: *Der Langschläfer scheut ja das frühe Aufstehen, aber falls es doch einmal passiert: Die Touren sind in den Morgenstunden besonders eindrucksvoll. Nicht zuletzt, weil man dann bei tollen Lichtverhältnissen auf die Tiere des Waldes treffen kann und ein Stück näher an die Natur herankommt. Die Bergische Kaffeetafel genießt man dann einfach umso ausgiebiger hinterher.*
In diesem Sinne: Gut Pfad!

Ihr
Udo Haafke

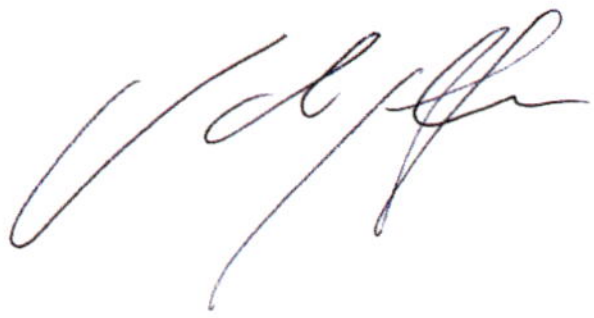

Register

Impressum

Danksagung
Ein besonderer Dank für die großartige Unterstützung geht an Maren Pussak und David Bosbach von der Naturarena Bergisches Land (www.dasbergische.de) sowie Stefan Halbach von der Lindlar Touristik.

Verantwortlich: Stefanie Krüger
Lektorat: Martina Schnober-Sen
Redaktion: Henning Aubel
Layout: Eva-Maria Klaffenböck
Repro: Cromika
Kartografie: Bruckmann Verlag GmbH, Heidi Schmalfuß
Herstellung: Stephanie Schlemmer
Printed in Slovenia by Florjancic

★★★★★

Sind Sie mit diesem Titel zufrieden? Dann würden wir uns über Ihre Weiterempfehlung freuen.
Erzählen Sie es im Freundeskreis, berichten Sie Ihrem Buchhändler, oder bewerten Sie beim Onlinekauf.
Und wenn Sie Kritik, Korrekturen, Aktualisierungen haben, freuen wir uns über Ihre Nachricht an den J. Berg Verlag, Postfach 40 02 09, D-80702 München oder per E-Mail an lektorat@verlagshaus.de.

Unser komplettes Programm finden Sie unter www.j-berg-verlag.de

In diesem Buch wird aus Gründen der besseren Lesbarkeit das generische Maskulinum verwendet. Weibliche und anderweitige Geschlechteridentitäten werden dabei ausdrücklich mitgemeint, soweit es für die Aussage erforderlich ist.

Bildnachweis: Alle Bilder im Innenteil stammen vom Autor.
Umschlagvorderseite: Bergischer Weg (Foto: Das Bergische)
Umschlagrückseite: Impressionen auf dem Klangpfad bei Nümbrecht (Bild: Udo Haafke)

Die Deutsche Nationalbibliothek verzeichnet diese Publikation in der Deutschen Nationalbibliografie; detaillierte bibliografische Daten sind im Internet über http://dnb.d-nb.de abrufbar.

2. aktualisierte Auflage

Infanteriestraße 11a, 80797 München
ISBN 978-3-86246-561-3